AF666062

Léonide Moguy

Éric Antoine LEBON

Léonide Moguy

Un citoyen du monde au pays du cinéma

L'Harmattan

© L'Harmattan, 2018
5-7, rue de l'Ecole-Polytechnique, 75005 Paris

http://www.editions-harmattan.fr

ISBN : 978-2-343-15364-3
EAN : 9782343153643

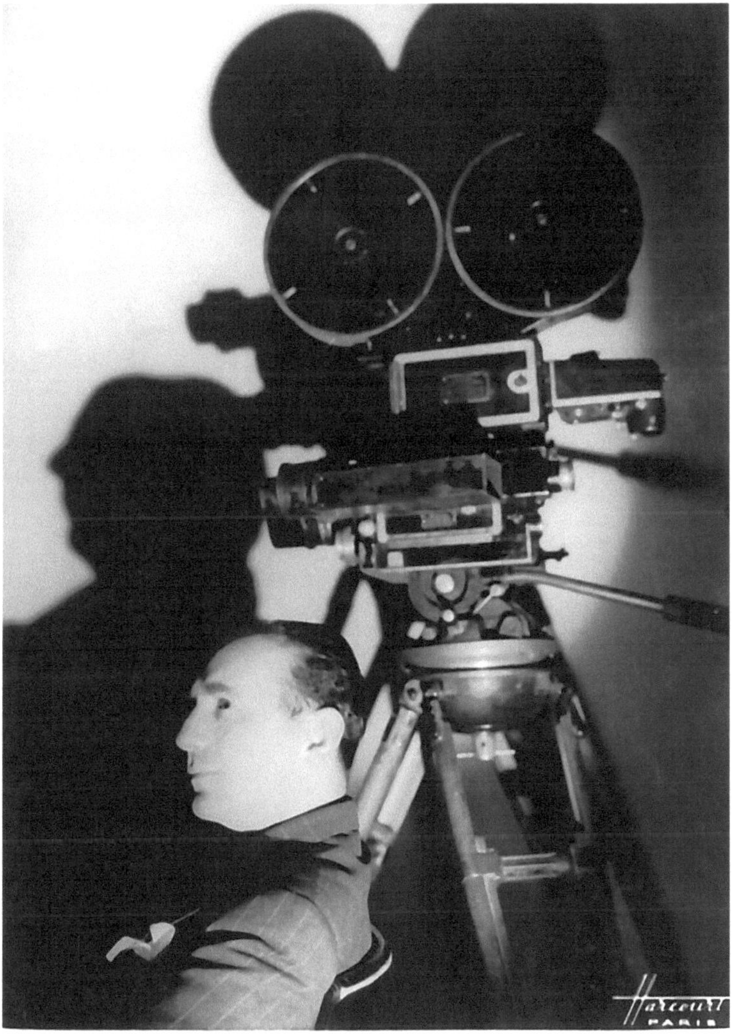

« Être un homme avant d’être un cinéaste, voilà ce que j’ai tenté. »
Léonide Mo uy (photo Harcourt)

AVANT PROPOS

Léonide Moguy était un cinéaste à part. Pour lui, un film devait aider à mieux vivre, à mieux concevoir l'existence. Plusieurs de ses films atteignirent leur but et furent d'énormes succès, notamment *Prison sans barreaux*, *Demain il sera trop tard* et *Les enfants de l'amour*. L'œuvre de Moguy mérite d'être sans cesse redécouverte. Elle est toujours d'actualité.

Jean-Charles Tacchella

Léonide Moguy accordait à ses interprètes beaucoup d'attention et de bienveillance. L'ambiance des tournages de ses films était toujours chaleureuse et bon enfant. Dans les années 1960, je l'ai souvent revu à l'occasion des réunions de l'Organisation Internationale des Femmes Sionistes (WIZO). Il est toujours resté très impliqué dans les associations caritatives. Je garde un magnifique souvenir de cet ami adorable.

Nadine de Rothschild

Pour moi, Léonide Moguy était l'ami sublime. Son humanité, son charisme et son intelligence me subjuguaient. Début 1976, je l'ai revu et son regard bienveillant me poursuit encore et me prodigue une sérénité chaleureuse.

Ellen Farner

« J'ai gardé un bon souvenir de Léonide Moguy, metteur en scène très affable et souriant. Son principal objectif était de plaire au public. Je me rappelle encore de son passage au Cours Simon, où le Maître était venu observer les élèves pour choisir les protagonistes de son prochain film "Les enfants de l'amour". René Simon multipliait les courbettes. Moi, avec mes complexes, je me cachais au fond de la salle. Et chose incroyable, il m'a repérée ! Nous avons échangé quelques mots et il m'a choisie pour un rôle. J'étais dans un état !!! Le tournage fut très sympathique et Moguy très correct avec la jeune fille naïve que j'étais. Je regrette simplement qu'il ait omis de me prévenir que la première scène que j'aurais à tourner (qui était ma première scène au cinéma de ma vie) serait la scène de l'accouchement... jambes écartées devant Jean-Claude Pascal : L'horreur absolue pour la pucelle que j'étais ! »

Mylène Demongeot

En 1952, un magicien Léonide Moguy me présente au producteur Ayres d'Agyar qui m'offre le rôle principal dans *le Fruit défendu* avec Fernandel. Je refuse. Je veux aller en Italie car c'est le cinéma d'Alessandro Blasetti, de Sica, Rosselini, de Santis... (Françoise Arnoul héritera du rôle dans *Le fruit défendu*). En Italie, Léonide me présente au producteur Rizzoli qui m'engage pour plusieurs films : le destin est en marche ! Léonide, sa femme et sa fille deviennent ma seconde famille : Léonide sera le témoin de mon mariage avec Horst Buchholz.

Myriam Bru-Buchholz

C'est avec beaucoup de tendresse et de nostalgie que je repense à Léonide Moguy. Celui que les journalistes italiens surnommaient le cinéaste de la bonté était la gentillesse incarnée. Je suis heureuse et fière d'avoir pu travailler à ses côtés : incomparable directeur d'acteurs, il savait obtenir le meilleur de chacun de ses comédiens. Beaucoup lui doivent leur carrière.

Etchika Choureau

Doté d'un incomparable don pour repérer les talents, Léonide Moguy couvait d'une affection toute paternelle les jeunes espoirs auxquels il donnait leur première chance. Il a lancé puis suivi, non sans fierté, la carrière de ma sœur Pier Angeli. Je suis très touchée qu'un ouvrage soit enfin dédié à celui qu'on surnommait en Italie « le cinéaste de la bonté ».

Marisa Pavan

J'ai tourné *Le long des trottoirs* sous la direction de Léonide Moguy et apprécié le metteur en scène, l'homme courtois et aussi le merveilleux directeur d'acteurs qu'il était. J'aurais rêvé de faire un autre film avec lui ! J'ai rencontré son épouse et sa fille dans leur bel appartement de l'avenue Paul Doumer et fut agréablement surprise par leur qualité d'être humain et leur grande distinction.

Anne Vernon

Léonide Moguy était un grand ami. Je l'ai connu dans les années 50 à Paris et nous nous sommes suivis jusqu'à sa mort. Il était très ouvert que ce soit pour la religion, la politique, ses fréquentations. Il avait une intelligence très vive. C'était un cinéaste audacieux et constructif. Il a aidé de nombreuses personnes. Il me manque beaucoup.

Lise Bourdin

Ma mère Gaby André et Léonide Moguy faisaient partie de la scène cinématographique française avant et après-guerre : une époque magique pour le 7ème art ! De mes jeunes années à Paris, j'ai le souvenir d'un mélange tourbillonnant de nationalités excentriques. Mais pour moi, en tant que petite fille, c'étaient les Russes que je préférais. Et même à cet âge tendre, il était réconfortant de savoir que le sang russe apportait une originalité, une force insolite... Je survivrais ! Merci de m'avoir demandé de me souvenir de ces moments extraordinaires. Merci Léonide.

Carole André

J'aurais bien aimé jouer dans *Demain il sera trop tard* : j'étais hélas bien trop jeune pour le rôle : j'avais pourtant promis à Léonide d'avoir bientôt de la poitrine ! J'avais 12 ans et ne doutais de rien… Je l'ai revu quelques fois : il était charmant et très espiègle dans mon souvenir.

Marina Vlady

Grâce à Léonide Moguy, après plusieurs figurations, j'ai enfin obtenu un petit rôle au grand écran, dans un film fort opportunément appelé *Donnez-moi ma chance !...* et je l'ai saisie. Il est justice qu'un ouvrage soit enfin consacré à ce metteur en scène si fameux en son temps.

Corinne Marchand

I.
POUR UN MONDE UNI

Est-il possible de réaliser et produire un film dont l'essence et l'objectif se cristalliseraient en un message universel de paix, d'amour et de partage ? Un hymne à la vie et à la fraternité, dont la puissance profonde et la sincère émotion balaieraient les sarcasmes des plus sceptiques ? Une œuvre dense aux vertus éducatives destinée à éveiller les esprits aux dangers de la planète que représentent la course à l'armement, l'explosion démographique ou l'industrialisation à outrance. En somme, un cri d'alarme contre l'auto-destruction de l'homme par l'homme. Deux heures suffisent-elles pour traiter et débattre de sujets aussi vastes et délicats ?

Léonide Moguy en est persuadé. Pendant l'essentiel de sa carrière qui s'est déroulée entre 1936 et 1961, ce cinéaste français d'origine ukrainienne s'est attaché à utiliser le vecteur du cinéma pour diffuser ses idées généreuses, présenter des sujets de société controversés, sans négliger pour autant de divertir son auditoire. Homme de convictions, il n'a jamais reculé devant les difficultés pour faire aboutir ses projets les plus ambitieux. En dépit de l'aspect polémique et novateur des thématiques abordées dans ses différents films, qu'il s'agisse du suicide, de la prostitution ou encore du danger des armes nucléaires, il est souvent parvenu à concrétiser ses idées. La plupart de ses réalisations ont non seulement rencontré un accueil enthousiaste du public français et étranger mais également contribué à faire évoluer les mœurs.

Ainsi, *Prison sans barreaux*, son grand succès d'avant-guerre qui fustigeait la rigueur de l'encadrement des maisons de correction a provoqué une remise en question de l'administration des centres éducatifs pour jeunes délinquants. De même, le triomphe international de *Domani è troppo tardi (Demain il sera trop tard)* a engendré de nombreux débats sur la nécessité d'assurer une éducation sexuelle destinée aux enfants et aux adolescents, et certainement influé sur la mise en place progressive de cet enseignement dans les programmes scolaires. Peu de cinéastes peuvent se targuer d'avoir ainsi, grâce à leurs créations, fait évoluer la société.

Pourtant, en ce début des années 70, son nouveau défi semble trop ambitieux, voire insurmontable, de par son ampleur et sa singularité. Les temps ont changé, et l'univers du 7e art ne ressemble plus à celui que connaissait si bien le cinéaste. Plus que l'industrie cinématographique, le monde a profondément évolué, en une poignée d'années : révolutions culturelle et sexuelle, progrès scientifiques et technologiques majeurs, mouvements contestataires des étudiants, luttes pour le droit des femmes, des opprimés, contre le racisme. Ces bouleversements majeurs et irréversibles ont évidemment sensiblement influencé les attentes et exigences des spectateurs des salles obscures et leur façon d'apprécier un film.

La génération du baby-boom et du rock'n'roll réclame des films en accord avec l'air du temps : elle apprécie un cinéma d'auteur, reflétant la psychologie et la personnalité artistique de leur créateur, mais plébiscite surtout les comédies à gros budget, n'ayant d'autre ambition que de divertir. Les auteurs de la nouvelle vague sont venus profondément modifier la conception du cinéma et la façon de traiter les sujets, en s'affranchissant des règles fixées par leurs aînés. Les cinéastes d'avant-guerre, même les plus valeureux, sont désormais boudés ou moqués, assimilés à un « cinéma de papa » en noir et blanc, rétrograde et dépassé. La théâtralité et l'académisme des aînés sont tancés par leurs successeurs.

De nombreuses productions basées sur l'actualité et le quotidien des Français fleurissent sur les écrans. Avec justesse, humour, ou dans un souci de véracité presque documentaire, de nouveaux cinéastes s'attachent, plus que jamais, à retranscrire les difficultés de leurs concitoyens. Le monde du travail, la vie citadine ou les problèmes conjugaux sont traités avec d'autres codes, d'autres façons de filmer s'éloignant délibérément de la convention censée empeser la plupart des anciennes réalisations françaises. Et peu importe si ces tentatives, dont l'ambition est de refléter la couleur d'une époque, sont condamnées elles aussi à paraître désuètes et dépassées, voire ridicules des décennies plus tard, malgré la sincère démarche qui les anime ! Pour l'heure, elles séduisent le public.

Malgré le scepticisme voire l'ironie des producteurs, tel Don Quichotte luttant contre les moulins à vent, Moguy s'entête à imposer son projet. Coiffé d'un chapeau de marin ou d'un feutre tyrolien, le cinéaste de près de soixante-quinze ans continue de démarcher les grandes maisons de production, son scénario sous le bras. Les yeux brillant de malice, pétillant d'amour et de joie de vivre, il n'a rien perdu de sa faconde et de son énergie. Avec enthousiasme et volubilité, il présente son bébé, en joignant les gestes à la parole : un plaidoyer pour l'humanité, une œuvre à la gloire du mondialisme, composée de documentaires, interviews de personnalités et interventions d'acteurs célèbres.

Pour que son film ait un impact concret sur le plus vaste auditoire, Moguy souhaiterait qu'il soit réalisé avec la collaboration d'une douzaine de pays et d'associations humanitaires. Il n'a pas hésité pour cela à contacter des chefs d'État, ministres et hauts dignitaires d'organisations internationales pour les droits de l'homme. De sa plus belle plume, il a adjoint un message personnalisé à chacun d'entre eux. Compte tenu de son entregent, de son opiniâtreté presque touchante et de la noblesse de son projet, il n'a pas tardé à recueillir les plus vifs encouragements des plus grands de ce monde, exprimant leur intérêt pour une si louable entreprise.

Valéry Giscard d'Estaing, président de la République, forme les vœux les plus sincères pour qu'il parvienne à faire aboutir son projet de scénario. Jacques Chaban-Delmas est touché par « cet exposé remarquable qui correspond à la fois à la réalité menaçante et à la nécessité du salut et pourrait avoir la meilleure influence sur tous les plans ». L'académicien et ancien ministre des Affaires étrangères Maurice Schumann exprime son admiration pour ce « poème idéologique ». Il assure que s'il était au gouvernement, il ne négligerait rien de ce qui est en son pouvoir pour intéresser à sa belle entreprise non seulement les pouvoirs publics, mais aussi les organisations internationales. Pour Maurice Couve de Murville, président de la commission des Affaires étrangères de l'Assemblée nationale, c'est un sujet capital qui est traité de manière noble, et dans des perspectives d'avenir. Quant à Jacques-René Rabier, directeur général du service de presse et d'information des Communautés européennes, il se dit « impressionné de voir de quelle manière convaincante un sujet aussi vaste et important a été traité », mais regrette qu'un tel projet de film échappe dans une large mesure aux compétences propres de la Communauté Économique Européenne, concluant qu'il lui serait impossible d'intervenir financièrement dans sa réalisation.

En effet, ces encouragements, aussi chaleureux soient-ils, ne suffisent pas à réunir les fonds nécessaires pour bâtir un film. Jacques Chaban-Delmas qui avait promis de signaler l'action de Moguy à un « mécène aussi généreux qu'éclairé », finit par se rétracter en déplorant que « les portes auxquelles il a frappé soient demeurées fermées en dépit de la grande importance du film en préparation ». Chaque réponse reçue de France ou de l'étranger représente d'abord un espoir puis une déception. La lecture des éloges exprimés par les plus célèbres personnalités politiques du moment n'impressionne guère les investisseurs. Ces derniers ne sont pas davantage émus par la liste des innombrables récompenses que Léonide Moguy énumère dans son curriculum vitae, qu'elles couronnent son activité cinématographique ou son dévouement pour de nombreuses associations humanitaires ou anti-racistes. Quant à ses films, ils semblent déjà appartenir à une époque révolue : *Conflit*, *Le Déserteur*, *L'Empreinte du dieu* ou *Le Long des trottoirs* ne sont plus diffusés depuis longtemps à la télévision, et encore moins sur grand écran. Même les salles d'art et d'essai n'envisagent pas de consacrer un cycle ou un hommage à leur auteur. Son œuvre est désormais oubliée et, curieusement, plus respectée à l'étranger qu'en France.

Intéressés par la rentabilité commerciale, les financiers doutent fort de la viabilité du nouveau projet du cinéaste des années 30, trop atypique. Cet homme enthousiaste qui se déclare citoyen du monde et pense que seul un gouvernement planétaire pourrait remédier à la misère, à la violence, aux inégalités et aux atteintes à l'environnement, leur paraît illuminé. Les investisseurs daignent à peine lui accorder un entretien et semblent ignorer que le cinéaste fit jadis la fortune de ses producteurs. Son seul nom sur une affiche suffisait alors pour attirer les spectateurs dans les salles obscures. Son choix toujours habile de sujets d'actualité garantissait d'emblée la curiosité du public. Son indéniable flair pour repérer les nouveaux talents avait largement contribué au star-system et à l'industrie du cinéma.

L'énoncé des vedettes découvertes par le cinéaste laisse songeur : la plupart des étoiles du cinéma français et quelques figures mythiques du cinéma mondial lui doivent leur carrière et n'auraient sans doute jamais percé dans le firmament du 7e art sans son intervention : Ava Gardner, Sophia Loren, Pier Angeli, Rossana Podesta, Anna Maria Ferrero, Etchika Choureau, Mylène Demongeot, Danik Patisson, Michèle Mercier, Corinne Marchand, Nadine Tallier (future baronne de Rothschild)… Peu importe si certains esprits chagrins s'obstinent à nier le rôle de Moguy dans la carrière d'Ava Gardner qui n'aurait décollé que grâce aux *Tueurs* de Robert Siodmak, et si d'autres remarquent que Sophia Loren n'a jamais joué sous sa direction et que sa biographie ne mentionne pas le nom du cinéaste. Il est pourtant indéniable que la star américaine lui doit son premier rôle important dans le personnage de femme fatale qui fera sa gloire, et que la légendaire romaine n'aurait jamais été prise sous contrat par Carlo Ponti sans l'insistance acharnée du réalisateur français.

Alors que les spectateurs se précipitent massivement dans les salles pour admirer les courbes d'*Emmanuelle* ou se délecter de l'impertinence des *Valseuses*, « film bourrasque auquel on ne résiste pas[1] », personne ne semble vouloir redonner sa chance à un cinéaste qui n'a plus réalisé de film depuis treize ans, et dont les derniers faits d'armes dans le domaine cinématographique se résument au montage d'une version raccourcie de *Guerre et paix*, le chef-d'œuvre de Bondartchouk. La conception d'un cinéma sain et rédempteur, que Léonide Moguy défend encore lors de multiples conférences aux quatre coins de l'Europe, est aux antipodes non seulement des audaces des nouveaux cinéastes, fiers de dynamiter les conventions et semer la controverse, mais encore davantage des exigences commerciales favorisant les sujets racoleurs et violents, les amusements faciles ou la pornographie, en pleine expansion.

Malgré toute l'énergie déployée, les promesses et les encouragements, rien ne se concrétise. Ce marasme finit par entamer l'optimisme du réalisateur de *Prison sans barreaux*. S'il fréquente toujours les réunions et cocktails donnés par la

SACEM ou l'Union des auteurs, réalisateurs et techniciens du film français qu'il préside depuis près de vingt ans, le cinéaste est fatigué par ses démarches stériles, et son parcours chaotique qui s'apparente à un chemin de croix dont il ne voit plus l'issue.

Mais le metteur en scène, marqué par les exils successifs, les séparations et les déceptions, a appris à savourer à leur juste valeur les moindres joies et bonheurs du moment, et l'amitié qu'il offre comme un cadeau et brille dans la douceur de son regard. Rien ne lui plaît davantage que d'abandonner son automobile pour se mêler aux Parisiens, aux petites gens, en parcourant les rues pour ne pas « oublier la vie[2] ». Au balcon de son bel appartement du 3 avenue Paul-Doumer, s'il lui arrive de contempler le cimetière du Trocadéro et la concession qu'il y a achetée depuis plusieurs années, c'est sans affliction ni désespoir, mais avec la lucidité et la sagesse d'un homme ayant parfaitement compris le sens, la beauté et la fragilité de l'existence.

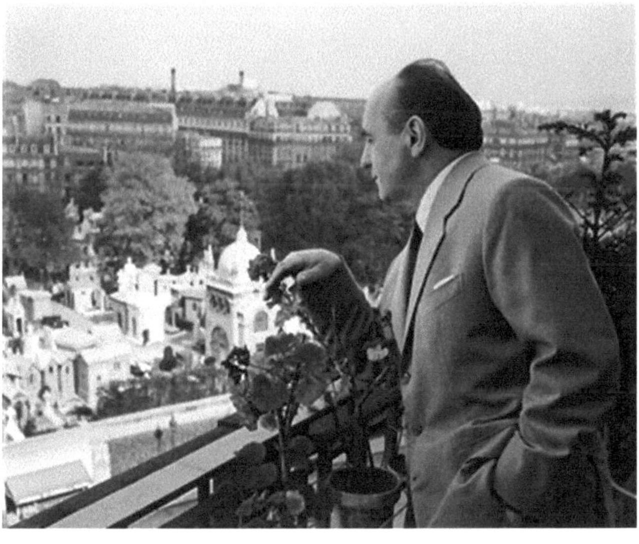

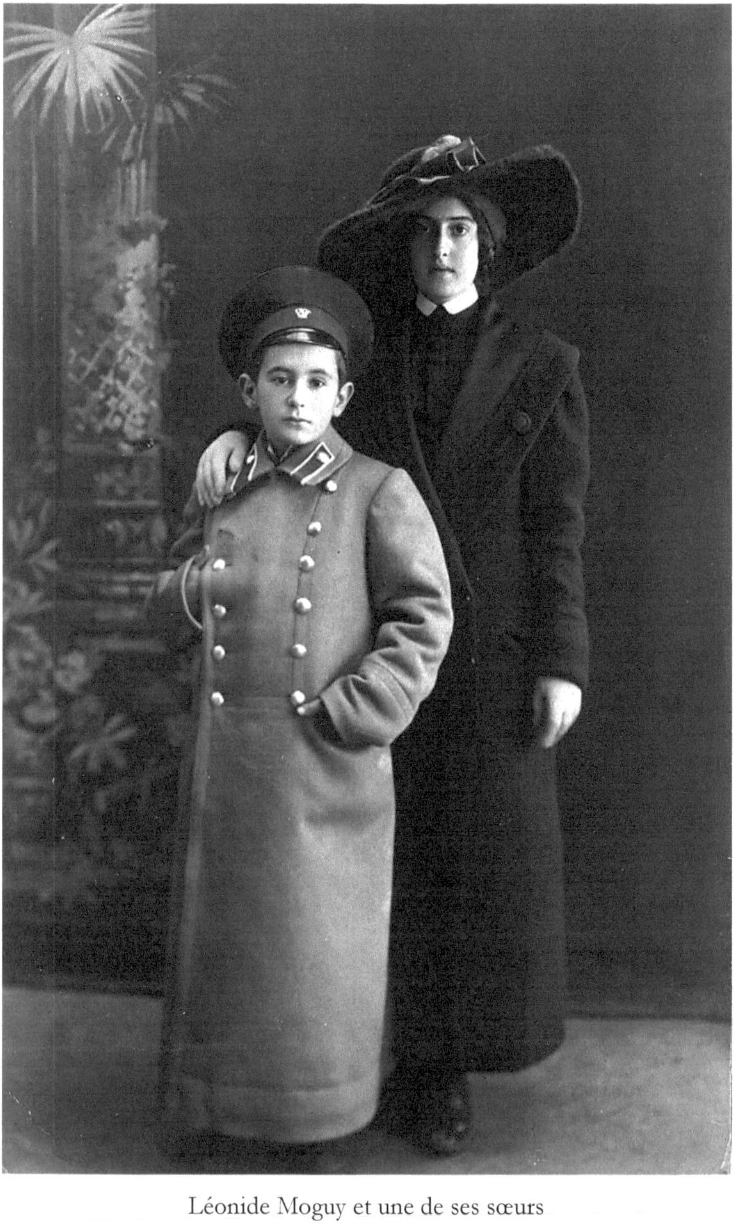

Léonide Moguy et une de ses sœurs
(collection Katia Mo uy)

II.
ODESSA… ODESSA…

Il est difficile de retracer avec assurance l'enfance et la jeunesse de Léonide Moguy car ses documents d'état civil furent brûlés lors des incendies ayant frappé de nombreux bâtiments administratifs pendant la révolution russe. Le cinéaste rencontrera d'ailleurs bien des difficultés pour réunir les papiers d'identité nécessaires lors de sa demande de naturalisation française en 1937. Selon les indications figurant sur son passeport, Léonide Moguilewsky aurait vu le jour un 14 juillet 1898 à Saint-Pétersbourg, capitale de l'Empire russe. Son père Grégoire Boris était alors déjà âgé de près de 60 ans. Ce négociant, né en 1840 à Odessa, se consacrait à l'import-export de thé et de café. D'une première union avec Perle Rabinovitch, il avait déjà eu plusieurs enfants. Dès 1889, l'aîné, Alexandre, s'était établi à Paris. Là, il avait suivi des études médicales avant d'obtenir son diplôme d'État lui permettant de travailler à la Pitié-Salpêtrière.

Veuf, Grégoire Boris s'est ensuite remarié avec Katherine Kamensky, native d'Elizabethgrad (aujourd'hui Kropyvnytskyi en Ukraine). De 24 ans sa cadette, cette seconde épouse lui a donné trois filles : Anna, Esther et Irène. Il est possible que Katherine soit une lointaine parente de l'acteur américain Danny Kaye, de son vrai nom David Daniel Kaminsky, grande vedette des écrans et des scènes américaines dans les années 1950. Léonide et le trépidant comédien en viendront à cette conclusion en confrontant leurs origines, un peu confuses, il faut bien l'avouer. Le cinéaste prétendra à de nombreuses occasions avoir des origines françaises, et un journal américain mentionnera même dans les années 40 que son père était français, information erronée. Un article de Ciné-Revue évoque, pour sa part, des « ascendances très diverses ». Léonide possédait probablement des racines françaises : ceci explique sans doute pourquoi son frère aîné Alexandre avait été envoyé en France pour suivre ses études de médecine. La disparition des fiches d'état civil de Moguy et de ses ancêtres ne permet pas de lever entièrement ce mystère.

Une autre énigme entoure le lieu de naissance de Léonide. Étant donné que les époux Moguilewsky étaient établis à Odessa, cité portuaire de la mer Noire, la venue au monde à Saint-Pétersbourg peut s'expliquer par un déplacement professionnel de ses parents, dans le cadre de leurs différents négoces. Cependant Lubomir Hosejko, historien du cinéma ukrainien, émet quelques doutes sur cette information. Il suggère que, lors de son arrivée en France en 1929, Léonide Moguy a pu modifier légèrement sa date et son lieu de naissance, pratique courante parmi les émigrés soviétiques pour des raisons de convenances personnelles. Cette supposition n'est pas inconcevable si l'on se réfère à une note du service des étrangers de la préfecture de police de Paris, datée de janvier 1927, dans le cadre de premières démarches du cinéaste auprès de l'État français. Elle mentionne que Léonide Moguilewsky est né un 14 juin (et non juillet) 1898 à Odessa. Cette ville natale est d'ailleurs également mentionnée dans un article de Jean Mitry datant de 1930.

En 1900, la famille Moguilewsky s'agrandit de nouveau avec la venue d'un dernier enfant, Hélène. Bourgeois aisés, les parents mènent une vie tranquille et prospère dans cette fascinante cité que certains surnomment « la nouvelle Babylone ». Fondée par la grande Catherine de Russie, la ville d'Odessa a attiré depuis sa création un nombre massif d'immigrés, venus de tout l'Empire et des pays avoisinants, et encouragés par l'attitude libérale des autorités.

Beaucoup de Juifs, interdits de séjour à Kiev comme à Saint-Pétersbourg, crurent enfin trouver la terre promise dans cette cité en pleine expansion économique et culturelle. La plupart d'entre eux se consacrent à l'exportation de céréales, fer de lance de l'économie du pays, goûtant une quiétude certaine dans cette cité cosmopolite s'enrichissant de ses différences. Si la communauté israélite dispose d'établissements scolaires, de synagogues et d'un hôpital, ses membres ne sont pas concentrés dans le même quartier, signe d'une véritable assimilation facilitée par la vivacité du mouvement de pensée Haskala. Influencée par la philosophie des lumières, cette idéologie vise à intégrer les Juifs dans la société, en gommant les barrières linguistiques, vestimentaires ou socio-culturelles les isolant. Cet épanouissement et ce mélange harmonieux expliquent l'effervescence artistique et intellectuelle de la perle blanche de la mer Noire, point d'attraction d'artistes aussi renommés que Pouchkine ou Rimsy-Korsakov.

Il est de bon ton pour chaque famille aisée d'inculquer à ses enfants des rudiments de solfège : partageant un même penchant prononcé pour les arts et la musique, les Moguilewsky ne sont pas en reste. Des cours de piano et de couture sont dispensés aux filles de la maison. Dans la somptueuse salle de l'Opéra de style baroque, Léonide forge son goût pour les tragédies lyriques, leur puissance émotionnelle et leur romantisme exacerbé. Fasciné par la richesse des décors et du vestibule rococo, il s'éveille aux beautés qui l'entourent. Lors de ses balades en famille dans le centre-ville, il contemple les façades des magnifiques édifices aux couleurs pastel étalant leur richesse. Il est probable que les magnifiques statues de jeunes femmes au galbe parfait, ornant la galerie commerciale, l'impressionnent beaucoup. La splendeur de ces joyaux architecturaux jure avec la pauvreté de la plupart des habitants.

À la maison, entouré de sa mère et ses sœurs Léonide s'épanouit dans une cellule familiale essentiellement féminine. De cette proximité quotidienne, il établit une parfaite complicité avec les femmes, mais aussi une réelle faculté à comprendre leur nature, leurs soucis, leurs doutes, leurs aspirations. Le reflet de cette connivence sera palpable dans ses choix artistiques, et son œuvre où le sexe dit faible tiendra une place prépondérante. Alors que les Moguilewsky profitent en toute quiétude des dernières heures d'une époque dorée, l'Empire russe est frappé par une crise économique sans précédent touchant aussi bien le milieu ouvrier que les paysans, asservis et affamés. Le chômage et la misère s'installent et provoquent une série de révoltes d'une grande intensité.

En juin 1905, Odessa est le théâtre de plusieurs grèves et violentes émeutes, très sévèrement réprimées par la cavalerie cosaque. Une mutinerie éclate à bord du cuirassé Potemkine, principal vaisseau de la flotte du tsar Nicolas II, en manœuvres dans la mer Noire. Les marins trouvent appui auprès des grévistes du port d'Odessa, mais ce soulèvement, qui inspirera à Eisenstein une des plus belles pages de l'histoire du cinéma, est réprimé de façon sanglante dans un déchaînement de violence. Près de 6 000 victimes seront dénombrées. Durant les mois suivants, une partie de la population russe manifeste contre les Juifs. Les émeutes dégénèrent en un véritable massacre où périront près de 1 000 victimes tandis que plus de 5 000 personnes seront blessées et leurs domiciles saccagés. Alors que de nombreux Juifs, effrayés et meurtris par ce sanglant pogrom, optent pour l'exil, Boris Moguilewsky trop âgé, n'a d'autre choix que demeurer à Odessa avec sa famille.

La vie reprend mais sans la même allégresse et dans un climat d'insécurité. Protégés par leurs parents, les enfants n'ont pas vraiment conscience des dangers et profitent des bons moments. Outre l'opéra, et les théâtres, le cinéma prend place parmi les distractions dominicales. À peine créé, le 7ème art s'est implanté en Nouvelle Russie. D'ailleurs, en 1894 l'ingénieur ukrainien Joseph Tymtchenko avait déjà mis au point un appareil de projection. Dès 1907, le studio de cinéma Myrograph, fondé par Myron Grosman, voit le jour à Odessa et entame une production régulière. Tout comme de nombreuses réalisations internationales, ses créations sont projetées sur les écrans de cinéma de la ville – le Vénus, l'Illusion, l'Odéon, l'Urania, l'Express, l'Apollon. Léonide est sensible aux jolies et vulnérables héroïnes qui commencent à se faire connaître sur les écrans. Il racontera ainsi être tombé amoureux d'une actrice de cinéma, sans en préciser le nom. Il est fort possible qu'il s'agisse de Mary Pickford, la petite fiancée des États-Unis, considérée dès les années 1910 comme la femme la plus célèbre du monde. Elle a probablement représenté pour le futur cinéaste le modèle de la jeune fille, à la fois rebelle et victime, telle qu'il la représentera souvent dans ses films. Il est difficile d'affirmer si Léonide croisera l'interprète des *Moineaux* et son mari Douglas Fairbanks lors de leur passage en Ukraine en 1926. Il parviendra à rencontrer l'idole de sa jeunesse et même à nouer des liens amicaux avec elle, lors de son passage aux USA, pendant la Seconde Guerre mondiale. Elle viendra même lui rendre visite à Paris en 1951.

Rêveur et fantasque, Léonide entreprend un jour avec un camarade de sécher les cours et de « partir à la maraude comme le font tous les enfants du monde ». Au retour de cette fugue, il ne sera pas morigéné par sa famille, trop heureuse de le retrouver sain et sauf. En revanche son intrépide compagnon sera vivement réprimandé par ses sévères parents et envoyé en maison de correction. Privé de la chaleur du foyer et mal encadré dans ce milieu hostile et violent, le gamin sombrera dans la délinquance. Ce fâcheux épisode marquera beaucoup Léonide : plus tard, il racontera que son intérêt pour l'enfance délinquante et son souci de protéger les adolescents seraient liés à ce triste souvenir.

En juillet 1914, alors que la situation internationale s'envenime, à la suite de l'attentat de Sarajevo, le Tsar Nicolas II décrète une mobilisation générale. Le surlendemain, l'Allemagne déclare la guerre à la Russie. En dépit de quelques victoires de l'armée impériale tsariste, les combats menés en Prusse orientale se révèlent particulièrement dévastateurs. En octobre, le port d'Odessa est bombardé par la flotte turque. L'offensive menée en représailles contre les forces ottomanes marque le début de la campagne du Caucase. Mal préparées et insuffisamment équipées, les troupes russes subissent de terribles revers : près de deux millions de ses soldats sont tués sur les différents fronts. Des mutineries éclatent au sein des bataillons. Beaucoup de fantassins désertent. Malgré cette débâcle, le jeune Léonide Moguilewsky, tout juste âgé de 18 ans, s'engage en décembre 1916 comme volontaire au 51ème régiment d'infanterie impérial russe, où il servira jusqu'à la fin des hostilités. Il est probable que son impétuosité et ses sentiments francophiles (l'Empire russe et la France étaient liés par un accord de coopération militaire) aient influencé le jeune homme dans son choix courageux. Il gardera de cette expérience une si profonde meurtrissure qu'il n'en parlera jamais à ses proches. Ces mois dans l'armée impériale influenceront profondément son combat pour la paix, le fédéralisme et la mondialisation.

Alors que la situation économique générale se dégrade à un point alarmant, les grèves spontanées et manifestations se multiplient. Sous la pression sociale, le Tsar est contraint d'abdiquer. Les Bolcheviks s'emparent du pouvoir. À Odessa, une république soviétique éphémère est créée, alors que se déchaînent la terreur rouge puis la guerre civile.

De façon surprenante, tandis que le pays traverse une zone de turbulence sans précédent depuis le début de la guerre, l'industrie cinématographique connaît une véritable expansion. Les difficultés matérielles pour importer des films étrangers favorisent le développement de la production nationale. Les investisseurs, conscients de cette opportunité, financent les restructurations de nombreuses sociétés de production. Parmi les plus en vue figurent les studios indépendants de Dimitri Kharitonov, transférés de Moscou à Odessa suite aux remous provoqués par la révolution de 1917. Cette firme prospère, dont l'emblème est une étoile, a su démarcher les acteurs et metteurs en scène les plus en vue auprès des studios concurrents, en leur promettant de juteux contrats et une plus grande liberté artistique. Vera Kholodnaya, première star de l'écran russe, et le cinéaste Piotr Tchardynine sont les premiers à succomber aux sirènes odéssites. Pour couvrir son calendrier de productions, Kharitonov recherche également de la main-d'œuvre locale à former.

De retour du front, Léonide parvient sans aucun mal à se faire embaucher dans la prestigieuse société cinématographique. Sa passion pour le cinéma ne l'a pas quitté, et il se délecte des premiers films de Charlie Chaplin, sa nouvelle idole, dont il apprécie les facéties et le génie poétique. Son père étant décédé depuis juin 1918, le jeune homme est en effet contraint de trouver un emploi pour pouvoir financer ses études et s'inscrire à la faculté de médecine, afin de suivre l'exemple de son frère Alexandre. Ses études médicales ne le mèneront pourtant pas loin. Lors d'une intervention chirurgicale, l'impressionnable étudiant s'évanouit pendant la dissection d'un estomac. Comprenant que cette voie ne correspond ni à ses aspirations ni à sa sensibilité, Léonide bifurque vers des études juridiques à l'Institut d'économie d'Odessa, tout en poursuivant ses activités cinématographiques. Ces dernières lui permettent de côtoyer les plus grands artistes et d'apprendre à leurs côtés l'art de la photographie et du montage, que maîtrisent à merveille les techniciens russes. Leur aptitude à enchaîner les séquences grâce à une savante manipulation des images est d'ailleurs reconnue internationalement.

Par un décret du 27 août 1919, le nouveau régime socialiste déclare le cinéma comme un art national, propriété d'État. La production et la distribution cinématographiques sont nationalisées. Spolié par les Bolcheviks, Dimitri Kharitonov choisit l'exil : il tentera quelque temps de poursuivre son activité en Italie, en Allemagne (où il fondera une firme qui sera intégrée à l'UFA et participera à la production de *Paname n'est pas Paris* de Nikolaï Malikoff, adaptation d'un roman de Francis Carco) et en France pour les productions Jacques de Baroncelli (il a notamment travaillé sur le film *Nitchevo* en 1926). Il se reconvertira dans la restauration en ouvrant le Poisson d'or à Montparnasse, rendez-vous des noctambules parisiens les plus fortunés.

En 1924, Léonide achève ses études à l'Institut d'économie d'Odessa. Un vieux cliché nous montre le beau jeune homme brun posant au premier plan avec sa promotion. Son diplôme en poche, Léonide s'inscrit au barreau de Kiev tout en poursuivant des études de psychanalyse et de psychologie. Grâce à son expérience acquise au studio de Kharitonov, il se fait embaucher comme avocat et conseiller juridique aux studios de cinéma de la VOUFKOU[3] d'Odessa. Bien qu'appartenant à l'État, ces derniers bénéficient d'une relative indépendance économique et politique. Ils regroupent les anciennes maisons de production ukrainiennes dont les dirigeants ont souvent préféré prendre la fuite et s'exiler à l'étranger. Cette nouvelle compagnie va connaître une expansion remarquable en quelques années, quadruplant ses recettes en trois ans.

Les fonctions de Léonide à la VOUFKOU sont loin de se limiter à un aspect juridique et administratif. Près des plus grands, il peaufine ses connaissances cinématographiques, plus particulièrement en matière de montage. Léonide est d'abord chargé d'assister Nikolaï Saltykov. Cet acteur et cinéaste a prêté son talent à la cause révolutionnaire : le cinéma commence à être utilisé à des fins partisanes et devient un instrument pour éduquer les masses.

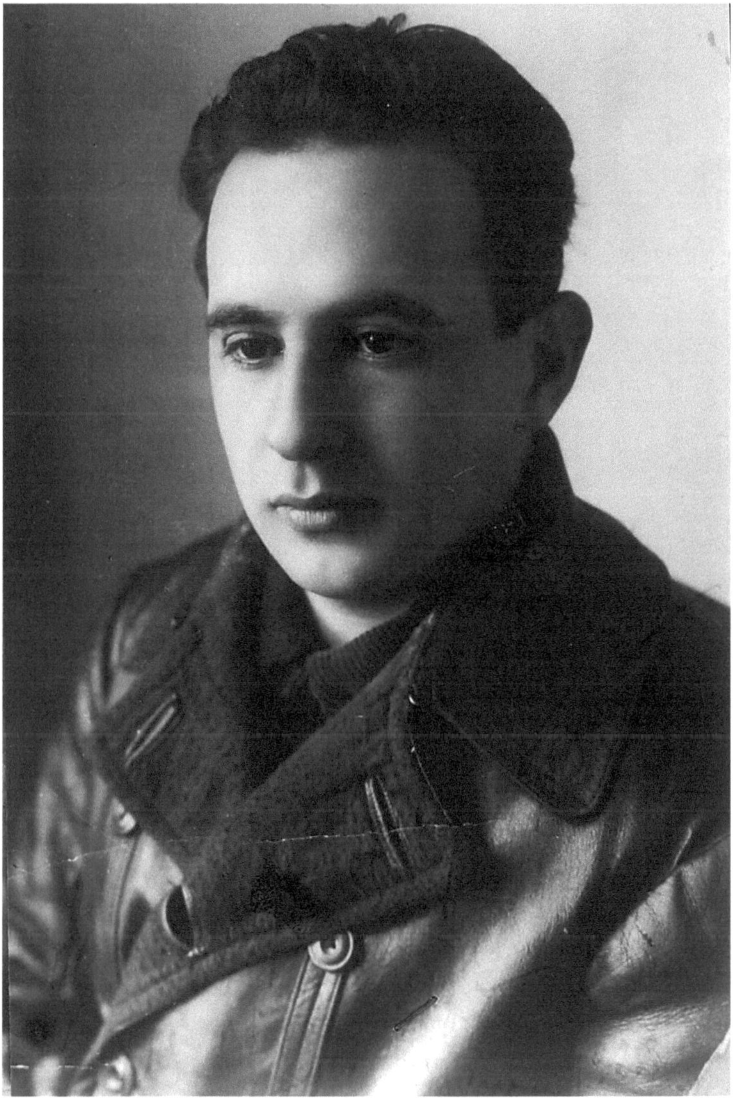

Léonide Moguy en 1923 (collection Katia Moguy)

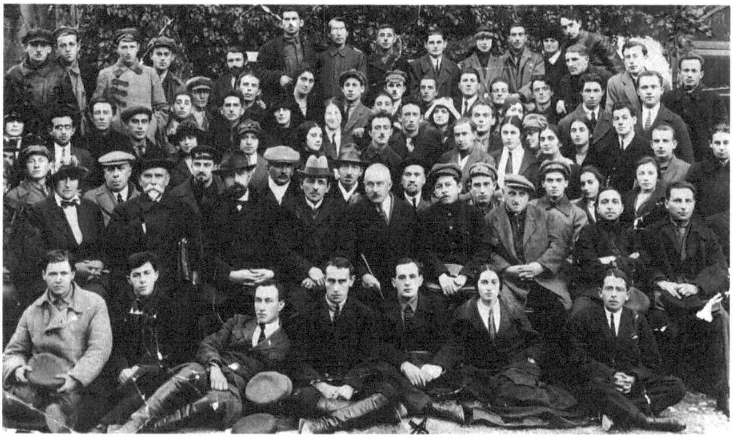

Léonide Moguy en 1924 avec les diplômés
de l'Institut d'Économie Nationale d'Odessa (collection Katia Moguy)

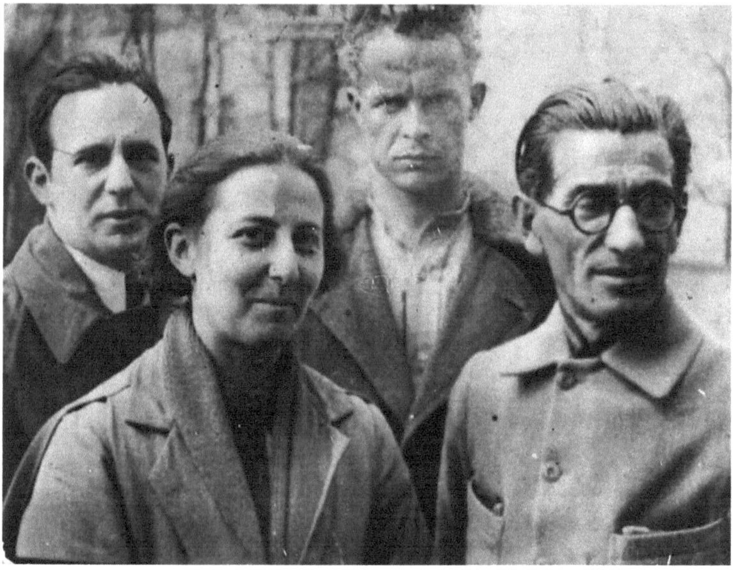

Léonide Moguy en 1928 avec Marie-Louise Baud Bovy,
Alexandre Dovjenko et Panait Istrati, dans les studios d'Odessa,
pendant le tournage de *Kyra Kyralina*, film de Ertugrul Muskhine-Bey,
(collection Katia Moguy)

Auteur des agitfilms *Nous vaincrons*, *Les Rouges contre les Blancs*, œuvres de propagande et biographies de martyres bolcheviks commandées par la Section cinématographique de l'Armée Rouge, Saltykov a également joué dans les films de Vladimir Gardine, *L'Otaman Khmil* et *Ostap Bandoura.*

Parmi les plus talentueuses personnalités du studio de la VOUFKOU d'Odessa, figure Alexandre Dovjenko. Après avoir mené une carrière de diplomate, puis de peintre et de caricaturiste politique, ce fils de paysan s'est imposé en peu d'années comme le plus novateur des cinéastes. Très engagé politiquement, cet esthète sait comme nul autre doter d'une dimension lyrique ses créations et en faire de véritables poèmes cinématographiques.

Léonide suit avec attention et admiration les préconisations du metteur en scène et théoricien du cinéma Vsevolod Poudovkine qu'il qualifie d'« homme admirable, une grande intelligence et un cœur généreux[4] ». Ce cinéaste, connu notamment pour son adaptation de *La mère* de Gorki, est un grand spécialiste du montage, dont il maîtrise à la perfection toutes les subtilités. Doctement, il analyse les effets que produisent le découpage et la juxtaposition de plans dans un film. Erigé au rang d'art véritable, le montage constitue l'essence même et la colonne vertébrale d'un film : il lui confère son rythme et sa poésie, en lui permettant de communiquer l'émotion au spectateur.

Outre son habileté pour construire les séquences rythmant ses créations, Poudovkine accorde un soin tout particulier à la direction des comédiens. Suivant les préceptes de Stanislavski, il exhorte les acteurs à s'impliquer personnellement dans leur interprétation, en faisant appel à leur sincérité comme à leur émotion. Cette conception ambitieuse du jeu dramatique rejoint les aspirations naissantes du futur Léonide Moguy. Celui-ci désire mettre en pratique ses connaissances en psychologie et en psychanalyse pour mieux appréhender les caractères et personnages dramatiques et déterminer, avec le plus de précision possible, la manière de les interpréter.

En présence de tels génies, rivalisant d'audace et de talent, le jeune cadre de la VOUFKOU s'imprègne d'une démarche artistique sans concession, où règnent en maître la précision technique et une vibrante poésie. S'il arrive à Léonide Moguilewsky d'assister des artistes au talent moins affirmé que Poudovkine ou Dovjenko, il ne s'en plaint pas, remarquant que « la meilleure façon d'apprendre son métier est de regarder les autres faire mal le leur. »

Dans la lignée des travaux déjà menés par le théoricien et cinéaste Lev Koulechov, il organise à Moscou un laboratoire expérimental du cinéma auquel collaborent les plus grands cinéastes russes et notamment Eisenstein. S'appuyant sur les travaux d'Alfred Binet, psychologue à l'origine de la première échelle métrique de l'intelligence, cet organisme élabore des tests psychologiques servant à mieux connaître le profil de chaque comédien, évaluer leurs progrès pour en tirer un graphique permettant de mieux cerner leurs aptitudes.

Certaines questions servent à jauger le contrôle des réflexes psycho-physiologiques, la sensibilité, la mémoire et l'attention des candidats afin d'aboutir à un « pedigree physique et moral, une véritable expertise psychologique ». Rien n'est laissé au hasard dans cette analyse scientifique d'une précision infaillible, presque effrayante par son perfectionnisme. Au-delà de cette batterie d'indicateurs, les longues et studieuses recherches menées dans ce domaine permettront plus tard au cinéaste de déceler avec exactitude les comédiens prédisposés à une carrière artistique.

De retour à la VOUFKOU, Moguy dirige le service des actualités et des films documentaires et se consacre activement à des travaux administratifs concernant la rationalisation de la production. Avec Dovjenko, il organise ainsi un système de classification des décors, et une filmothèque où il entrepose de nombreuses bandes anciennes dont 350 négatifs du studio d'Odessa et 2 100 copies de films étrangers et soviétiques.

Ces archives impeccablement classées lui permettent de monter ses premiers documentaires parmi lesquels figurent des portraits de grandes personnalités telles que Tolstoï ou Lénine et des rétrospectives de l'histoire de l'URSS, baptisées *Documents d'époque* et *C'était hier*. Ces évocations sont réalisées dans le même esprit que *La chute des Romanoff* qu'Esfir Choub, document historique bâti sur un assemblage de nombreuses archives tirées d'actualités russes, privées ou étrangères. Les deux films de montage présentent des images inédites d'un défilé du Tsar dans les rues de Moscou, d'Alexandre Kerensky à la tête du gouvernement provisoire russe peu après l'abdication de Nicolas II, de la signature de la déclaration d'indépendance de la République populaire d'Ukraine vis-à-vis de la Russie en 1918 ou encore de la rencontre entre Trotski et les plénipotentiaires allemands à l'occasion du traité de paix de Brest-Litovsk. Compte tenu de leur intérêt historique indéniable, il serait tentant de visionner ces précieux documentaires. Tout espoir n'est pas perdu. Longtemps porté disparu, *Documents d'époque* vient d'être retrouvé aux Archives ciné-photo-phonographiques d'Ukraine, à Kiev. Il a été projeté en mars 2018 lors du 15ème festival international du film documentaire sur les droits de l'homme. La bande de 67 minutes a été saluée comme « un témoignage visuel sans précédent et très précieux des pages les plus dramatiques de l'histoire ukrainienne du XXe siècle » « bien que les événements relatés soient étouffés par des intertitres idéologisés, qui parfois expliquent ou dénaturent les événements historiques.[5] »

Malgré la variété de ses activités au sein des studios soviétiques et l'étendue de ses responsabilités, Léonide Moguilewsky éprouve de moins en moins de liberté et de latitude pour exercer ses fonctions, sous le contrôle de l'État.

S'il clame qu'il « doit beaucoup à l'Union soviétique », qu'il a beaucoup appris avec Eisenstein, Poudovkine et Dovjenko, et que « leur école est la sienne », le cinéaste est méfiant. N'a-t-il pas été récemment menacé pour avoir ramené d'une mission dans les campagnes des images de famine jugées choquantes et indiffusables par les autorités soviétiques ? Lors de ce périple, destiné à vanter les mérites de la collectivisation des terres et les bienfaits sur l'économie du premier plan quinquennal, le cinéaste ukrainien n'a pu filmer que de désolantes scènes traduisant l'immense pauvreté du milieu paysan. Or, dans la dictature totalitaire menée par Staline, aucune place n'est accordée à la critique, à la contestation ou même à l'objectivité.

De nombreux intellectuels d'abord enthousiasmés par la révolution communiste, sont dégoûtés par l'arbitraire du régime communiste et son totalitarisme. L'écrivain roumain Panait Istrati, que Léonide et Dovjenko ont croisé dans les studios d'Odessa lors du tournage de l'adaptation de son roman *Kyra Kyralina*, dénonce sans concession la dureté de la dictature stalinienne, lors de son retour en France après un long périple en Russie. Son témoignage lui vaudra les foudres de la presse communiste.

Un des meilleurs amis de Léonide, l'acteur Alexeï Kapler, paiera cher son manque de docilité par rapport au régime. Cet assistant de Dovjenko deviendra dans les années 30 un scénariste, réalisateur et acteur renommé et provoquera l'ire de Staline en entretenant une liaison avec sa fille Svetlana en 1942. Il sera condamné à dix ans de goulag.

Depuis la fin de la Première Guerre mondiale, la vie dans les territoires ukrainiens est devenue particulièrement ardue, voire périlleuse : la terreur rouge de 1918 s'est traduite par le massacre de 400 familles bourgeoises d'Odessa ; la sécheresse et la grande famine de 1921-22 ont causé plus de cinq millions de victimes sur tout le territoire de l'État soviétique. Exacerbé par la misère, l'antisémitisme connaît une montée exponentielle et effrayante : dans la rue, sur les lieux de travail, les Juifs sont insultés, menacés et attaqués.

Durement marquée par ces épreuves, Katherine Moguilewsky, la mère de Léonide, comprend que sa famille ne peut davantage demeurer en Russie. Désireuse de mettre ses proches à l'abri, elle entreprend de vendre les meubles, l'argenterie, les bijoux et le moindre bien de valeur afin de constituer un petit pécule pour que chaque enfant puisse financer son voyage : Irène s'établit en Pologne et Hélène gagne la France en septembre 1926, après une halte en Allemagne. Katherine l'a devancée à Paris.

Demeuré seul en URSS, Léonide comprend qu'il ne pourra longtemps poursuivre ses activités dans un pays où l'industrie cinématographique a certes atteint un degré de perfection absolue, mais où la créativité des artistes est de plus en plus menacée par les dictats d'un pouvoir politique renforçant son contrôle sur la production artistique. Cinéphile averti, Staline entend utiliser le 7ème art comme un puissant facteur de la révolution culturelle socialiste. Il déclare à cet égard que « le cinéma est le plus efficace outil pour l'agitation des masses. Notre seul problème, c'est de savoir tenir cet outil bien en main ». Sous le joug du Parti communiste et des syndicats, les cinéastes soviétiques n'ont d'autres possibilités que de réaliser des œuvres au service de la patrie et de l'homme nouveau, selon des codes imposés. Révolté par ces entraves à la liberté d'expression qui gagnent en ampleur, Léonide Moguilewsky dispose de peu de marge de manœuvre : il doit se soumettre ou quitter le pays.

Apprenant que sa mère est souffrante à Paris, le cinéaste propose à la VOUFKOU de se rendre dans la capitale française afin d'y mener une enquête comparative sur l'industrie du cinéma documentaire en Europe, le traitement et l'archivage des informations filmées. Il est difficile de savoir si à ce moment précis, Léonide envisage réellement de se limiter à un stage de quelques mois en France et en

Allemagne ou s'il a trouvé un prétexte passable pour s'exiler. Est-il conscient en effectuant les démarches pour obtenir un visa, qu'il ne reverra jamais son pays ?

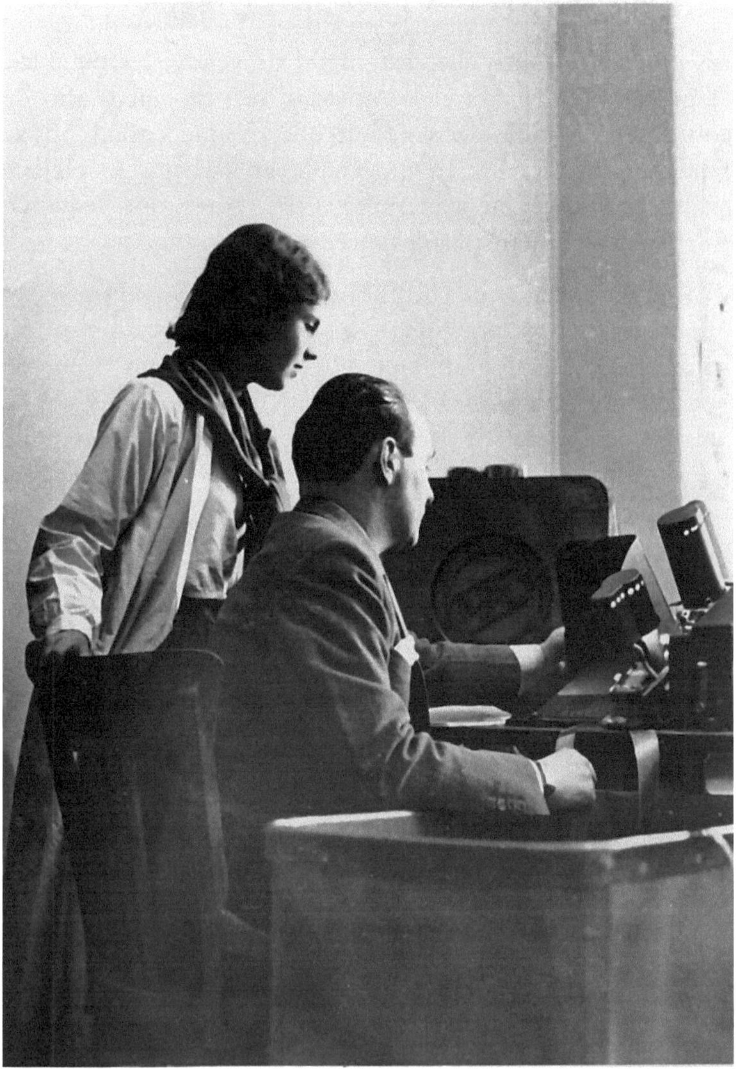

Léonide Moguy en salle de montage (collection Katia Moguy)

III.
LE CHIRURGIEN DU CINÉMA FRANÇAIS

En janvier 1929, Léonide Moguilewsky débarque à Paris, muni d'un passeport délivré par les autorités soviétiques à Kiev, le 28 septembre 1928, et visé le 2 décembre suivant par le consul de France à Moscou. À peine descendu du train, il se presse au chevet de sa mère souffrante qui partage un modeste appartement avec sa sœur Hélène, 19 rue Gauthey dans le 17ème. Il y retrouve son demi-frère Alexandre dont le cabinet médical est situé au 34 rue de Madrid, non loin de la gare Saint-Lazare. Pendant la Grande Guerre, grâce à ses connaissances bactériologiques, ce dernier a conçu plusieurs vaccins destinés aux soldats malades.

Quelle curieuse sensation de pouvoir enfin admirer la Ville lumière qui le faisait tant rêver sur les cartes postales en noir et blanc ! Le jeune cinéaste souhaite profiter des charmes de Paris. Il a hâte de découvrir Montmartre et Montparnasse, rendez-vous des artistes et intellectuels du monde entier, venus trouver l'inspiration dans le tourbillon des années folles. Alexandre lui présente quelques peintres encore peu renommés. Clients de son cabinet, ces artistes en devenir règlent parfois ses honoraires en lui cédant une toile. Combien le médecin regrettera plus tard de ne pas avoir conservé ces œuvres s'arrachant à présent à prix d'or !

Censé venir étudier les réalisations nouvelles de la technique européenne cinématographique, en tant que chef administrateur de l'écran documentaire de l'Ukraine, Léonide procède quelques mois aux recherches motivant son séjour. Chargé notamment de contacter les organismes supervisant les films documentaires en Allemagne et en France, il constate avec étonnement que de telles structures n'existent pas en Europe.

La santé déclinante puis le décès de sa mère en 1930 l'obligent à allonger de quelques mois son séjour parisien. Rien ne permet de déceler si le jeune cinéaste a réellement l'intention de regagner l'URSS. Quand il lui est proposé de rédiger quelques lignes du numéro spécial du magazine *Photo Ciné* du mois de juin 1929, consacré au cinéma soviétique, il se garde prudemment de critiquer le régime communiste dans sa présentation de *La ligne générale* de son collègue Eisenstein. Il explique, avec ferveur, que cette œuvre a « pour but principal de nous révéler l'homme nouveau, l'homme évolué, vivant en collectivité », en expliquant « comment les paysans pauvres réunis dans une collectivité harmonieuse, aidés par le gouvernement, luttent pour une vie plus douce », sans émettre la moindre réserve sur ce beau film de propagande éludant les vrais problèmes paysans.

Outre la rédaction de quelques autres chroniques pour ce mensuel spécialisé, le cinéaste, quasiment sans le sou, accepte d'assurer le montage de plusieurs films russes pour le marché hexagonal (*Le Pamir inexploré* de Vladimir Chneiderov, *Voyage en Afghanistan* de Vladimir Erofeiev, *L'Aigle blanc* de Yakov Protazanov, *Son fils* d'Evgueni Tcheriakov), en y insérant des intertitres français. Vainement, car aucun de ces films ne sera diffusé dans les salles obscures parisiennes malgré ses efforts. Son travail de technicien, fort peu rémunéré, lui semble bien modeste par rapport aux multiples fonctions et responsabilités qu'il assumait en

Ukraine soviétique. Mais il jouit enfin du plus précieux des biens : la liberté.

En 1930, Léonide retrouve à Paris ses deux plus prestigieux comparses venus de Russie. Dovjenko présente son film *La Terre* qui soulève beaucoup de discussions et de controverses : il a été projeté 32 fois devant les représentants des corporations ouvrières avant d'être livré au public. Léonide, chargé de traduire pour la presse les déclarations du metteur en scène ukrainien confie à Maurice Bessy : « Il a un grand défaut, il est trop intelligent ! [6]».

Il accueille également son ancien collègue Serge Eisenstein de passage dans la capitale. Ce dernier effectue une grande tournée en Europe pour étudier le film sonore, qu'il finance en multipliant les conférences. Lors du cocktail donné en l'honneur de l'auteur du *Cuirassier Potemkine*, Léonide retrouve le journaliste et historien du cinéma Jean Mitry avec lequel il a sympathisé dès son arrivée à Paris. Intéressé par ses propos et le rôle important qu'il occupa dans le cinéma soviétique, Mitry lui accorde une interview en pleine page dans le magazine *Pour Vous.*

Dans cet étonnant entretien, Léonide clame déjà, avec véhémence, sa foi en un cinéma éducatif tout en émettant de vives réserves envers les films de pur divertissement : « C'est votre tort, ici, de n'attacher au cinéma qu'une importance tout arbitraire, de n'y voir qu'un amusement passager et surtout de laisser cette liberté à n'importe qui de pouvoir faire n'importe quoi dès l'instant qu'il est en possession de quelques capitaux. Vous voyez où cela mène. Aucune organisation sérieuse, évidemment. Le vide... et le marasme... Le cinéma est, bien entendu, un loisir, mais il est aussi un art, et aussi une industrie, et aussi une méthode nouvelle, une magnifique possibilité d'éducation collective. Pourquoi le négliger et ne pas vouloir accepter le progrès ? Vous ne voulez vous en tenir qu'aux vieilles méthodes, qu'aux livres poussiéreux et moisis. C'est ridicule.[7] »

Déplorant l'absence de structure étatique supervisant en France la production cinématographique, il loue la rigueur de l'organisation du cinéma en URSS, avec une conviction presque forcée : « Tout est établi scientifiquement et méthodiquement. On ne tourne pas selon sa fantaisie ou l'inspiration du moment. Quand on dit à un metteur en scène : demain à sept heures vous tournerez tels plans, les plans prévus sont tournés, pas d'autres. Et à sept heures précises, tout le monde est là, vedette comme figurant. Ce n'est qu'ainsi que l'on peut faire du bon travail. » Ces déclarations vindicatives révèlent les difficultés d'adaptation d'un cinéaste encore soumis à un véritable endoctrinement. Habitué à un encadrement rigide, il s'accorde difficilement à une façon beaucoup plus souple et plus libre de concevoir le travail cinématographique.

Parallèlement à son minutieux travail de montage et de traduction sur divers films russes, Léonide s'applique à la réalisation d'un documentaire basé sur des images filmées par Eisenstein et Grigori Alexandrov pour *La ligne générale*, avec la probable autorisation des deux cinéastes.

Œuvre grandiose mais politiquement marquée, le film d'Eisenstein a fait l'objet d'une interdiction lors de sa projection à la Sorbonne en février 1930, pour des raisons de sécurité publique. Des groupuscules d'extrême droite et organisations de réfugiés russes blancs s'élèvent en effet violemment contre les productions venues d'URSS. Est-ce pour assurer une visibilité à ce chef-d'œuvre malgré la censure que Léonide Moguilewsky a entrepris de procéder à la création de ce documentaire ? En tout cas, il se garde bien de mentionner au générique de son moyen-métrage le nom du réalisateur du *Cuirassé Potemkine* qui, menacé d'expulsion, est parti pour les États-Unis. Pour signer son travail, le jeune technicien a choisi de raccourcir son nom, aux consonances trop étrangères, afin qu'il soit plus aisé à prononcer et à retenir : il gardera le pseudonyme de Léonide Moguy toute sa carrière et finira même par l'adopter civilement par jugement du 21 juillet 1954.

Baptisé *Au village*, le documentaire sur la vie d'une ferme collective en URSS est projeté au Studio 28, en novembre 1930, avec d'autres moyens-métrages dont *Paris-bestiaux* de Michel Gorel, sur les abattoirs de la Villette, et le célébrissime *Age d'or* de Luis Buñuel et Salvador Dali qui fait scandale : des militants d'extrême droite saccagent la salle et prennent à parti les spectateurs. Le film avant-gardiste de Buñuel est rapidement interdit pour la violence de son anticléricalisme. L'essai de Moguy suscite, quant à lui, moins de réactions : les images de cette « charmante élégie pastorale » sont jugées par le journaliste C. E. Stenhouse « aussi belles que dans le film d'Eisenstein, mais manquant de la force que seul ce dernier leur apporte. [8]»

En quête de distraction, les spectateurs préfèrent rêver dans les salles de cinéma voisines en fredonnant les airs légers du *Chemin du paradis*, comédie musicale d'origine allemande avec Lilian Harvey et Willy Fritsch. Face aux catastrophes économiques et à la Grande Dépression dont la menace gagne le pays, les spectateurs exigent du divertissement pour oublier leurs dures conditions de vie.

Alors que le monde entier est touché de plein fouet par la crise financière, l'industrie cinématographique connaît un bouleversement sans précédent avec l'apparition du cinéma sonore. Matériellement démunis, les producteurs français sont obligés de recourir aux capacités des industriels anglais et allemands pour s'adapter au nouveau média. L'équipement des studios français en appareils sonores se révèle extrêmement onéreux et les contraint à s'endetter lourdement. Les grandes compagnies américaines, anxieuses de perdre leur place sur le marché européen, sont pressées de réaliser des versions de leurs derniers films en plusieurs langues étrangères. C'est notamment le cas de la Paramount qui rachète des studios à Joinville-le-Pont pour mettre en chantier une série de films en versions multiples. Les plus populaires artistes de la scène parisienne sont embauchés pour tourner à l'emporte-pièce des comédies théâtrales aux scénarios extrêmement conventionnels, susceptibles de plaire aux spectateurs de tous les pays d'Europe.

Pour s'adapter à cette industrie en pleine mutation, Léonide Moguy dispose d'atouts non négligeables. Outre ses qualités de technicien de l'image, sa parfaite connaissance du droit et des langues étrangères font de lui une personne particulièrement recherchée, dans une économie plus que jamais tournée vers l'international. Les films mis en route dans les studios de Joinville, souvent des comédies chantées, n'ont pas la prétention de délivrer un quelconque message, mais au moins lui permettent-elles de régler son loyer. Son salaire n'a pourtant rien de mirobolant. Aussi, pour rejoindre chaque matin les studios de cinéma, il est contraint de recourir aux transports en commun ou de s'y rendre à pied.

Heureusement, son entregent et sa galanterie lui valent la sympathie de ses collègues et plus particulièrement des jolies figurantes et actrices qui hantent les studios. Généreusement, certaines d'entre elles le raccompagnent en voiture à la fin de la journée.

Très vite, les connaissances de Moguy en matière de montage apparaissent en évidence. Son expérience russe lui permet d'assurer à merveille cette tâche ingrate mais absolument essentielle à l'équilibre et au rythme d'un film. L'arrivée du son n'a fait qu'accroître la difficulté de cet exercice. La synchronisation des images et du son cause de véritables migraines aux agents chargés d'assembler les pellicules, notamment quand une même scène a été filmée sous trois angles différents par plusieurs caméras, mais avec la même conversation. Les techniciens les plus aguerris du muet éprouvent des difficultés à se plier aux nouvelles exigences et à éviter les couacs sonores et disgracieux en assemblant et coupant les séquences.

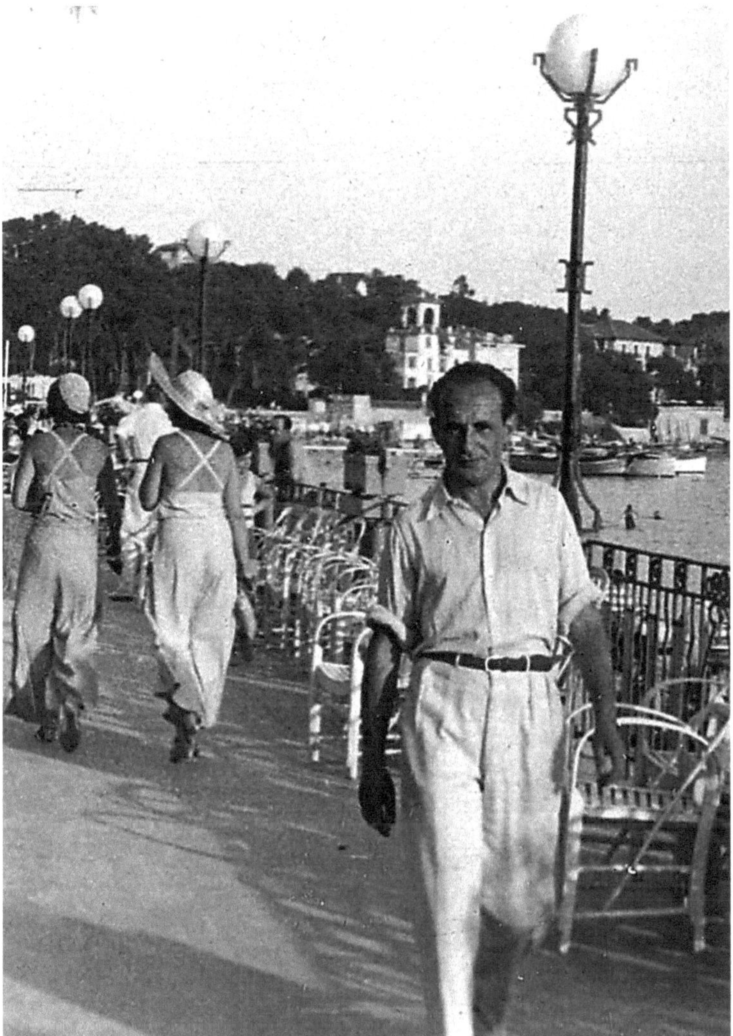

Léonide Moguy sur la croisette (collection Katia Moguy)

Maniant les bobines de film avec l'œil d'un expert, Léonide Moguy, en blouse blanche et ciseaux à la main, s'attache à opérer toujours des raccords minutieux et sans bavures, pour livrer un travail correspondant aux exigences du metteur en scène. Il est bien conscient que « le montage n'est pas qu'un découpage mécanique ou un assemblage de scènes tournées, mais une création artistique. [...] C'est en quelque sorte la syntaxe du film. Un film bien monté, c'est une précision dans et de l'action[9] ». Pour le spécialiste, ce travail relève davantage de la sensibilité artistique que de règles imposées : « Il faut du goût, de l'instinct, de l'intuition. On ne peut dire pourquoi il faut couper ou ajouter quelques images en faisant le montage d'un film. On le sent ou on ne le sent pas. »

Au-delà de cette façon intuitive de mener son activité, Moguy maîtrise avec assurance les rouages de son métier. Les années passées auprès de Poudovkine et de Koulechov lui ont permis d'acquérir un véritable art en la matière, d'une grande précision scientifique. Citant les expériences de J. Sokoloff, Moguy explique que « le minimum absolu de perception psychologique serait de deux images contenant des gros plans de 1/12 de seconde. On peut donc en conclure qu'un seul cadre passé sur l'écran à la vitesse normale ne suffit pas à provoquer l'excitation de la rétine. Pour rendre saisissables deux images d'un film, il faut par conséquent se livrer à un travail de montage assez difficile. Par contre, un montage long et lent accentue l'action, développe l'intensité de l'effet dramatique et par conséquent émeut plus profondément [10] ». Pour travailler dans les meilleures conditions, il insiste sur l'importance de bénéficier d'un scénario bien découpé, car « un film bien découpé, c'est un film bien monté d'avance ».

Il serait difficile de lister tous les films auxquels Léonide apporte sa contribution en tant que monteur, car tout comme en Russie, son nom ne figure pas nécessairement sur leurs génériques. La revue bordelaise *Ciné* mentionne qu'il assiste en 1931 Cecil Sten lors du montage de *Papa sans le savoir*, une comédie bon enfant mise en scène par Robert Wyler. Ce cinéaste est le frère aîné de William Wyler, futur réalisateur des *Hauts de Hurlevent (Wuthering Heights)*, et le neveu de Carl Laemmle, chef des studios américains Universal. L'intrigue narre les mésaventures d'un jeune fêtard oisif, incarné par le chansonnier Noël-Noël. Le jour de ses noces, il apprend que son ex-petite amie vient de mettre au monde un enfant dont il serait le père. En découvrant son fils, l'ancien noceur, transfiguré par son instinct paternel, plaque sa riche fiancée, reconnaît le bébé, épouse la maman et cherche du travail pour subvenir aux besoins de sa progéniture.

Positif et généreux, le film contient déjà une des composantes qui fera quelques années plus tard le succès du *Mioche*, la première vraie réalisation de Moguy : un bambin, dont l'innocence et les joyeux babils transforment et fédèrent l'entourage. Sentimental dans l'âme, Léonide est sensible à ce type de spectacle familial sachant procurer une agréable distraction pour le spectateur tout en distillant une ambiance saine et positive, voire rédemptrice. Les dialogues et le scénario sont issus de la plume du spirituel Yves Mirande. Souvent comparé à Sacha Guitry, ce successeur de Feydeau s'est imposé sur les planches comme le plus brillant auteur de comédies mondaines. Partageant le même sens de l'humour, de la répartie et de la fête, Léonide et le joyeux Yves Mirande nouent d'emblée de solides liens amicaux : à de nombreuses reprises, les deux hommes poursuivront leur collaboration.

Le nom de Léonid (sans e) Moguy apparaît enfin au générique de *La Merveilleuse Journée*, coréalisé pour les studios Pathé-Natan par Robert Wyler et l'ami Yves Mirande. Dans une ambiance provençale, le film met en vedette le comique Frédéric Duvallès qui s'est fait au théâtre du Palais-Royal une spécialité des rôles de valet stupide et ahuri. Le fantaisiste incarne ici un minable aide-pharmacien un peu benêt qui dans la même journée gagne au jeu près d'un million, puis reperd l'intégralité de son gain, sans vraiment réaliser la situation. Son personnage timide et gauche possède une sincérité et une dimension humaine qui le rendent attachant. À défaut d'être spirituel, ce cousin éloigné de Charlot se démarque de la vulgarité dans laquelle se vautrent beaucoup d'autres fantaisistes du cinéma populaire de l'époque.

Si le facétieux mais paresseux Yves Mirande claironne à la presse qu'il apporte au cinéma la même passion qu'au théâtre, certaines mauvaises langues prétendent qu'il néglige quelque peu la mise en scène : en fait, il délègue à Wyler, Duvallès et au reste de l'équipe de larges marges de manœuvre pour mener à bien les opérations. Léonide profite des coudées franches qui lui sont accordées pour peaufiner le montage du film et prendre toutes les initiatives nécessaires.

La même année, il travaille aux côtés du jeune monteur allemand Lothar Wolff sur *Baroud,* un film d'aventures consacré à la Légion étrangère, tourné au Maroc et à Nice, dans les studios de la Victorine. Rex Ingram, son metteur en scène, lança jadis Rudolph Valentino dans *Les quatre cavaliers de l'apocalypse*, le plus gros succès commercial de l'histoire du cinéma muet hollywoodien, avant de s'installer sur la Côte d'Azur à la suite d'une brouille avec les dirigeants de la Métro-Goldwyn-Mayer (MGM). En dépit de la splendeur des décors naturels, d'une belle scène de bataille entre spahis et dissidents, et d'un vrai souci de réalisme, le succès du film, jugé confus et touffu, ne sera pas à la hauteur des espérances. Sa vedette principale, le très charismatique Pierre Batcheff, fameux jeune premier du cinéma muet, ami de Dalí et de Prévert, se suicidera avant sa sortie.

A défaut d'obtenir le triomphe escompté, *Baroud* offre au jeune technicien l'opportunité de découvrir les studios niçois et les hauts lieux de la Côte d'Azur, pour lesquels il ressent un coup de foudre immédiat. Les amusantes photographies de son album de famille nous présentent le jeune et taquin cinéaste posant sur la plage avec quelques élégantes pin-up en maillot de bain ou troupes de saltimbanques dans une atmosphère de décontraction, évocatrice d'une époque dorée et révolue.

De retour aux studios Pathé-Natan de Joinville, Moguy dirige le montage de *Théodore et Cie*, une comédie boulevardière de Pierre Colombier dans laquelle l'immense Raimu endosse de multiples déguisements pour la plus grande joie des spectateurs : homme du monde, laquais, pompier, paysan et… rombière !

Toujours pour le même duo, Léonide assure le montage de *Charlemagne*. Il ne s'agit pas d'une biographie du célèbre empereur des Français, mais un film satirique tiré d'une pièce de James Barrie, dont l'adaptation est signée par Yves Mirande. Le tournage de cette histoire de naufragés rescapés sur une île déserte se déroule à Saint-Tropez qui n'est encore qu'un petit port de pêche bien tranquille. Compte tenu de la jovialité des différents protagonistes et notamment d'Yves Mirande, grand amateur de bons vins et d'anecdotes hilarantes, l'ambiance est particulièrement festive.

Le principal rôle féminin est tenu par la blonde Marie Glory, comédienne très en vogue du début des années 30, découverte par Marcel L'Herbier puis propulsée au sommet du vedettariat grâce au triomphe de *Dactylo*, coproduction franco-allemande. Par sa gentillesse et son humour, Léonide Moguy n'a aucun mal à s'attirer les faveurs de la ravissante jeune première, à laquelle la presse a prêté des romances plus ou moins publicitaires avec Jean Murat ou d'autres jolis cœurs de l'écran. Très vite, les tourtereaux deviennent inséparables. Les photos d'époque nous montrent le duo s'amusant dans les attractions d'une fête foraine ou tendrement enlacés sur la plage. Mais Léonide est-il vraiment épris de Marie Glory ?

Les habitués des studios l'aperçoivent souvent en compagnie de la blonde Dita Parlo. Après avoir vainement tenté de s'imposer à Hollywood, la grande vedette allemande a choisi de s'installer en France. Dès décembre 1932, un article de *Cinémonde* mentionne que « Léo Moguy, qui est lié avec tout ce qui porte un nom dans les arts de Berlin à Moscou [11]» présente son amie Dita, tout juste rentrée des USA, au journaliste Jean Méry. L'échec commercial de *L'Atalante*, chef-d'œuvre de Jean Vigo marquant ses débuts dans l'hexagone, ne la contrarie pas. La blonde vedette, dont l'image glamoureuse et mystérieuse inspirera bien des décennies plus tard Madonna et Dita von Teese, est beaucoup plus pétillante et vive que sa mine nostalgique ne le laisserait supposer. Dotée d'un sens inné de la répartie, la spirituelle comédienne ne quitte plus Moguy et l'accompagne notamment au repas que donne Yves Mirande pour présenter à la presse son *Charlemagne*.

Vêtu de costumes voyants ornés de pochettes dépassant de vingt centimètres, Léonide cache son front de plus en plus dégarni derrière un chapeau. Avec ses appointements, il s'est acheté une rutilante Hispano lui permettant de se rendre plus facilement en banlieue. Par son humour et sa gentillesse, le chéri de ces dames fait l'unanimité. Les nombreuses figurantes et apprenties comédiennes viennent volontiers partager son repas dans les cantines des studios, et il n'a pas son pareil pour déceler chez ces dernières le petit quelque chose susceptible d'accrocher la caméra.

Un jour, il croise au studio Pathé-Natan Marie-Louise Vittore, une belle inconnue des plus photogéniques, à laquelle le chef de production Affif Gargour voudrait confier un premier rôle dans le film de Maurice Tourneur, *Les Deux Orphelines*. Anxieuse à l'idée de signer un engagement de trois ans avec la firme, la jeune comédienne est sur le point de refuser lorsque Moguy intervient pour la persuader d'accepter l'engagement : « Tu es folle Renouchka ! Tu as la plus grande chance de ta vie et tu ne le sais pas ! Tu vas me faire le plaisir de signer ce contrat. » Suivant son sage conseil, la future étoile lui rétorque avec aplomb : « Moguy, tu dois faire de la mise en scène. Tu es fou si tu n'en fais pas[12]. » Sous le nom de Renée Saint-Cyr, elle s'affirmera comme une très grande vedette de l'écran français au cours d'une carrière prestigieuse, d'une longévité exceptionnelle.

En raison de cette anecdote, la star du *Dernier Millionnaire* sera souvent considérée comme la première vedette découverte par Moguy. Sans jamais avoir l'occasion de la mettre en scène, le cinéaste avouera plus tard avoir été très amoureux d'elle, mais d'un amour très platonique[13]. Il gardera toute sa vie des liens très cordiaux avec l'élégante vedette et, plus tard, aidera son fils Georges Lautner à trouver ses premiers emplois d'assistant-réalisateur.

En 1934, Moguy fonde avec Michel Feldman, l'ancien directeur des studios de Billancourt, René le Hénaff, monteur attitré de René Clair et le réalisateur Jean Mamy une société Unicinéma chargée d'apporter aux producteurs et éditeurs une collaboration technique éprouvée, depuis le découpage du scénario jusqu'au montage et la finition des copies[14]. Le cinéaste ne chôme pas : il est embauché pour assurer le montage du *Scandale*, pièce désuète d'Henri Bataille que le grand cinéaste autrichien Max Ophuls, auteur de *Liebelei*, s'apprête à porter à l'écran avec Gaby Morlay, une des plus grandes vedettes de l'écran hexagonal.

L'idée en revient au scénariste hongrois Akos Tolnay et à Ayres d'Agyar, producteur avisé d'origine portugaise. Possédant comme peu le sens du cinéma commercial et populaire, ce dernier jouera un rôle considérable dans la carrière de Léonide. Ancien exportateur d'agrumes et d'ananas entre les Açores et les États-Unis, Ayres d'Agyar s'est progressivement reconverti dans l'industrie cinématographique sur la suggestion fortuite d'une romancière portugaise en quête d'un distributeur.

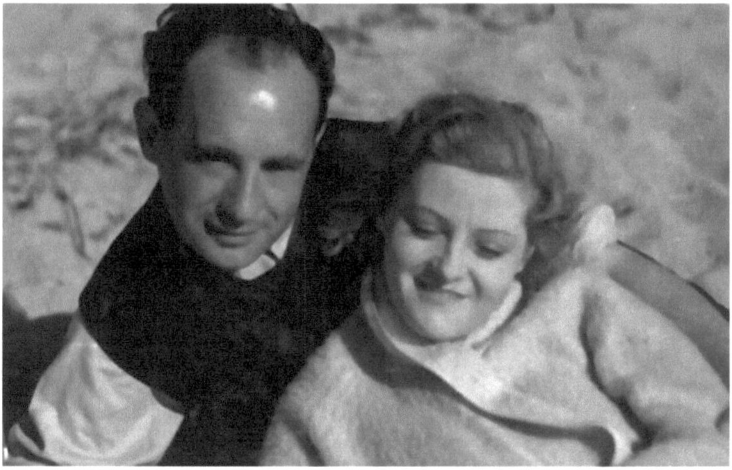

Léonide Moguy avec Mary Glory (collection Katia Moguy)

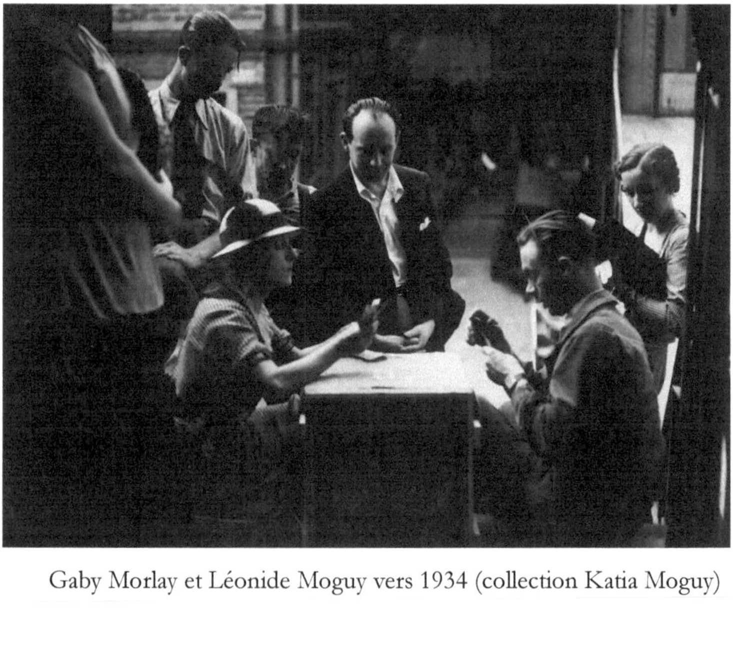

Gaby Morlay et Léonide Moguy vers 1934 (collection Katia Moguy)

Lors de la négociation à Londres d'un contrat avec des négociants de fruits exotiques, il a découvert par hasard dans une salle voisine quelques bandes du duo burlesque américain Laurel et Hardy. Sa judicieuse idée de les diffuser en France, en les agrémentant de sous-titres amusants, a constitué un magnifique coup d'envoi à sa nouvelle activité.

Son virage audacieux a rapidement été couronné par le succès : la distribution en France de *Her Man* (*Son Homme*, 1930) de Tay Garnett et des dessins animés de *Felix le chat (Felix the cat)* ont fait sa fortune. Après avoir tenté d'imposer dans *Mardi gras* de Pierre Weill des clones français de Laurel et Hardy, sans l'ombre du succès de leurs homologues américains, d'Agyar s'est spécialisé dans le style comique, « une mécanique de précision qu'il manie comme un horloger », selon son assistante la toute jeune Françoise Giroud.

Têtu, Ayres d'Agyar sait imposer sa volonté. Agacé par les exigences de Max Ophuls qui émet des réserves sur les qualités du scénario de Tolnay et propose d'en écrire un autre, il le remplace sur-le-champ par Marcel L'Herbier. Ce cinéaste avant-gardiste des années 20, dont le nom lui a été suggéré par Gaby Morlay, s'est depuis résigné à aborder un style beaucoup plus commercial, en favorisant les mélodrames patriotiques. Enchanté par son sujet, il déclare avec emphase qu'« aucun dramaturge n'est allé aussi loin que Bataille dans l'étude du cœur humain, le jeu des sentiments et des passions ».

Si, pendant le tournage, le metteur en scène de *L'Inhumaine* peut donner libre cours à son imagination créatrice sans que le producteur vienne le contrarier, il constate avec fureur que, une fois les prises de vues achevées, Léonide Moguy est chargé de reconstruire le film de A à Z, en le modifiant selon les désirs de D'Agyar. Très vigilant sur le respect du droit du metteur en scène en tant qu'auteur, L'Herbier fulmine. Il exige que son nom soit retiré du générique lors de l'avant-première à Bruxelles. Mais le triomphe du film, porté par l'émouvante prestation de Gaby Morlay, adoucit nettement l'attitude du cinéaste : il appelle d'Agyar au téléphone afin de l'autoriser à mentionner qu'il s'agit d'« un film de Marcel L'Herbier ». Le producteur malicieux lui rétorquera qu'il sera enchanté d'indiquer son nom… mais seulement en tant que réalisateur !

Moguy cumule les succès dans des genres cinématographiques très différents. Après les larmes du *Scandale*, il retrouve la fantaisie en collaborant à l'adaptation filmée de l'opérette d'André Barde et Raoul Moretti, *Le Comte Obligado*, énorme succès populaire de 1927 : le spectacle a compté plus de six cents représentations au théâtre des Nouveautés, grâce à quelques refrains coquins entrés dans la mémoire collective, tels que *Les Artichauts* ou *La Fille du Bédouin*. À défaut d'être un divertissement raffiné, le film a le mérite d'être drôle et plutôt bien enlevé : Georges Milton communique son entrain et sa drôlerie coutumiers à son rôle de garçon d'étage gaspillant en trois jours le petit pactole qu'il a touché lors d'un héritage.

Sa comparse, l'espiègle Paulette Dubost, tient pour une fois un rôle important : délicieuse camarade, elle noue de solides liens amicaux avec Léonide qui apprécie son naturel et sa franchise. Les Cannois peuvent l'apercevoir, sur la Croisette, faire l'école buissonnière coiffé d'un chapeau penché sur le côté, flanqué à un bras de l'amusante Paulette et à l'autre de la troublante Dita Parlo. Emmitouflée d'un manteau de léopard, chacune promène un petit bouledogue français, l'animal fétiche des personnalités du Tout-Paris.

Malgré sa facture somme toute classique, la pochade qu'est *Le Comte Obligado* permet à Léonide d'effectuer quelques prouesses techniques, notamment dans la scène du tirage de la Loterie nationale au Trocadéro, où il parvient à relier réalité et fiction grâce à un excellent découpage. En revanche, le passage où Milton parcourt le Bois de Boulogne puis les Champs-Élysées sur le dos d'un cheval emballé ne passe plus l'épreuve du temps, tant son collage rapide de scènes filmées en studio, transparences et extérieurs est dépassé techniquement.

Les talents de monteur de Moguy ne sont plus un secret pour les producteurs. Chacun sait qu'il possède à merveille cette technique et souhaite s'assurer ses services, gage de réussite et d'efficacité. En 1934, le jeune technicien est ainsi appelé à la rescousse pour tenter de ressusciter *Adémaï aviateur*, une comédie de Jean Tarride jugée tellement ratée qu'elle dort depuis plusieurs mois sur les rayons de la Compagnie française de distribution des films qui a renoncé à l'exploiter. Pourtant son argument, conçu par le clown Paul Colline, ne manque pas de sel et d'originalité : il est bâti autour du personnage d'Adémaï, brave paysan pas très malin, auquel le chansonnier Noël-Noël a déjà prêté sa physionomie et son talent dans deux courts-métrages.

Dans cette comédie militaire, le personnage d'Ademaï est contraint de piloter un avion de grand raid avec un autre conscrit aussi novice que lui, chacun des deux nigauds étant persuadé que l'autre est le moniteur. À défaut de parvenir à poser leur appareil, le duo de soldats de l'air va battre tous les records de durée de vol ! Malgré cette intrigue amusante et la présence de Fernandel, en passe de devenir le comique préféré des Français, le film présente un grave problème de rythme, coupant tous ses effets. Ces défauts sont probablement dus à la négligence de l'indolent et laxiste Jean Tarride, connu pour diriger ses comédiens en pantoufles.

Stimulé par la gageure et le fait que le film se démarque des comiques troupiers habituels en évitant les vulgaires plaisanteries de caserne, Moguy accepte de procéder à un nouveau montage. Il supprime certaines séquences, modifie leur ordre, demande même que soient tournés certains courts passages pour raccorder l'ensemble. Le résultat, projeté le 12 octobre 1934 au Colisée, s'avère triomphal. Les spectateurs, hilares, retournent voir le film à plusieurs reprises. La presse encense la prestation de Noël-Noël : son personnage de paysan ahuri mais attachant sur lequel s'abattent toutes sortes de calamités lui vaut de très flatteuses comparaisons avec Charles Chaplin. Le succès est si phénoménal que le chansonnier poursuivra les aventures d'Adémaï dans d'autres films et que Hollywood rachètera le scénario pour en faire un film avec les irrésistibles Laurel et Hardy *(Laurel et Hardy conscrits / The Flying Deuces).*

Dans les milieux du cinéma, nul n'ignore la part de Moguy dans le sauvetage inattendu d'*Adémaï aviateur.* Alexandre Arnoux a reconnu dans *Les Nouvelles littéraires* son rôle « capital dans un ouvrage de ce genre où le document doit s'enchaîner librement et pittoresquement à l'action [15] ». Celui qu'Yves Mirande surnomme à présent « le chirurgien du cinéma français [16] » et que d'autres journalistes comparent à un « terre-neuve du cinéma[17] » est devenu le patron des causes désespérées. Capable de métamorphoser avec ses ciseaux magiques un vrai ratage en gros succès commercial, ses services sont hautement disputés.

Sur les conseils de Pierre Lazareff, journaliste débutant à *Paris-Midi*, la très entreprenante chanteuse lyrique et actrice Simone Berriau prend l'attache de Moguy. Elle souhaiterait qu'il vienne à la rescousse d'*Itto*, fresque coloniale de Jean-Benoît Lévy et Marie Epstein, financée avec ses deniers personnels et dans laquelle elle tient le rôle principal. Filmé au Maroc, dans les magnifiques montagnes de l'Atlas, au printemps 1934, le film se veut un hommage à l'action des pionniers de la colonisation française et à leur effort pour combattre l'ennemi dans les zones de dissidence. Grâce au concours de son amant, le puissant mais retors pacha de Marrakech, la turbulente Simone a pu obtenir la participation de dix mille Schleus des montagnes et l'autorisation de filmer dans les palais de Sa Majesté.

Malgré les conditions extrêmes de l'épuisant tournage, Jean-Benoît Lévy et Marie Epstein ont pu emmagasiner des centaines de mètres de pellicule. Souhaitant se démarquer des épopées hollywoodiennes artificielles comme *Les Trois Lanciers du Bengale*, les deux metteurs en scène ont misé sur l'authenticité des décors naturels et des dialogues en langue berbère. À ce reportage, le talentueux binôme a greffé deux intrigues parallèles : l'histoire d'un couple de médecins français venus aider les populations marocaines, et une romance passablement artificielle entre une princesse berbère (jouée par Simone Berriau) et un membre d'une tribu ennemie.

Quand Simone Berriau prend l'attache de Moguy afin qu'il l'épaule pour apporter une certaine cohérence aux innombrables séquences mises en boîte, ce dernier est flatté et séduit par le défi. Après avoir enchaîné les projets commerciaux et travaillé essentiellement sur des films de divertissement, il est enthousiasmé par l'œuvre et la démarche de Jean-Benoît Lévy : dès les années 20, cet intellectuel de gauche a utilisé le cinéma comme agent d'éducation à visée humaniste, en élaborant une série de « films de vie », documentaires éducatifs pour différents services de l'État. Convaincu par les vertus didactiques de l'image, il s'est attaché avec sa complice Marie Epstein à poursuivre dans ses œuvres de fiction le même objectif humaniste et sociologique.

Malgré ses efforts pour tenter d'apporter, par le seul pouvoir du montage, une certaine homogénéité à l'œuvre filmée par Lévy et Epstein, Léonide peine à parvenir à un résultat cohérent. Son remarquable savoir-faire ne suffit pas à pallier la confusion de l'ensemble. Lors de la sortie du film, Georges Charensol, estime qu'« un sujet aussi complexe aurait réclamé pour se soutenir un découpage d'une précision, d'une concision impeccables ; et on a trop souvent l'impression que dans l'enchaînement des scènes le hasard a plus de place que la volonté du metteur en scène [18] ».

Ces quelques critiques sont contrebalancées par de vives louanges : Itto est généralement encensé pour son aspect humain et documentaire. Son idéologie colonialiste ne semble pas rebuter les spectateurs. André Sarrouy y voit, au contraire, « une fresque sublime, chanson de geste et d'humanité, une sorte d'apologie du dévouement et de la bonté occidentales opposée aux éléments d'une collectivité tout imprégnée d'un atavisme farouche[19] », louant les mérites de « la civilisation douce et chaude comme une flamme sur le dur métal de la race » ! L'humanité et la sensibilité apportées par Lévy et Epstein, conjuguées à la beauté des images et au souci de présenter les points de vue français et indigènes, parviendraient pourtant presque à transcender son caractère colonialiste. En ce milieu des années 30, Itto connaît un beau succès populaire. Classé second au Grand Prix du cinéma français, il est aussi sélectionné pour la Biennale de Venise. Cette réussite constitue une excellente carte de visite pour Moguy, et ne fait que renforcer son pouvoir au sein des studios de cinéma.

Très sollicité, Moguy est réquisitionné pour apporter un peu de cohérence à d'autres longs-métrages en détresse. Il est impossible d'estimer le nombre de bandes sur lesquelles il a pu travailler peu ou prou, puisque sa participation n'est pas souvent créditée. L'homme providentiel est même appelé à remodeler certains films américains pour assurer leur exploitation en France. Ainsi prête-t-il la main à un nouveau montage de *Mangez les vivants – malheur aux vaincus (Eat 'em alive)*, de Harold Austin, un documentaire animalier regorgeant de scènes féroces assez spectaculaires.

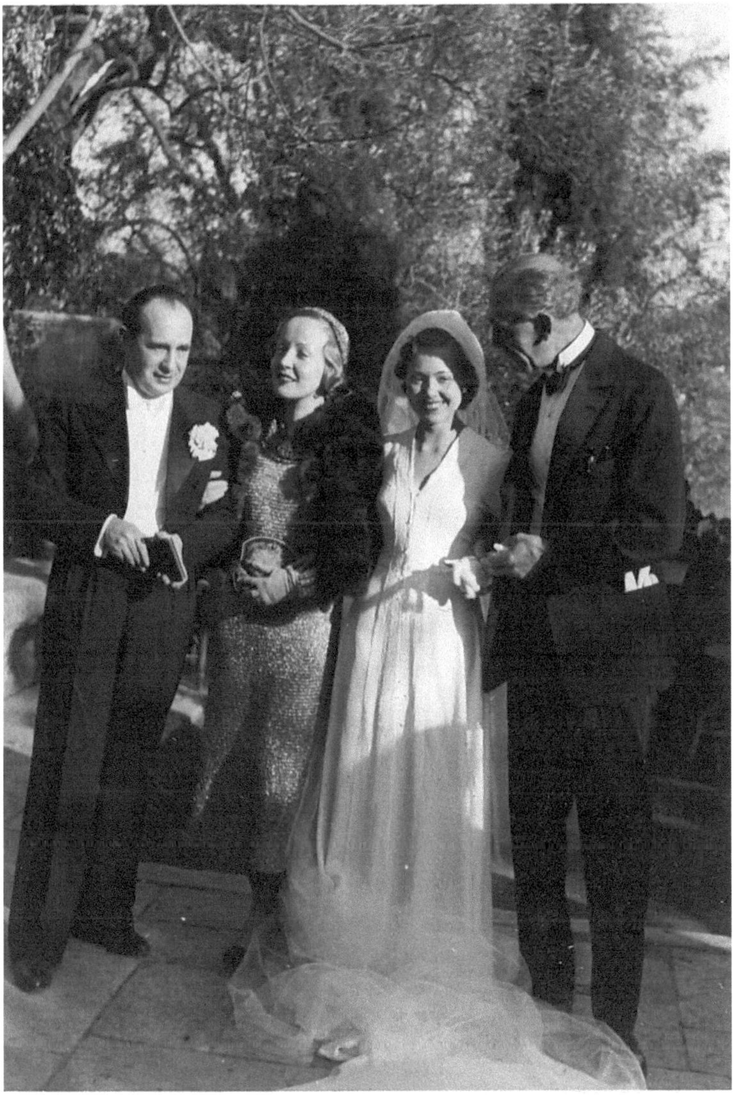

Léonide Moguy et Dita Parlo au mariage de Paulette Dubost
(collection Katia Moguy)

Après avoir assuré aux studios Gaumont de la Villette le montage de *Quand la vie était belle* (ou *Le Bébé de l'escadron)*, une comédie nostalgique au titre évocateur, Léonide Moguy est approché par la société Eden Productions et sa directrice Simone Berriau.

Ravie du miracle réalisé sur *Itto*, la nouvelle compagne d'Yves Mirande n'envisage pas d'autre spécialiste pour diriger l'équipe de montage de *Divine*, son dernier projet dont la mise en scène est confiée à Max Ophuls. Cette comédie dramatique narrant les désillusions d'une jeune provinciale montée à Paris pour tenter de s'imposer sur les scènes de la capitale repose sur un scénario de la romancière Colette, librement adapté de son roman *L'Envers du music-hall.* Fascinée par l'effervescence de l'univers du spectacle, son héroïne est vite déçue par les travers du métier. Après avoir failli être impliquée dans un trafic de stupéfiants, elle préfère abandonner les ors et velours du théâtre et de la célébrité pour regagner sa campagne, bien plus saine et rassurante, au bras d'un brave laitier.

Léonide saisit l'opportunité de travailler sous les ordres du grand réalisateur autrichien qui, après avoir été rapidement éconduit du tournage du *Scandale,* a réussi à s'imposer en Italie grâce à l'éclatant succès de *La Signora di tutti.* Le jeune technicien n'a jamais encore eu l'occasion de collaborer en France avec un cinéaste aussi érudit et talentueux, conjuguant un souci constant de l'esthétisme avec une rare capacité pour explorer et sublimer les sentiments féminins. Partageant la même sensibilité, il comprend intuitivement la démarche psychologique de l'auteur de *Liebelei* : sa manière sensible de dépeindre des femmes, souvent victimes des hommes et de la société, essayant malgré tout, avec plus ou moins de bonheur, de s'extraire du rôle qu'on veut leur attribuer.

Moguy admire la façon dont Ophuls, toujours calme et souriant, délivre des préconisations claires et précises à son équipe de comédiens, électriciens et machinistes, très attentive. Cette manière respectueuse de gouverner son staff l'impressionne, tout comme la romancière Colette qui surveille discrètement les opérations, émue sans doute de voir s'incarner sous ses yeux le récit tiré de son expérience personnelle. La discrète fille de la célèbre écrivaine, Colette de Jouvenel plus connue sous le surnom de Bel Gazou, est également présente sur le plateau en tant qu'assistante du metteur en scène. Ophuls ne boude pas son plaisir de travailler à Paris, soutenu par une équipe très impliquée : « Robert Hubert est un opérateur étonnant, il se donne à son métier avec une conscience toujours renouvelée. Enfin, avec Behrens, mon ingénieur du son, Moguy le chef-monteur et Pierre Danis à qui incombait la direction générale de la régie, j'ai trouvé dans les studios français une collaboration dont je suis fier [20]».

Filmé avec beaucoup de réalisme, le film déroute, lors de sa sortie, autant les critiques que les spectateurs par son évocation un peu trop assourdissante et fiévreuse des coulisses. Peut-être le cinéaste n'est-il pas parvenu totalement à trouver son aise dans ce scénario didactique opposant de façon trop schématique les feux du music-hall, leur fascination, leur artifice et leurs vices, au calme et aux bienfaits de la vie rurale ? Dans cette façon de dépeindre le monde du spectacle et la splendeur et les misères d'une comédienne, on retrouve pourtant déjà beaucoup de la fascination baroque de *Lola Montès*, son futur chef-d'œuvre.

Sur un plan technique, nul ne peut lui reprocher un manque d'audace ou de rythme, tant l'artiste semble jongler avec les séquences pour en exprimer le mouvement. Sous l'égide d'un tel maestro, Léonide Moguy peut démontrer, bien davantage que dans ses précédents films, l'étendue de ses talents de monteur et l'héritage de son expérience dans les studios soviétiques. Dans la scène d'ouverture, pour mieux figurer la vitesse d'une automobile, les plans font alterner de façon fragmentée des images des roues, du rétroviseur puis de la plaque d'immatriculation, pour un résultat des plus efficaces dont le style rappelle Eisenstein.

La virtuosité et le sens du rythme de Moguy sont tangibles dans l'excellent passage où la chorus girl interprétée par Simone Berriau, tétanisée par la honte, refuse de se dénuder sur scène. Les regards avides des spectateurs, démultipliés, se superposent alors à la salle dans un plan visiblement inspiré du *Metropolis* de Fritz Lang. Ces images s'intercalent avec les gros plans de l'actrice malmenée par les figurants tentant de lui ôter sa tunique, grâce à un montage ingénieux et très rapide qui avive la tension de la séquence.

L'intense activité de Léonide Moguy, installé à présent avec sa sœur Hélène au 26 rue Gouvion-Saint-Cyr, près de la porte de Champerret, lui permet de vivre désormais très confortablement. Sans pouvoir décemment comparer ses revenus aux salaires mirobolants des artistes les plus populaires de l'écran, tels Harry Baur ou Annabella, qui avoisinent les 300 000 francs par film, Léonide déclare en 1935 des appointements hebdomadaires de 2 000 francs. Mensuellement, il est donc payé deux fois plus qu'un professeur en faculté et huit fois plus qu'un instituteur.

Les succès remportés par la quasi-totalité des films frappés par la baguette magique de Léonide ne doivent pourtant pas occulter le malaise rencontré par le cinéma français, gravement touché par la crise économique. La plupart des studios et maisons de production, pris à la gorge par d'insolubles problèmes financiers, sont obligés de mettre la clef sous la porte. Les recettes des exploitants de cinéma chutent vertigineusement. Dans une industrie en crise dont la production annuelle a été nettement réduite, beaucoup de collègues de Léonide peinent à trouver du travail. Ces conditions dramatiques ne font que renforcer la méfiance et la xénophobie exprimées envers les nombreux cinéastes et techniciens étrangers venus tenter leur chance en France, après avoir fui leur pays pour des raisons politiques et raciales.

Cette animosité est d'autant plus vive que la plupart ont prouvé l'étendue de leur savoir-faire dans de nombreux chefs-d'œuvre du cinéma allemand et parviennent sans mal à prendre leurs marques en France. Les investisseurs étrangers font l'objet des plus vives attaques. Paul Morand, l'auteur de Lewis et Irène, ne fait pas mystère de sa répugnance envers les « pirates, naturalisés ou non, qui se sont frayé un chemin parmi l'obscurité de l'Europe centrale et du Levant jusqu'aux lumières des Champs-Élysées [21]».

Des cinéastes aussi prestigieux que Jacques Feyder se plaignent que « les envahisseurs juifs [aient] pris le contrôle du cinéma français [22]». Lors de la faillite en 1935 de la société Pathé, son dirigeant Bernard Natan sera accusé d'escroquerie et de malversations financières diverses au fil d'une campagne calomnieuse aux consonances fortement antisémites. Défiant ce climat de jalousie et de suspicion, Léonide Moguy a su s'imposer dans l'univers cinématographique français comme un des techniciens les plus talentueux et les plus demandés. La deuxième partie des années 30 va conforter magistralement son statut en le plaçant en tête de liste des plus grands réalisateurs de son temps.

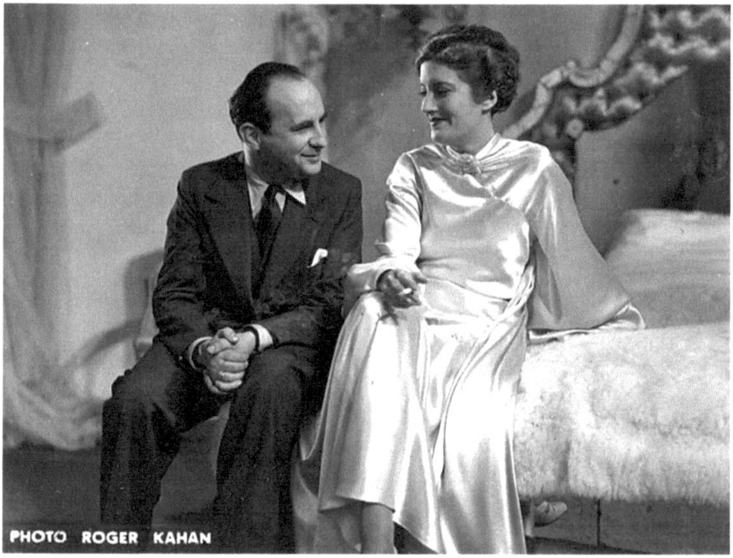

Léonide Moguy et Marcelle Chantal sur le plateau de *Baccara* d'Yves Mirande (1935) – photo Roger Kahan (1935-alliance cinématographique européenne - René Chateau)

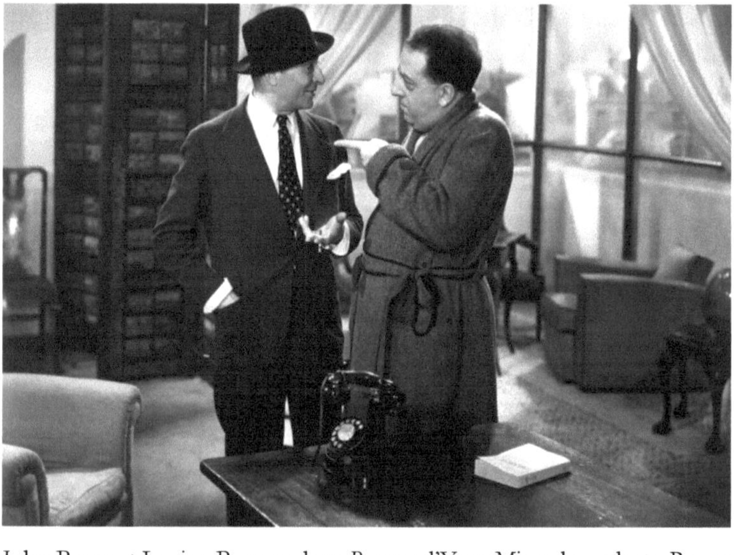

Jules Berry et Lucien Baroux dans *Baccara* d'Yves Mirande – photo Roger Kahan (1935-alliance cinématographique européenne - René Chateau)

IV.
BACCARA

L'excellent travail accompli par Moguy dans les salles de montage en Ukraine puis en France lui a permis d'acquérir une riche expérience au fil des tournages. Depuis plus de quinze ans, il a attentivement observé les instructions de réalisateurs d'inégale valeur et a tiré la leçon de chaque échec ou réussite. De la rigueur infinie de ses collègues russes, mesurant avec précision l'effet de chaque image sur le spectateur, au laxisme de certains tâcherons français, supervisant nonchalamment les opérations dans une joyeuse débandade, le technicien s'est forgé une véritable connaissance de la mise en scène.

Quand son ami le dramaturge et scénariste Yves Mirande, avec lequel il a collaboré avec bonheur sur *La Merveilleuse Journée* et *Charlemagne*, lui demande d'assurer le montage ainsi que l'assistance technique de *Baccara*, Moguy accepte volontiers. Non seulement Mirande est un comparse jovial et truculent avec lequel il s'entend comme larron en foire, mais cette opportunité unique de prendre enfin davantage de responsabilités dans le monde du cinéma ne peut se refuser.

Le sujet, inspiré de l'affaire Stavisky, un scandale politique qui défraya la chronique en 1934 et entraîna la chute du gouvernement Chautemps, est brûlant d'actualité. Avec verve et ironie, le scénario raconte les vicissitudes d'un habitué des casinos, héros oublié de la Première Guerre mondiale, qui, moyennant finances, accepte d'épouser la maîtresse d'un banquier. Sur le point d'être arrêtée pour complicité d'escroquerie, cette dernière cherche à acquérir la nationalité française pour éviter une expulsion. Le mari de paille finira par s'éprendre de sa ravissante épouse et lui restituera l'argent qu'il avait accepté. Le rôle principal est confié à Jules Berry, joueur invétéré, habitué des champs de courses et des casinos. Aux journalistes imaginant que le titre du film a été taillé sur mesure pour lui, l'immense comédien feint l'étonnement et répond avec aplomb n'avoir appris à jouer au baccara que pour le film, par conscience professionnelle !

Armé de sa petite caméra portative, le truculent Lucien Baroux, interprète du rôle du compagnon d'armes de Jules Berry, s'amuse à conserver sur pellicule les petits à-côtés du tournage, jurant à la presse que ses reportages « maison » sont souvent meilleurs ue les grands films les ayant suscités ! Dommage que ses témoignages sur pellicule n'aient pas subsisté : compte tenu de l'humeur facétieuse des différents protagonistes, il est probable que les prises de vues ne devaient pas manquer de moments cocasses. Lors d'une séquence avenue Henri-Martin, devant le Fouquet's, Moguy a ainsi grand-peine à calmer les fous rires des badauds assistant aux échanges animés entre Jules Berry et Lucien Baroux : « Attention là-bas, tâchez de vous tordre en silence ! »

À sa sortie, le film crée la surprise. Pour Marcel Achard, « rien ne faisait prévoir qu'un aimable film français de seconde série, d'autant plus que l'auteur en était Yves Mirande dont le talent indiscutable s'était galvaudé pendant des années dans une série ininterrompue de pantalonnades[23] ». Dans *Le Temps*, Émile Vuillermoz s'enflamme pour une œuvre qui marque « une petite révolution dans le monde de l'écran », « rompant avec une tradition solidement établie au nom de prétendues nécessités commerciales », et salue « l'habileté et la souplesse d'Yves Mirande qui passe sans effort de la bouffonnerie la plus outrancière à une philosophie sociale dont l'amertume révèle parfois un certain courage »[24].

Force est de constater que le réalisateur a su trousser là un véritable petit bijou, de la trempe des meilleurs films de Sacha Guitry. Il dépasse la simple comédie boulevardière et mondaine, genre dans lequel il excellait déjà, pour y adjoindre des éléments de satire sociale, apportant ainsi beaucoup de force et d'originalité à l'entreprise : la justice, les profiteurs et magouilleurs de toutes sortes sont fustigés sans concession. Sous les rires et les répliques cinglantes transparaissent pourtant beaucoup d'humanité et de pudeur ; qu'il s'agisse de l'amitié entre les deux anciens soldats ou de l'amour naissant entre le joueur et son épouse, les sentiments sont subtilement exprimés, avec tact et retenue.

Peut-être emporté dans son élan jubilatoire, Vuillermoz émet pourtant une petite erreur en mentionnant que Mirande prend « la direction totale de cette réalisation ». En effet, si la finesse et l'originalité de l'analyse sociale incombent sans conteste au spirituel auteur du *Chasseur de chez Maxim's*, les témoins de l'époque attestent que Moguy contribua largement à la mise en scène du film. Il s'est parfaitement acquitté des aspects purement techniques, en conférant à l'œuvre son rythme et sa progression très efficace, tout en intervenant avec brio dans la direction des comédiens. Sous sa férule, ces derniers fournissent de remarquables performances : Lucien Baroux est drôle et émouvant, la belle Marcelle Chantal n'a jamais été meilleure, et Jules Berry, comédien exceptionnel, fournit une prestation à la fois tendre, cynique et désabusé : *Baccara* propulsera sa carrière vers les sommets.

Le succès tout à fait mérité de cette œuvre, dont le charme et l'acuité n'ont pas faibli avec les années, constitue pour Moguy un excellent passeport pour poursuivre sa carrière de metteur en scène, qu'il se sent désormais capable d'assumer seul. À défaut de trouver dans l'immédiat le sujet idoine lui permettant d'exercer ses talents, Moguy recherche déjà des interprètes. Les expériences psychologiques et scientifiques, menées dans les laboratoires russes lui ont permis d'acquérir dans le domaine de la direction et du choix des comédiens, un savoir-faire indéniable.

Lors d'une sortie à l'église américaine de Paris, il remarque un ravissant jeune homme semblant disposer des qualités nécessaires pour devenir une vedette du cinéma. Avec « des cheveux de soie blonde, des dents de perle, des yeux de saphir », le bel inconnu, un peu poseur, ne passe pas inaperçu. Malgré son allure très efféminée et son absence totale d'expérience dans le milieu de la scène et de l'écran, Léonide pense avoir repéré le nouvel éphèbe du cinéma français.

Il s'agit de Jacques Fath, le fils d'un courtier d'assurances. Tout juste revenu du service militaire, le jeune homme ambitionne de s'imposer dans le monde de la haute couture en réalisant ses premières créations dans son deux-pièces avec l'appui de deux ouvrières. Généreusement, Moguy lui propose de l'héberger et lui paye six mois de cours d'art dramatique chez Ève Francis, veuve de Louis Delluc et égérie de Paul Claudel. Plus soucieux d'étendre sa maison de couture que de devenir star, Jacques Fath accepte la proposition du cinéaste, tablant sur son salaire de comédien pour renflouer son entreprise. Grâce à ce cachet, il réalise sa première collection avec une vingtaine de modèles. Mais Moguy peine à dénicher le film idéal pour lancer son jeune poulain. Éblouie par ses talents de couturier, Ève Francis accepte de dispenser gratuitement ses cours de comédie à l'artiste en herbe, en échange de quelques robes. En faisant connaître son salon à toutes ses connaissances du monde du spectacle, elle lancera celui qui, à défaut de devenir le nouveau prince charmant de l'écran, s'imposera comme un des plus prestigieux et créatifs couturiers d'après-guerre.

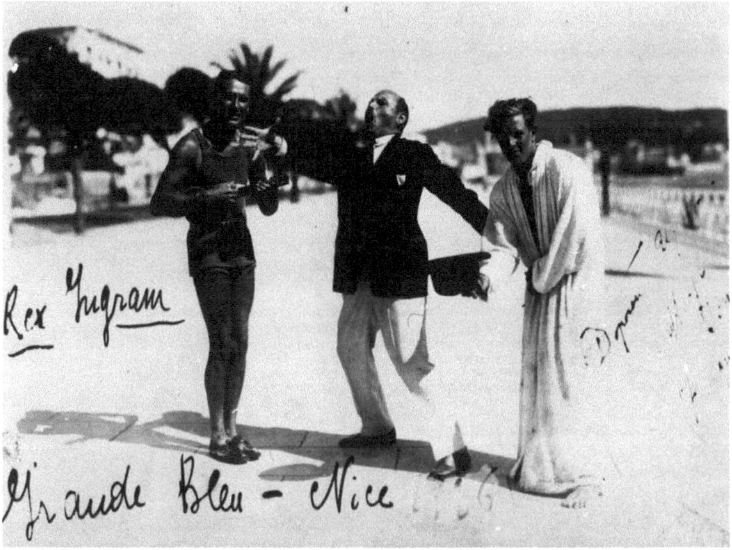

Rex Ingram et Jacques Fath, amis de Léonide, vers 1936,
et Léonide à la plage avec de jolies naïades (collection Katia Moguy)

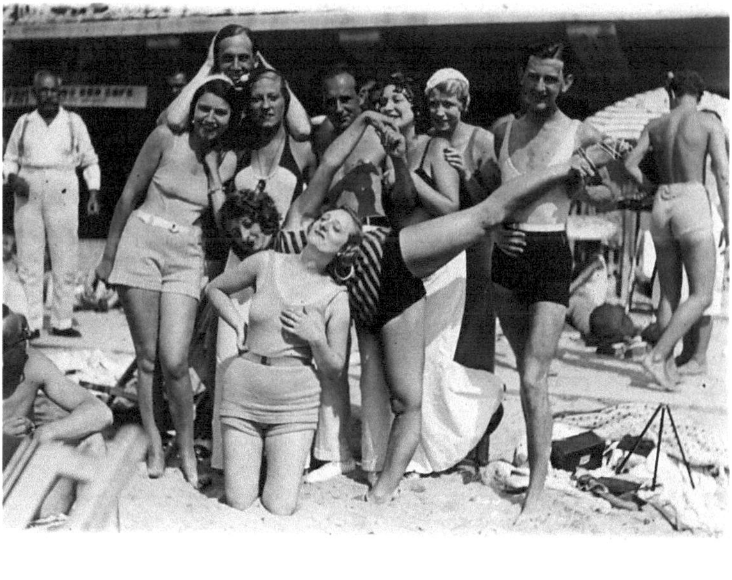

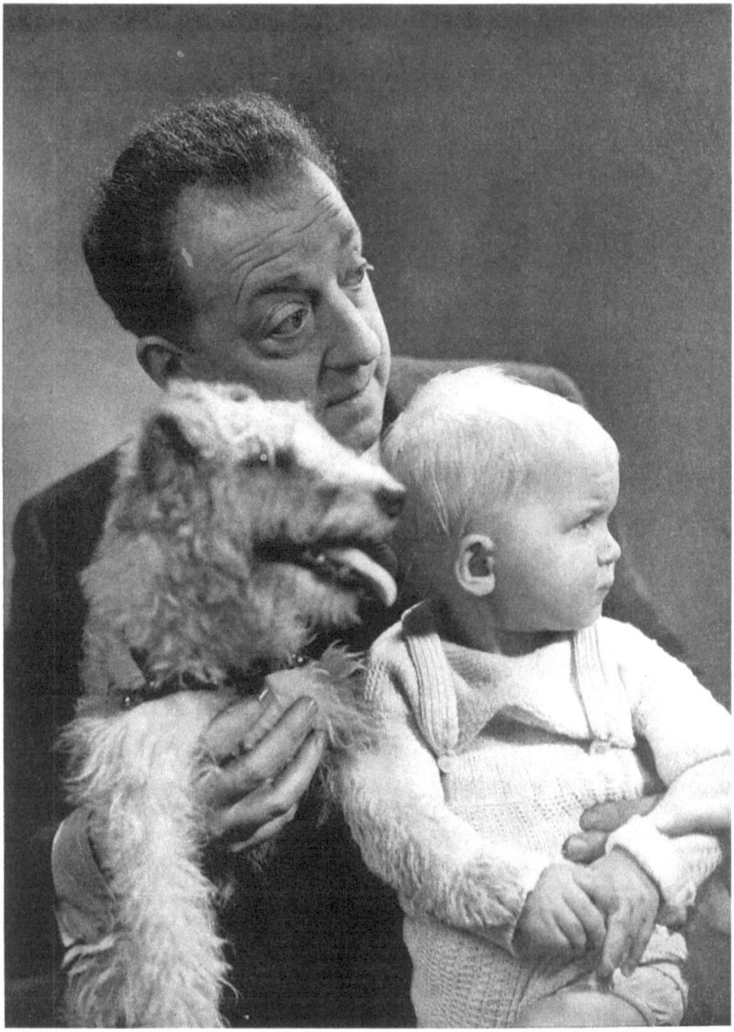

Lucien Baroux dans *Le Mioche*
© 1936 Gray-Film / Éditions René Chateau (photo Michel Kelber)

V.
LE MIOCHE

Lors du tournage de *Baccara*, le producteur Ayres d'Aguiar n'a pas manqué de rendre plusieurs visites amicales à Léonide Moguy, dont il avait beaucoup apprécié le travail de monteur sur *Le Scandale* de Marcel L'Herbier. Curieux d'observer si le technicien parvenait à assumer ses nouvelles responsabilités, il a été surpris par ses initiatives, son investissement dans la nouvelle production, et la part prépondérante qu'il y tenait. S'apercevant qu'en réalité Moguy faisait « seul la mise en scène, et pas mal du tout », le producteur avisé a compris qu'il avait face à lui un véritable cinéaste dont la place méritait amplement de dépasser l'étroit espace des laboratoires où il est resté longtemps confiné.

Quand Jean Guitton, auteur de livrets d'opérettes et de comédies très légères comme *Un gosse dans les choux* (1925) ou encore *Un monsieur qui regrette* (1928), lui soumet son dernier projet, il en informe aussitôt Léonide Moguy, en lui proposant de le mettre en scène. Il s'agit de l'histoire d'un bébé abandonné découvert par un vieux garçon sur le paillasson de son hôtel : après avoir songé à placer l'enfant à l'assistance publique, le célibataire endurci fond de tendresse pour le nourrisson et le cache dans le pensionnat de jeunes filles où il enseigne. Moguy se déclare intéressé par l'aspect familial et positif de l'histoire, à mille lieues des farces un peu faciles et souvent vulgaires qui pullulent sur les écrans français.

Ici, point de comiques troupiers, de tourlourous ou de gaudrioles. Au contraire, le nouveau metteur en scène souhaiterait que son film « soit une comédie gaie, presque vaudevillesque, mais dans un genre gentil, qui puisse être vu par tous et qui évite la grossièreté et la bêtise [25] ». Le sujet, centré autour d'un bébé, présente en outre quelques situations lui rappelant *Papa sans le savoir* (1931), dont il a autrefois assuré le montage : ce film remporta un beau succès commercial en son temps. Comme le disait si bien Victor Hugo, « lorsque l'enfant paraît le cercle de famille applaudit à grands cris ; son doux regard qui brille fait briller tous les yeux », et Moguy comme d'Agyar n'ignorent pas le pouvoir attractif d'un bambin au cinéma ; les gros plans et babils d'un adorable angelot font et feront toujours fondre les spectateurs. D'ailleurs la formule à succès continuera d'être éprouvée au fil des décennies, avec des films comme *Trois hommes et un couffin* (1985) de Coline Serreau.

Léonide Moguy et la scripte Jeanne Witta se heurtent rapidement à la médiocrité des dialogues que leur livre au fur et à mesure Jean Guitton. D'Agyar propose alors à Henri Jeanson, un des scénaristes les plus doués du moment, de prendre sa plume pour livrer des textes plus adaptés et plus drôles. Après réflexion, ce dernier accepte à condition que son nom ne figure pas au générique. Bon vivant, il n'a pas son pareil pour égayer son entourage en racontant des blagues ou en commandant à la brasserie Prunier des huîtres et du vin blanc pour un festin improvisé. Très professionnel malgré tout, il sait fournir des répliques amusantes ou émouvantes collant parfaitement avec l'atmosphère du film.

Lucien Baroux, comique débonnaire et rondouillard, habitué aux personnages de faire-valoir dans un grand nombre de comédies à succès du début des années 30, a grandement profité du succès de *Baccara*. Moguy, confiant en ses capacités, lui propose enfin son premier grand rôle à l'écran. Saisissant sa chance, le comédien se glisse sans mal dans son personnage de célibataire endurci et bourru dont la vie va être transformée avec l'apparition du petit garçon.

Pour incarner les jeunes élèves du pensionnat, Léonide Moguy tient absolument à auditionner de nouveaux talents plutôt que de recourir à des comédiennes expérimentées, afin d'assurer une vraie fraîcheur à son film. Cette démarche, saluée par le producteur, a non seulement l'avantage d'éviter de payer un cachet colossal à des vedettes de cinéma, mais en plus de créer l'événement en assurant par avance une jolie réclame au film. Alléchées par une petite annonce parue dans les journaux, pas moins de neuf cents postulantes se ruent au studio Francœur. Moguy leur clame : « Je veux des jeunes filles au visage intact : une démarche sportive, naturelle, les pieds d'aplomb ; de la sincérité, mes enfants ! Le cinéma est l'école de la sincérité ! » Les nymphettes aux sourcils épilés, aux tenues provocantes ou singeant les stars du moment sont éliminées d'emblée : « Voyons, mesdemoiselles, il s'agit d'une pension de jeunes filles ! Je ne peux tout de même pas engager des petites vamps ou des créatures truquées ! Avancez, là-bas [26]! »

Certaines mères venues accompagner et soutenir leur progéniture parlementent avec le cinéaste pour essayer d'imposer leurs filles, mais sans succès. Finalement, Moguy parvient à faire son tri : « Il y aura l'espiègle, la sentimentale, la jalouse : tous les sentiments pointent dans ces petits êtres. J'estime que l'attrait des pensionnats n'est pas épuisé depuis *Mam'zelle Nitouche.* »

Sélectionnée pour tenir le rôle de la mère désespérée contrainte d'abandonner son enfant, Nadia Sibirskaïa n'est pourtant pas une débutante : elle joue depuis plus de dix ans notamment dans les films de Jean Renoir ou de son mari Dimitri Kirsanoff. Peu impliquée et manquant de l'ingénuité requise, elle déçoit très vite Moguy, navré d'avoir fait un mauvais choix pour ce rôle central. De plus, sa voix éraillée l'horripile : « Comme Baroux n'était pas bien beau et Nadia Sibirskaïa pas bien belle et ne faisait pas très jeune, le public ne comprendrait pas qu'il s'agit d'une petite fille facile à séduire. » Bien que le tournage soit entamé depuis quatre jours, le cinéaste et son producteur décident alors de la remplacer, sans plus de remords.

Après avoir vainement tenté de démarcher une actrice célèbre retenue sur un autre tournage, Moguy se résigne à choisir l'oiseau rare parmi les figurantes déjà sélectionnées pour incarner les jeunes pensionnaires. L'une d'entre elles, une élève de Charles Dullin, « un peu pauvre, les mains rougies par le travail, toujours seule et triste, taciturne, avec de beaux yeux et un béret basque », a retenu son attention. Elle est convoquée dare-dare pour des essais aux côtés de Lucien Baroux, dans les décors du film et en soirée, pour ne pas retarder davantage la production.

Une fois obtenu l'accord (indispensable depuis le Front populaire) des techniciens pour les heures supplémentaires, l'équipe peut commencer les bouts d'essai de la débutante Madeleine Svoboda. Cette dernière se présente vêtue d'un petit tailleur maison et d'un pull emprunté à son frère. Tenaillée par le trac et la crainte de ne pas être à la hauteur, la jeune femme, qui n'a rien pu avaler de la journée, se révèle particulièrement convaincante dans son personnage de fille triste et malade à laquelle un gentil professeur offre des croissants pour la réconforter. Jugée parfaite, la scène est gardée telle quelle pour le film. Rebaptisée par d'Agyar Madeleine Robinson, la jeune apprentie va ainsi entamer une longue et prestigieuse carrière à l'écran. Elle deviendra la première vraie découverte de Moguy, et non des moindres.

Une autre future vedette figure parmi les adolescentes déguisées en écolières errant dans les studios de la rue Francœur et au château d'Athis-Mons, où sont filmés les extérieurs. Élève du cours Simon, Simone Roussel remplace au pied levé son amie Nicole Verrier, nièce de Jean Gabin, retenue sur le tournage de *La Belle Équipe*. Moguy est impressionné par la jeune artiste, très intimidée et muette d'émotion. Hypnotisé par ses yeux magiques et expressifs, il lui découvre « une intelligence, une intuition et une gentillesse » qui l'électrisent.

En échange, la jeune actrice apprécie le calme du cinéaste, capable de donner des instructions claires sans gesticulations ou hurlements. L'intervention de la future Michèle Morgan se résume à un regard langoureux et songeur tandis que Jacqueline Pacaud s'exclame : « Tiens, Prosper se réveille ! » Ces quelques secondes seront pourtant décisives dans sa carrière. Nettement plus belle et plus cinégénique que ses camarades, la ravissante jeune femme, dont la beauté mélancolique rappelle fort celle de Greta Garbo, se démarque nettement. La scripte Jeanne Witta la recommande à Marc Allégret, metteur en scène réputé lui aussi pour repérer les nouveaux talents : avec son film *Gribouille,* il fera d'elle une star et la plus populaire des actrices françaises des années 40-50. Reconnaissante, Michèle Morgan gardera de longues années un contact amical avec Moguy, acceptant vingt ans après de rejouer un court extrait du *Mioche* pour les caméras de *La Joie de vivre*, l'émission télévisée de Jean Nohain.

Le tournage se déroule sans heurts et dans une franche camaraderie, avec parfois quelques incidents cocasses dus au très jeune âge du principal interprète. L'équipe a le plus grand mal à faire parler le petit Robert Lenfant (alias petit Philippe), interprète du rôle du bébé. Dans une scène clef du film, le bambin est censé appeler « papa » son gentil bienfaiteur. Sans doute fatigué et impatient de recevoir son biberon, il reste muet malgré les sollicitations de Lucien Baroux. Épuisé, il finit, au bout de plusieurs prises, par se jeter dans les bras du comédien en lui criant… « Maman ! »

Gamin de l'assistance publique, le comédien en herbe de dix-huit mois, découvert dans *Bichon* avec Victor Boucher, fait non seulement la conquête de toutes les adolescentes venues jouer à ses côtés, mais aussi celle du producteur d'Agyar… qui l'adoptera ! Comme quoi, les miracles n'arrivent pas qu'au cinéma !

Après que des grèves de personnel aient obligé le cinéaste à interrompre le montage de son film pendant plusieurs semaines[27], *Le Mioche* est enfin projeté en première salle Pleyel, en septembre 1936, au cours d'une soirée en faveur des petits enfants malheureux, animée par l'orchestre de Ray Ventura. La campagne de lancement se veut innovante. Ainsi, l'affiche présente le débonnaire Lucien Baroux face au bambin grognon avec ce slogan : « Tu vois le monsieur ?... Il viendra te voir dans *Le Mioche* ! » Le succès est immédiat, et tout autant public que critique. Les rires fusent dans les salles obscures, mais certaines spectatrices, émues, écrasent aussi une larme en fin de projection.

Pour Charles Le Fraper du *Courrier cinématographique*, *Le Mioche* est un film « absolument impeccable, d'une haute tenue morale ; une œuvre d'art réussissant le tour de force, paradoxal pour l'écran, d'être en même temps un film incontestablement commercial qui fera le tour du monde et sera l'honneur de la production française [28] ». Pierre J. Laspeyres dans *Comœdia* salue « une délicate alliance de tout ce que l'esprit comporte de plus charmant, de ce que le sentiment peut démontrer de délicat, de plus ressenti. Tout y est : la parfaite économie dans la narration, la virtuosité de l'exposition, l'agilité de la technique. Léonide Moguy était connu comme un exceptionnel monteur. C'est un remarquable metteur en scène [29] ». Georges Bateau lui tire son chapeau pour avoir évité le vaudeville et transformé le sujet en histoire tendre et légère, et *Le Matin* applaudit « une des meilleures réussites de la production française de cette année [30] ».

Ce « triomphe de la sensibilité [31] » ne peut que satisfaire Léonide qui, sous couvert d'une distrayante comédie, tenait absolument à adresser aux spectateurs un message humaniste et positif, un hymne à la vie. Cible parfaitement atteinte pour la journaliste Odile Cambier. Jugeant le film plus efficace que les politiques natalistes réclamées par les sociologues et timidement mises en place par les pouvoirs publics, elle déclare : « un film comme celui-ci, tellement éloigné cependant d'un but de propagande [...], nous fait mesurer la grâce unique, miraculeuse, irremplaçable, d'un petit enfant s'éveillant à la vie [32] ».

Quelques réserves sont néanmoins émises par certains chroniqueurs moins sensibles, déplorant que tant de talents aient été utilisés pour monter un « truc à attendrir les concierges », dans ce « flot de bonté et de pitié » [33]. Les mêmes détracteurs reconnaissent néanmoins qu'« il y a tout au long de ce film un souffle de jeunesse ». Le journal communiste *Rouge-Midi* admet que « tout cela peut plaire puisque le sirop de groseille plaît, mais nos esprits révolutionnaires 1936 ont besoin de breuvages un peu plus corsés, de mixtures plus denses et plus agressives – ou même, si l'on veut, tout simplement, d'un gros rouge pur jus, consommé des réalités terrestres et... rudes [34] ».

Le triomphe du *Mioche* démontre pourtant que pour l'heure, les spectateurs, inquiets par une situation mondiale toujours plus dégradée, ont plus que jamais besoin d'espoir et que ce délicieux « sirop » agit sur leurs angoisses comme un médicament salutaire.

En visionnant le film des décennies plus tard, le charme opère moins, tant la mise en scène semble conventionnelle, peu imaginative, la musique poussive et les gags inefficaces. Heureusement que la bobine facétieuse et les babillements du petit mioche provoquent encore quelques sourires. Le film est dominé, et de loin, par la sensible prestation d'un formidable Lucien Baroux, dont Moguy a su tirer toute l'humanité. Jamais il ne retrouvera jamais un rôle aussi touchant. Dans la scène finale du film, où le cœur gros il dit adieu au petit garçon, le comédien atteint un fort degré d'émotion ; il transcende alors un film à peine moyen en lui apportant un joli moment de grâce. Tout en nuances, d'une justesse absolue, Baroux et Moguy évitent le mélo par leur sincérité. Sous l'apparence d'un divertissement, il est patent que Moguy a déjà voulu délivrer un message humaniste. L'enfant y tient une place prépondérante : incarnation de l'espoir et de l'amour absolu, il vient éclairer la vie de ceux qu'il côtoie. Comme le clame le vieux célibataire : « Quand on est seul dans l'existence, le sourire d'un enfant est un encouragement, un but. » Le personnage de l'enfant pur et innocent reviendra fréquemment jalonner les films du cinéaste, telle une allégorie du Christ.

En 1936, le succès du *Mioche* franchit rapidement les frontières : rebaptisé *Vater sein dagegen sehr* et distribué par l'entremise de Fred Wingardh, le film est ovationné au Marmorhaus de Berlin, événement rarissime pour un film français et de surcroît dépourvu de vedette connue ! (Peu de productions françaises sont encore distribuées outre-Rhin, hormis celles où figurent Albert Préjean et Annabella, seuls artistes français goûtés par le public teuton.)

Aux États-Unis, *40 Girls and a Baby* est présenté en 1938 avec des sous-titres anglais : il recueille très vite beaucoup d'éloges de la part des plus grands quotidiens. Jugé « captivant », « séduisant », « d'une rare délicatesse », cet « enchantement » fait le bonheur du public américain. Avisée, la firme MGM en achète les droits pour mettre en chantier un remake fort réussi. Eddie Cantor, le monstre sacré des scènes de Broadway y livre une attendrissante prestation sous la houlette d'un Busby Berkeley plus connu pour ses comédies musicales, mais également très à l'aise dans ce style. En 1937, un remake sous le titre *« Děvčata, nedejte se ! »* sera tourné en Tchécoslovaquie avec Hugo Haas dans le rôle tenu initialement par Lucien Baroux. Enfin, en 1952, Moguy lui-même supervisera *L'Enfant d'une autre (Cento piccole mamme)*, une adaptation italienne assez crispante de son classique, péniblement exécutée par Giulio Morelli.

Pour l'heure, l'ambiance est à la fête et Moguy savoure sa victoire en multipliant les mondanités. À ses côtés figure souvent la blonde Marie Glory, dont le rôle se limite désormais à celui d'une excellente camarade. Peu après avoir trinqué au départ de son amie pour les USA, Léonide gagne Saint-Paul-de-Vence pour assister au mariage en grande pompe de sa fidèle camarade Paulette Dubost, la joviale vedette du *Comte Obligado* et de *Quand la vie était belle*. Maîtrisant aussi bien l'organisation d'un tournage que l'élaboration de festivités, le témoin de la mariée est chargé de mettre en scène la cérémonie ! À son bras se blottit la fidèle Dita Parlo, aux yeux noirs pétillants de malice.

Profitant du formidable tremplin que représente *Le Mioche*, Moguy examine attentivement plusieurs scénarios : prudemment, il élimine les « invraisemblables » projets soumis à son attention, parmi lesquels figurent une adaptation du *Poisson chinois*, roman policier de Jean Bommart, ou encore l'*Article 645*, sombre mélodrame judiciaire, pour s'atteler à la rédaction de *Champs-Élysées*, dont l'action se déroule dans le métropolitain. Bien que déposé à la Société des auteurs, ce projet restera lettre morte, tout comme *Écoles de joie*, un hommage aux auberges de jeunesse.

Renouant momentanément avec son passé de monteur de films d'actualités, Léonide Moguy travaille quelque temps à la conception d'un documentaire relatant la guerre civile espagnole, intitulé *Documents d'Espagne*. Bien que le cinéaste mentionne cette réalisation sur ses curriculum vitae, les recherches effectuées n'ont hélas pas permis d'en retrouver la trace. Il serait intéressant de découvrir, s'il a vraiment abouti, ce travail de Moguy afin d'apprécier l'angle d'attaque du cinéaste et son habileté à tirer l'intensité de chaque image.

Passant de la réalité à la fiction, le réalisateur est ensuite engagé par les productions Hermès pour réaliser, sur une idée de Jacques de Bénac, *Le Corrupteur* (ou *Le Destructeur*), portrait d'un marchand de canons enrichi grâce au trafic d'armes. « Entouré d'une équipe de jeunes qui n'a qu'un but : sortir des sentiers battus [35] » et d'une distribution en or (Jean Murat, Mireille Balin, Aimos, Pierre Renoir et Pierre Larquey [36]), Moguy croit enfin disposer d'un sujet passionnant… Mais l'entreprise capote rapidement, pour des raisons probablement financières.

Demeurant à présent au 22 rue Scheffer, près du Trocadéro, dans un appartement au septième étage avec une vue splendide, Moguy poursuit les démarches nécessaires pour acquérir la nationalité française et obtenir un passeport Nansen, sésame indispensable pour circuler dans les autres pays. Considéré comme apatride depuis qu'il a renoncé à retourner en Union soviétique, le cinéaste ne dispose plus en effet du statut légal indispensable pour mener à bien de nombreuses activités et être protégé juridiquement. Son dossier, géré par l'Office des réfugiés russes, fait l'objet d'une surveillance de la part de la police.

En raison de la destruction des archives d'état civil consécutivement aux troubles liés aux événements révolutionnaires de 1917, le réalisateur éprouve moult difficultés pour réunir les documents requis par l'administration. Pour justifier sa requête, Moguy certifie ne plus avoir aucune relation avec son pays d'origine et souligne qu'il a « apporté d'une façon constante sa collaboration au développement de l'industrie cinématographique en France ». Grâce aux renseignements favorables recueillis et notamment aux témoignages de son frère Alexandre, Léonide Moguilewsky, dit Moguy, « directeur de montage de films », acquiert enfin la nationalité française en août 1937. D'après certains articles de la presse américaine, la célèbre romancière Colette, avec laquelle Moguy a sympathisé sur la

Côte d'Azur et pendant le tournage de *Divine*, serait intervenue personnellement pour parrainer son ami. À une correspondante, l'auteur du *Blé en herbe* confie que le cinéaste est « un homme très humain et très compréhensif ».

Une bonne nouvelle n'arrivant jamais seule, Moguy repère enfin, après bien des hésitations et déconvenues, un sujet suffisamment fort pour le motiver, malgré les obstacles, et lui permettre d'accéder au statut de grand metteur en scène.

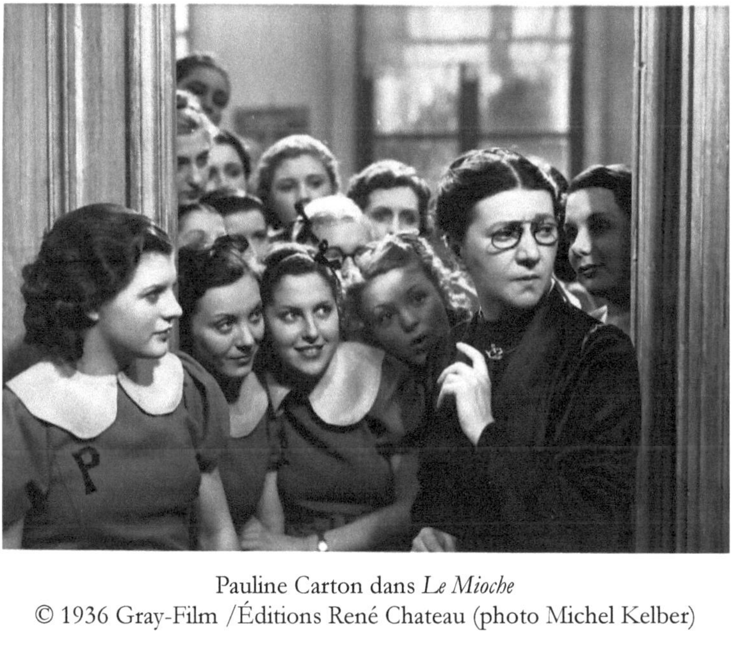

Pauline Carton dans *Le Mioche*
© 1936 Gray-Film /Éditions René Chateau (photo Michel Kelber)

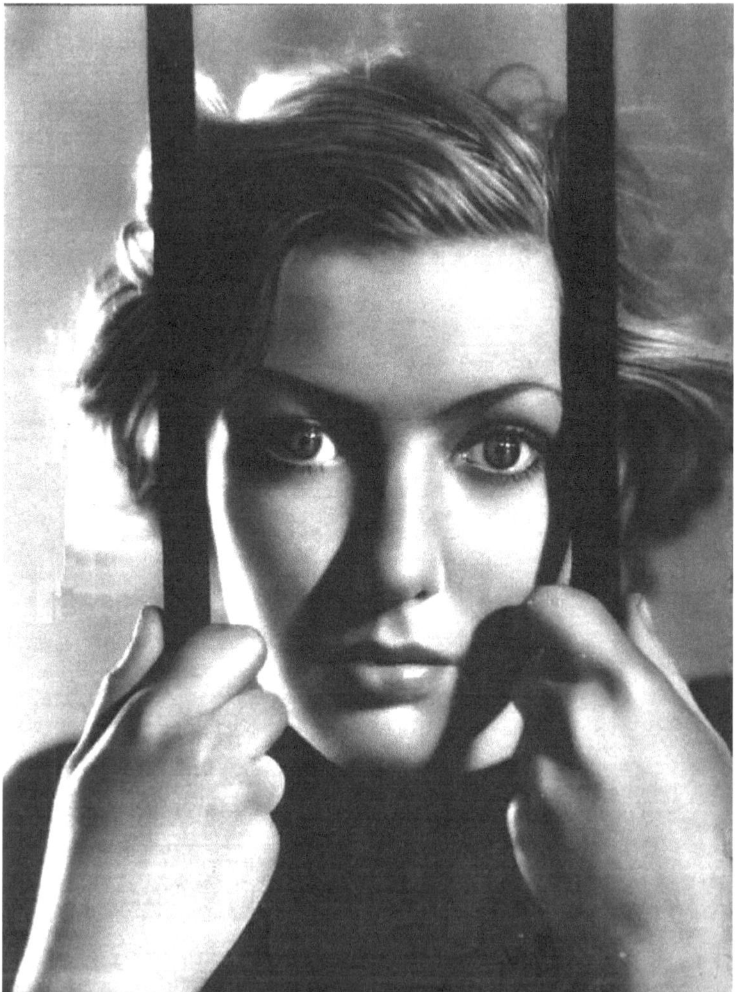

Corinne Luchaire dans *Prison sans barreaux*
© 1938 Cipra – Léonide Moguy / Éditions René Chateau
(photo Maurice Pecqueux)

VI.
PRISON SANS BARREAUX

Le 3 mai 1936, à l'issue du second tour des élections législatives, la victoire du Front populaire mène Léon Blum à la présidence du Conseil. Son accession au gouvernement s'accompagne de réformes sociales considérables, dont l'adoption des congés payés et la réduction du temps de travail hebdomadaire à quarante heures. Ces mesures progressistes sans précédent apportent un immense espoir aux classes les plus modestes. Un vent de liberté et de fraternité souffle sur la France, auquel de nombreux intellectuels du monde du cinéma se rallient. Cette embellie sociale touche d'innombrables domaines.

Parmi les nombreuses revendications de la coalition de gauche figure également une demande de réforme de l'administration des maisons de correction pour mineurs. Une campagne de presse menée par le journaliste Alexis Danan dans *Paris-Soir*, a éveillé l'attention de l'opinion publique sur les déplorables conditions des jeunes délinquants, maltraités dans de véritables « bagnes d'enfants ». Dans ces établissements, le plus souvent privés, la discipline la plus stricte et la plus sévère sévissent, au détriment des heures d'enseignement, réduites au strict minimum. Les pensionnaires, mal nourris, subissent coups, remontrances, violences sexuelles, et sortent finalement de leur séjour marqués à vie et incapables de se réinsérer dans la société. Particulièrement décriée, la colonie pénitentiaire pour jeunes détenus de Mettray, dans l'Indre-et-Loire, est pointée du doigt pour la rigidité de son règlement, la façon inhumaine dont sont traités les enfants, et le nombre des décès constatés. À Belle-Île-en-Mer, où les pires traitements sont infligés sur les mineurs, une révolte a même éclaté : les pensionnaires en fuite ont été traqués lors d'une tragique « battue » qui inspira à Prévert son poème *La Chasse à l'enfant,* chanté par Marianne Oswald.

Bouleversé, comme beaucoup d'intellectuels, par les révélations d'Alexis Danan sur le sort des enfants ainsi maltraités, Léonide Moguy souhaite non seulement dénoncer et relayer ces situations inhumaines et révoltantes, mais surtout encourager les solutions, encore embryonnaires, mises en œuvre par le gouvernement Blum. Une loi du 13 août 1936 vient de créer un cadre d'éducateurs pour les maisons d'éducation surveillée, chargés du maintien de la discipline, de la rééducation morale, mais aussi de la formation professionnelle. Moguy se rend donc au centre Théodore-Roussel de Montesson pour apprécier sur place les nouvelles méthodes éducatives.

Rassuré de constater que « l'ancienne maison de redressement est devenue un havre de réconfort », il se déclare « émerveillé en voyant les deux cent cinquante pupilles de Montesson travailler dans une atmosphère de confiance et de santé morale [37] ». Pour encourager ces changements encore timides dans l'administration pénitentiaire, il dispose de deux armes imparables : sa créativité et sa caméra. Quelques films ont déjà évoqué la situation scandaleuse des maisons de correction, notamment *Bagne d'enfants*, de Georges Gauthier, dont le titre fut changé pudiquement en *Gosses de misère* à la demande de la censure. Pour débattre de la situation avec le plus d'objectivité possible, Moguy contacte le ministère de la Justice, lequel ne comprend pas ses investigations et garde obstinément le silence.

Par un étrange concours de circonstances, Arnold Pressburger, producteur des opérettes viennoises de Jan Kiepura et Marta Eggerth, contacte Moguy pour lui soumettre un scénario du fécond Hans Wilhelm, dont « l'action pathétique s'associe à des sentiments nobles et humanitaires [38] ». Il s'agit de l'adaptation d'une pièce de théâtre de Gina Kaus, romancière viennoise et féministe convaincue. Sa liberté de ton et ses origines juives ont fait d'elle une cible des nazis qui ont interdit et brûlé ses ouvrages lors des autodafés de mai 1933.

L'intrigue de *Prison sans barreaux* se déroule dans une maison de correction dirigée par une jeune femme dont les conceptions libérales sont loin de faire l'unanimité. Le sujet concorde parfaitement avec les ambitions de Moguy et lui permet de disposer d'une trame idéale pour exprimer ses idées et sensibiliser l'opinion. Il contacte immédiatement Alexis Danan, et l'engage comme conseiller technique. Pour le seconder dans la mise en scène, Léonide pense aussitôt à son ami Jacques Rémy, de son vrai nom Raymond Assayas, fidèle assistant de Max Ophuls avec lequel il a sympathisé pendant le tournage de *Divine*. Les dialogues sont confiés à Henri Jeanson, habile pour trousser des répliques criantes de vérité et dont le travail sur *Le Mioche* fut particulièrement efficace.

Afin de travailler en parfaite symbiose, Moguy tient absolument à ce que son équipe soit soudée autour de lui et opérationnelle. Influencé par les rigoureuses méthodes managériales acquises en Russie, il insiste pour que chacun soit ponctuel et présent sur place pour travailler le sujet. Jeanson, désireux de plus d'indépendance, supporte mal ce dirigisme et cette promiscuité. Agacé par ses nombreux retards qui influent sur le rythme de la production, Moguy l'enferme à double tour pendant l'heure du déjeuner. Il aura la surprise, en revenant de son repas, de trouver des voitures de police et l'échelle des pompiers au milieu de la rue :

excédé, et ne pouvant fuir du deuxième étage, Jeanson a appelé les secours pour être libéré, en faisant croire qu'il était séquestré par un fou.

Pour dénicher la jeune rebelle, héroïne du film, Moguy visite les plus fameux cours de théâtre : René Simon, Charles Dullin, Ève Francis, Mihalesco, Raymond Rouleau, en auditionnant de nombreuses postulantes. Son entourage, de Pressburger à Henri Jeanson, lui recommande chaudement d'auditionner Corinne Luchaire, nouveau talent très prometteur. La très jeune comédienne au long visage mélancolique s'était déjà présentée lors des auditions du *Mioche* avec son père, le fringant journaliste et directeur de presse Jean Luchaire, grand partisan d'une nouvelle Europe et du rapprochement franco-allemand. Mais Moguy avait trouvé la candidate trop mûre pour jouer une élève du pensionnat. Par mégarde, il avait d'ailleurs cru que cette dernière était escortée par son compagnon !

Accompagné de « son excellente camarade » Dita Parlo, le cinéaste avait néanmoins accepté d'aller applaudir la nouvelle artiste au théâtre de l'Étoile où elle débutait dans une pièce de son grand-père, *Altitude 3000*. Étonné par la prestation assurée et l'audace de la jeune artiste (cette dernière lui avait crânement déclaré : « Qu'attendez-vous pour me lancer ? »), il l'avait orienté vers son directeur de production. Le bout d'essai tourné quelques semaines plus tard par Corinne avait suscité l'enthousiasme d'Arnold Pressburger, mais laissé Moguy plus sceptique. Exaspéré par la pression venue de l'entourage journalistique et politique de Jean Luchaire, multipliant les démarches pour que sa fille soit engagée, Moguy préférait recourir à une actrice déjà expérimentée, « jolie et ayant une personnalité, comme Danielle Darrieux, et si possible aussi son talent… ». Devant l'insistance d'Henri Jeanson, menaçant de se retirer si Corinne n'est pas retenue, un contrat est enfin signé, mais il stipule prudemment qu'il pourra être annulé si la jeune recrue ne donne pas satisfaction !

Pour entourer la nouvelle vedette qui s'efforce de s'imprégner de son personnage en visitant une maison de correction, Moguy multiplie les bouts d'essai. Il embauche ainsi Janine Guyon, camarade de la fille de Pierre Lazareff, Giselle Préville, Miss France 1935, et Élina Labourdette, fille d'un industriel croisée chez Ève Francis. Parmi la soixantaine de filles qu'il enrôle, certaines avaient déjà retenu son attention lors des tests pour *Le Mioche*. La plupart n'ont aucune expérience du cinéma.

Pour incarner un des membres perturbateurs de l'établissement, Moguy désigne Ginette Leclerc, abonnée aux rôles de petites femmes dans des petites comédies aussi insignifiantes que vulgaires. Le nom de la comédienne avait initialement été suggéré par Jacques Rémy pour le rôle principal, mais Moguy l'avait jugée trop canaille pour incarner de façon crédible la jeune et vulnérable héroïne. Finalement, grâce à l'insistance de Rémy, le personnage de la forte tête de l'établissement est composé pour s'adapter à la personnalité gouailleuse et bouillonnante de Ginette : elle n'en fera qu'une bouchée. Enfin, pour camper le rôle du médecin et fiancé de la directrice, dont s'éprend la jeune héroïne, Moguy recherche « une sorte de Gary Cooper, un beau mâle qui plaise aux femmes [39] ». Le choix de Roger Duchesne, « trop jeune et un tantinet gigolo », sera critiqué, tout comme celui d'Annie Ducaux, actrice déjà dotée d'une solide expérience théâtrale, et dont Moguy apprécie « l'autorité et le naturel ».

Ainsi constituée, la belle équipe rejoint les petits studios Nicéa à Saint-Laurent-du-Var, dans la banlieue de Nice, sous une pluie battante. Chaque matin, Jean Luchaire, séducteur patenté, accompagne la blonde Annie Ducaux sur les lieux du tournage, tandis que la fringante Ginette Leclerc se charge de véhiculer Léonide qui loge au Negresco. Intrépide, la pétulante actrice s'amuse à rouler à tombeau ouvert sur la promenade des Anglais et tente de semer les policiers à ses trousses. Il faudra toute la diplomatie de la production pour récupérer les papiers de la vedette verbalisée pour excès de vitesse. En sus du délit de fuite, cette dernière ne s'est pas gênée pour insulter copieusement les agents. Une répétition, en quelque sorte, d'une des scènes les plus mémorables du film, où elle doit prononcer cinq fois le mot de Cambronne.

L'atmosphère est parfois tout aussi électrique pendant les prises de vues. Ainsi, lors d'une de ses premières scènes dramatiques, Corinne Luchaire, encore novice, ne parvient pas à verser les sanglots requis : les oignons, l'ammoniaque et les encouragements des techniciens se révèlent inefficaces. La troupe recommence la séquence jusqu'à l'exaspération. Finalement, l'énergique Ginette Leclerc a l'idée d'administrer à la jeune actrice une paire de claques magistrale pour la stimuler. L'effet est immédiat : Corinne fond en larmes de façon presque hystérique, et Moguy peut enfin mettre en boîte sa séquence. Dans ses Mémoires, la jeune comédienne ajoutera que, « perdant tout contrôle et à bout de nerfs », le réalisateur se serait « jeté sur elle entre chaque scène pour la rouer de coups et de claques [40] » ! Moguy pense-t-il que cette méthode pour le moins agressive est la plus adaptée pour tirer le meilleur de la nature instinctive de Corinne ? En tout cas, il éprouvera quelques remords, craignant surtout que la toute jeune femme ne se plaigne à son très influent papa.

Léonide s'oppose par ailleurs à son compatriote, le décorateur odéssite Georges Wakhévitch qui, en raison de mesures d'économie préconisées par un agent de la production trop zélé, n'a pu réunir les tonnes de charbon nécessaires pour le tournage d'une séquence. Il est vrai que la construction de la façade et de la cour de la prison a déjà coûté plus de 150 000 francs, soit le prix d'une villa sur la Riviera ! En général doux comme un agneau, Moguy, exaspéré, réprimande son collègue avec des termes choisis que n'aurait pas reniés l'impudente Ginette. Wakhévitch, qui n'est absolument pas responsable de cet incident, le prend fort mal : le tournage est interrompu et les nombreuses figurantes profitent de cette journée de vacances impromptue pour se ruer dans les bars ou se détendre sur les plages de la Côte d'Azur.

En dépit de ces quelques anicroches, l'ambiance est le plus souvent très agréable et l'équipe est très soudée autour de Moguy. Peu loquace en raison de sa méconnaissance du français, le producteur Pressburger collabore au découpage avec beaucoup d'attention. Les comédiens forment une véritable famille et Roger Duchesne se déclare emballé par l'« homme épatant » qui le « dirige admirablement », ne demandant « qu'une chose : faire un autre film avec lui [41] » ! Aux journalistes le questionnant sur la nature de son nouveau projet, Moguy réplique prudemment : « Il ne faut pas croire que le film s'élève contre les maisons de rééducation morale, mais le fond de l'histoire est constitué par la lutte entre les vieilles et les nouvelles méthodes de redressement[42]. » « Nous voulons montrer que les méthodes d'éducation, quand elles sont basées sur la bonté, peuvent venir à bout des caractères les plus difficiles et des moralités les plus douteuses[43]. » Craint-il que son film, au sujet trop audacieux, soit censuré ?

Il faut reconnaître que sa volonté de moderniser les centres de détention des jeunes délinquants n'est pas partagée par tous les membres du gouvernement. Beaucoup n'y voient pas forcément un sujet prioritaire. De fortes réticences se dessinent au sein de l'Éducation nationale. Les éducateurs nouvellement nommés ont parfois du mal à appliquer leurs méthodes libérales face à un entourage hostile ; certains se lassent et démissionnent. Aussi Moguy doit-il faire face à d'innombrables démêlés avec le ministère de la Justice, et subir critiques et intimidations visant à le dissuader de mener à bien son entreprise. Inquiet, il finit par douter que son film atteigne les salles obscures. Alors qu'il avait été gagné par l'euphorie entourant l'avènement du Front populaire, cette série d'incidents et de compromis finit par nettement entamer son naïf enthousiasme.

Le scénariste Charles Spaak, ami de Moguy, témoignera qu'« on a tout fait pour que le film ne sorte pas [44] ». Si finalement *Prison sans barreaux* décroche son visa d'exploitation, ce ne sera pas sans heurts. Marcel Carné et Jacques Prévert n'auront pas la même chance avec *L'Île des enfants perdus* : leur courageux projet sur l'évasion de jeunes détenus de la colonie pénitentiaire de Belle-Île-en-Mer sera suspendu par les autorités. Il faut dire que leur scénario était plus dérangeant, car il s'appuyait sur des faits réels et relatait plus crûment le calvaire des adolescents.

Le 19 février 1938, *Prison sans barreaux* est enfin projeté en avant-première au Max Linder, devant un parterre composé des acteurs du film et des meilleurs amis du réalisateur : Dita Parlo, Marie Glory, Paulette Dubost, mais aussi Gina Manès, Carmen Boni, Carlo Rim, Pierre Colombier, Maurice Dekobra, Stève Passeur, et le chef de cabinet d'Édouard Daladier, futur chef du gouvernement, sont présents dans les rangs. La maréchale Pétain, mère de Pierre de Hérain, qui travailla comme assistant-réalisateur et sympathisa avec Moguy lors des tournages d'*Itto* et de *Divine,* est également conviée. Peu sociable, grossière et mal embouchée selon ses proches, l'épouse du vainqueur de Verdun est loin de faire l'unanimité. Pourtant, elle est immédiatement séduite par la faconde et la jovialité de Moguy. Elle lui restera fidèle et ne manquera pas de le soutenir à chacune des premières de ses films ultérieurs.

Le succès de *Prison sans barreaux* est immédiat et quasiment unanime. Les critiques, dithyrambiques, applaudissent une « leçon donnée à la justice des hommes [45]», « une œuvre profonde, généreuse, poignante et magnifique [46] », « des tableaux tracés avec une hardiesse, une sûreté et aussi un tact parfait qui composent une suite vraiment de toute beauté [47] », « un beau film qui nous change des sujets battus, ressassés : un œuvre courageuse dont la sincérité vous emporte… ». Pour Marcel Achard, « peu de films ont suscité une pareille curiosité, et pourtant rarement curiosité fut moins déçue. *Prison sans barreaux* aurait pu être un excellent film américain. Il en a d'ailleurs toutes les qualités : vitesse, violence, réalisme poétique et aussi, moins accusés, les défauts : situations mélodramatiques et excès de sensibilité [48] ». L'excellente interprétation des différents protagonistes est saluée et tout particulièrement l'étonnante prestation de Corinne Luchaire.

Pierre-Gilles Veber, enthousiaste, dresse dans les colonnes du *Matin* un véritable panégyrique à celui qu'il classe au premier rang des réalisateurs européens : « Les astronomes nous enseignent que les Léonides sont un essaim d'étoiles filantes, émanant d'un point radiant, situé dans la constellation du Lion. Moguy, qui se prénomme Léonide, n'a heureusement rien d'une météorite, puisque son étoile n'a cessé de croître et se situe dans le firmament cinématographique entre le Bélier, quant à son entêtement, et la Grande Ourse, laquelle est la patronne des chefs-d'œuvre[49]. » Outre les louables intentions du cinéaste, les spécialistes comme Albert Riera s'enthousiasment pour « une très belle réussite technique, un film admirablement monté [50] » dont l'art ultime est de ne point laisser paraître les efforts qu'il a nécessités : « On a l'impression que ce jeune metteur en scène qui n'ignore rien des ressources de son métier a la discrétion de rien n'en laisser paraître. Ses images sont composées avec un souci constant de l'équilibre, un goût très sûr et beaucoup de sensibilité. »

La seule note discordante, parmi ce concert de louanges, provient de l'abject papier rédigé dans *L'Action française* par Lucien Rebatet[51]. Sous le pseudonyme de François Vinneuil, ce journaliste fasciste vilipende un film qu'il qualifie d'« insanité majeure, mixture de la plus fade guimauve et du plus sordide naturalisme [52]». Il agresse avec une animosité effrayante Alexis Danan « qui, flanqué de tout un état-major youpin, a imprimé à ce mauvais mélo ce ton d'odieuse pleurnicherie ». Son attaque nauséeuse est symptomatique de l'antisémitisme présent dans la société française et surtout dans les milieux cinématographiques, où le nombre des producteurs et artistes juifs, réfugiés pour la plupart, agace toujours les nationalistes.

Préférant ignorer la bassesse des propos du journaliste d'extrême droite, Moguy se réjouit des innombrables marques d'affection reçues, et particulièrement des félicitations de Maurice Journet, le directeur de l'école de Montesson. Celui-ci le remercie d'avoir fait preuve « d'agissante charité, et plus utilement sans doute par l'écran que de toute autre manière [53] ». Son avis et celui des journalistes de l'époque tranchent avec la sévérité qui sera affichée, des décennies plus tard, par certains cinéphiles un rien narquois. D'aucuns pointeront le manichéisme existant dans la représentation caricaturale de la maison de correction, dirigée par de vieilles mégères sévères et inhumaines (pourtant campées par d'irrésistibles trognes du cinéma français, comme la géniale Marguerite Pierry) et sauvée par une envoyée de l'État, d'une générosité exemplaire. D'autres déploreront « une vision mélodramatique [qui] annihile la réalité de ce qui est filmé [54] ».

Moguy n'élude pourtant pas les difficultés de la vie dans les maisons de correction : il évoque tant les maltraitances dont sont victimes certaines pensionnaires que la promiscuité, l'hétérogénéité de la personnalité des détenues (certaines, comme l'héroïne, ont été placées dans cet institut parce qu'elles faisaient l'objet de harcèlement sexuel dans leur famille, et se retrouvent punies alors qu'elles sont victimes), et, avec une audace atténuée par rapport à la pièce, les liens saphiques unissant certaines pensionnaires (les personnages incarnés par Ginette Leclerc et Giselle Préville). Enfin, il ne craint pas d'afficher les doutes rencontrés par la nouvelle directrice, déçue face à son échec et prête à jeter l'éponge – comme le firent certains éducateurs.

Animé par son intime conviction, Moguy clame haut et fort ses opinions, avec emphase, quitte à utiliser des méthodes cinématographiques que ne renieraient pas les manipulateurs de la propagande soviétique. Ainsi, dans une scène clef, la nouvelle directrice clame avec exaltation qu'elle veut « tout chambarder », qu'« on ne punira pas, on guérira ». Pendant que des images en surimpression nous montrent un ouvrier enlevant les barreaux puis l'enseigne de la maison de correction privée, qui devient un établissement d'éducation surveillée de la République française où flotte le drapeau tricolore, résonne *La Marseillaise.* Suit alors une représentation tout à fait idyllique des jeunes pensionnaires jardinant et gazouillant, dans une allégresse paradisiaque dont l'outrance est presque gênante.

Se défendant d'avoir été « pompeusement nommé conseiller technique », Alexis Danan ne s'avouera pas entièrement satisfait du film, « si hardi qu'il semble », et contestera « l'atmosphère de douceur et d'indulgence que Moguy oppose dans sa seconde partie à celle de la prison privée [55] », ajoutant que « ces imageries procèdent encore hélas, du moins en France, de l'anticipation ». Il regrette que Moguy ait mis dans son œuvre « des agréments de l'espèce classique, un peu trop à [son] gré », tout en nuançant : « Certes la romance et le couplet canaille demeurent à l'honneur, il paraît qu'on ne pouvait pas faire autrement. Mais la ritournelle galante n'est là que comme une clause de style. C'est le reste qu'on retiendra. Quoi qu'il en soit, *Prison sans barreaux* est un grand acte de courage. Moguy est un artiste admirable d'une sensibilité toute retenue et en constante vibration. »

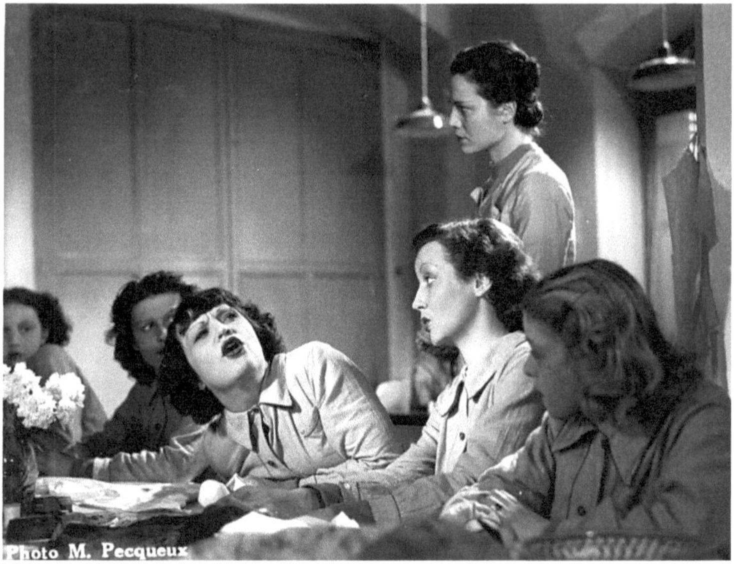

Ginette Leclerc et Giselle Préville dans *Prison sans barreaux* © 1938 Cipra – Léonide Moguy / Éditions René Chateau (photo Maurice Pecqueux)

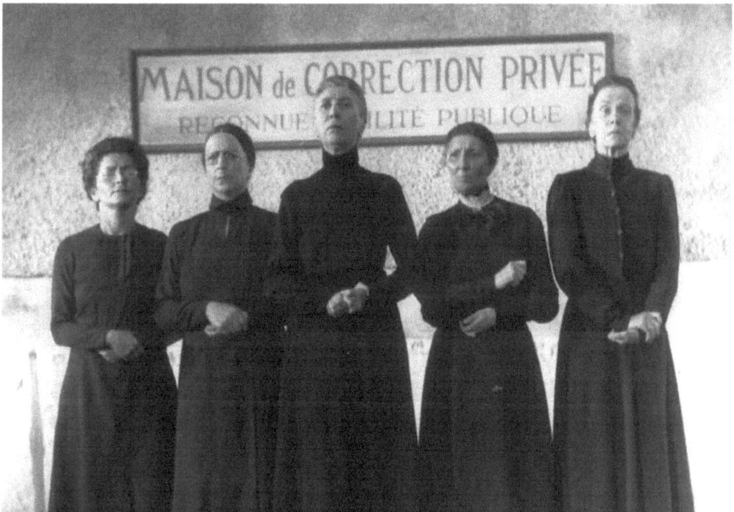

Marthe Mellot et Maximilienne dans *Prison sans barreaux* © 1938 Cipra – Léonide Moguy / Éditions René Chateau (photo Maurice Pecqueux)

Il est certain que, pour véhiculer son message, Moguy a été contraint de recourir à un argument dramatique, mais il utilise les ressorts de la pièce de Gina Kaus avec beaucoup d'habileté. Ce goût pour les situations extrêmes et les dilemmes cornéliens marquera toute son œuvre. Victime d'un odieux chantage de la part d'une de ses comparses, la jeune héroïne est accablée par la culpabilité car elle trahit la directrice qui avait su lui faire confiance. La finesse de l'interprétation parvient à sauver de telles situations qui, moins bien jouées et dirigées, auraient aisément pu sombrer dans le pathos. L'apprêté du jeu de l'excellente Corinne Luchaire et la dignité d'Annie Ducaux, dans un style beaucoup plus académique, permettent d'éviter avec brio ces écueils. Moguy, en veillant avec soin sur chaque geste et expression des deux comédiennes principales, peut s'enorgueillir d'avoir parfaitement maîtrisé la situation.

Parmi les prestations d'acteurs les plus remarquables, on retiendra la révolte des délinquantes et plus particulièrement le rire hystérique de Ginette Leclerc, la plus dissipée des jeunes détenues, insultant les surveillantes après une nuit d'ivresse. Son jeu possède alors une force et une crudité s'apparentant à l'expressionnisme allemand. Il transcende par sa violence les barrières traditionnelles du mélo. Véritablement habitée par son rôle et portée par la confiance du cinéaste, la future vedette du *Corbeau* crève littéralement l'écran. Peu après la sortie du film, l'actrice, à laquelle Moguy a recommandé d'accorder beaucoup plus d'exigence dans le choix de ses rôles, quitte à attendre patiemment chez elle « le téléphone sur le ventre [56] », sera contactée par Marcel Pagnol. Il l'engagera pour *La Femme du boulanger* et la fera ainsi entrer dans la légende du cinéma.

Outre sa remarquable capacité à tirer le meilleur de ses comédiennes (Roger Duchesne apportant la seule fausse note en médecin séducteur), le point fort de Moguy demeure sans conteste son sens du rythme et de l'enchaînement, hérité de son expérience de monteur, qu'il maîtrise désormais avec une grande exactitude et qui lui permet de capter et de raviver sans relâche l'attention du spectateur.

Le cinéaste apporte enfin à son film une dimension presque mystique déjà prégnante dans l'œuvre de celui qui sera plus tard qualifié de « missionnaire du cinéma ». De prime abord, le personnage de directrice généreuse incarné par Annie Ducaux est mal récompensé de la sollicitude et des efforts déployés pour aider chacune des jeunes pensionnaires, puisque sa jeune et ingrate protégée lui souffle son fiancé. Malgré tout, elle poursuit son œuvre charitable avec obstination, comme si elle ne devait pas nécessairement attendre de satisfaction personnelle et immédiate de son altruisme. Son dévouement est total, inconditionnel. En conclusion, elle confie à sa collègue avec résignation : « Les jeunes filles ne font que passer, les vraies prisonnières, ce n'est pas elles, c'est nous ! »

Cette admirable attitude et cette mansuétude suivent les paroles de l'Évangile de Saint Luc : « Aimez vos ennemis, faites du bien et prêtez sans rien attendre en retour. Votre récompense alors sera grande, et vous serez les fils du Très-Haut, car Il est bon, Lui, pour les ingrats et les méchants. » Ce message d'amour ultime résonnera dans de nombreux films de Moguy, où apparaîtra encore de façon presque obsessionnelle ce personnage de femme dévouée et trahie, mais touchée par la grâce.

Lors de la conception de son film, le metteur en scène souhaitait changer les mentalités et éveiller les consciences aux pénibles conditions des adolescents placés en maisons de redressement. Est-il concrètement parvenu, au-delà d'un succès cinématographique, à faire évoluer l'éducation surveillée ? Contrairement à ce que certains chroniqueurs prétendront plus tard, le film n'a pas contribué au changement d'appellation des colonies pénitentiaires en maisons d'éducation surveillée, puisque cette réforme, certes purement formelle, était déjà intervenue en décembre 1927. Mais il a sans doute apporté sa pierre à l'édifice des lentes réformes qui, après-guerre, veilleront à la protection judiciaire de la jeunesse.

Le prix Louis Delluc, attribué au *Puritain* de Jeff Musso, échappe de peu à *Prison sans barreaux*. Moguy est peiné d'apprendre que Jeanson, son dialoguiste, a lui-même dissuadé ses amis de voter pour une œuvre qui, « malgré ses qualités rares escamote le vrai sujet : les bagnes d'enfants, à la faveur d'une histoire sentimentale [57] », et pâtit de trop nombreuses concessions. La récolte sera plus fructueuse à l'étranger.

Car le film de Moguy remporte un succès mérité, franchissant rapidement les frontières. Coproducteur avec Pressburger et Gregor Rabinovitch au sein de la société CIPRA[58], Adolphe Osso n'a pas son pareil pour assurer une excellente promotion à l'étranger et une large distribution au film : durant les années 30, il a beaucoup œuvré pour imposer le cinéma français en Europe centrale. Léonide Moguy, Corinne Luchaire, Annie Ducaux et Roger Duchesne présentent le film à Bruxelles, en enchaînant cocktails et interviews. La première, lors de laquelle la jeune vedette est ovationnée comme une reine, s'achève par une tournée des boîtes de nuit jusqu'à l'aube. À Amsterdam, l'accueil est tout aussi chaleureux.

Présenté à la Biennale de Venise en octobre 1938, en présence de son actrice principale, le film crée la surprise en remportant la coupe du ministère de la Culture populaire. Cette récompense est d'autant plus stupéfiante que ce festival international du cinéma ploie désormais sous les pressions politiques du gouvernement fasciste, au point que les représentants des cinémas anglais et américains ont préféré en démissionner. D'ailleurs les principaux trophées sont attribués à deux films de propagande : *Les Dieux du stade* de Leni Riefenstahl et *Luciano Serra, pilote* de Goffredo Alessandrini, supervisé par Mussolini. D'aucuns expliqueront, non sans malice, le curieux intérêt des fascistes et nazis pour *Prison sans barreaux* par le fait que « le film glorifie l'État en le présentant comme un sauveur et une providence », remarquant « qu'on ne pense pas sans sourire à ce prix de la culture fasciste donné à une œuvre d'inspiration socialiste, et où la culture populaire s'exerce dans une maison de correction »[59].

Comme *Le Mioche*, *Prison sans barreaux* est exploité aux États-Unis, avec des sous-titrages. Corinne Luchaire y recueille des critiques dithyrambiques. Mary Pickford, l'ex-petite fiancée de l'écran, n'hésite pas à la qualifier de *Garbo number two* ! Autre grand « *maker of stars* », Alexandre Korda entreprend aussitôt de réaliser un remake en Angleterre en s'assurant les services de la nouvelle égérie française, d'Edna Best, l'épouse d'Herbert Marshall, et de jeunes recrues dont Glynis Johns, future grande vedette des années 50. Brian Desmond Hurst se charge de la mise en scène, assisté à la production par un très jeune Terence Young, futur réalisateur de plusieurs *James Bond.* La version anglaise de *Prison sans barreaux* reçoit un bel accueil : d'aucuns décèlent un côté « continental » à la mise en scène très inspirée de l'œuvre originale.

Corinne Luchaire récolte de nouveau un bouquet de lauriers : « Aussi apte que belle, elle parle bien mieux l'anglais qu'une autre star continentale lancée récemment[60] ; et on ne peut lui reprocher de surjouer ![61] » L'impact de *Prison without Bars* outre-Manche et outre-Atlantique est tel que le gouverneur de Californie Culbert Olson, en réformant les méthodes d'incarcération particulièrement décriées de la prison de Chino, après les émeutes dramatiques ayant secoué l'établissement pénitentiaire de San Quentin, rebaptisera l'endroit « Prison sans murs ». Il fera symboliquement don à Moguy des clefs de la prison !

Léonide Moguy ne peut qu'être satisfait de la percée fulgurante de son film sur les marchés étrangers et de son impact dans l'esprit du public : rares sont les cinéastes français pouvant se targuer d'avoir vu leurs créations aussi vite adaptées pour l'exportation ! En outre, il est parvenu à lancer au firmament des étoiles une parfaite inconnue. Il n'en faut pas davantage pour que certains imaginent que le cinéaste vit une histoire d'amour avec sa jeune protégée.

À la fin de la guerre, quand Corinne Luchaire sera emprisonnée pour collaboration et condamnée à dix ans d'indignité nationale, certains journaux étrangers prétendront qu'elle fut au moment du tournage de *Prison sans barreaux* la maîtresse de Moguy. Cette liaison, en raison de la différence d'âge des deux protagonistes, aurait « fait jaser le Tout-Paris [62] ». Rien ne corrobore pourtant ces racontars immondes, destinés à salir la jeune artiste. Réputée pour sa franchise, Corinne n'évoque dans ses Mémoires le metteur en scène du *Mioche* que sous un angle strictement professionnel. Elle révèle que son premier amour fut le cinéaste Christian-Jaque, avec lequel elle vécut une liaison passionnée en 1938.

D'ailleurs, lors du tournage, l'objet des inclinaisons de Léonide n'était nullement la talentueuse Corinne, mais une élégante et blonde Danoise croisée à Nice. Venue avec une amie pour essayer d'obtenir un rôle dans le film en chantier, Thyra Gudrun Nielsen avait immédiatement retenu l'attention du metteur en scène : distinguée comme Dita Parlo, la jeune femme possédait une allure folle : nombreux étaient les estivants la suivant du regard le long de la promenade des Anglais. À défaut de décrocher la moindre figuration dans le film, Miss Nielsen était parvenue à s'emparer du cœur du cinéaste. Quelques mois plus tard, elle s'installait dans son appartement parisien. L'amie venue l'accompagner sur la Côte d'Azur fut si jalouse de la tournure de la situation qu'elle ne voulut plus jamais la revoir !

Heureux en affaires comme en amour, Léonide fourmille d'idées. Il fait part aux échotiers de son envie de réaliser *C'est beau l'amour* qui « en dépit de son titre ne sera pas un film d'amour ». Il s'intéresse également à un scénario dont l'action se situe dans les milieux du Conservatoire. « Ce cadre précis avec une couleur personnelle et appropriée [63]» possède un caractère particulier pour servir de toile de fond à son récit. Plus sérieusement, il envisage de mettre en scène une opérette à grand spectacle. Intitulée *L'Auberge de la vache enragée,* elle « réunira tous les jeunes espoirs du music-hall et du cabaret français » et « s'apparentera par son ambiance davantage à *New York-Miami* qu'à *42e Rue*[64]. » En effet, en parcourant le scénario d'Ary Arcady sur les aspirations de jeunes artistes élaborant un spectacle en pleine campagne en se faisant aider par les paysans du coin, on ne peut s'empêcher de penser à certaines comédies musicales américaines interprétées par Judy Garland et Mickey Rooney.

Toujours aussi sérieux et réfléchi, Moguy justifie le choix de ce pur divertissement par la situation internationale particulièrement angoissante : Le rôle du cinéma « est d'apporter aux hommes le dérivatif dont ils ont besoin. Nous traversons une époque si amorale, si difficile, que le cinéma doit contribuer par son rôle régénérateur à permettre aux gens de tenir le coup [65] ! »

Pour lui, la réalisation d'une comédie n'a rien de déshonorant et il avoue souhaiter un jour réaliser « un de ces films alertes et gais dans le genre de *L'Extravagant Mr Deeds* ou *Vous ne l'emporterez pas avec vous* », en précisant que « réussir une bonne comédie, fournir au public une heure, deux heures de véritable délassement, sans lui infliger un bain de vulgarité, cela vaut qu'on l'entreprenne. Je suis persuadé qu'en France, sur les thèmes qui abondent dans l'œuvre de

Maupassant, il serait possible de tourner des comédies d'un niveau égal, sinon même supérieur aux modèles du genre made in Hollywood [66] ». Il n'est pas étonnant que Moguy se réfère à cette occasion aux œuvres à la fois optimistes et touchantes du grand Frank Capra, avec lequel il partage la même vision positive empreinte d'humanité.

Bien qu'un grand concours de type « radio-crochet » soit organisé par une importante station de radio afin de dénicher de nouvelles têtes pour son *Auberge de la vache enragée*, Moguy abandonne ce projet. D'autres cinéastes, aussi bien en Allemagne qu'aux États-Unis, se chargeront de filmer à la pelle d'inoffensifs mais réconfortants spectacles musicaux pour renforcer le moral des spectateurs, atteint par l'imminence de la Seconde Guerre mondiale.

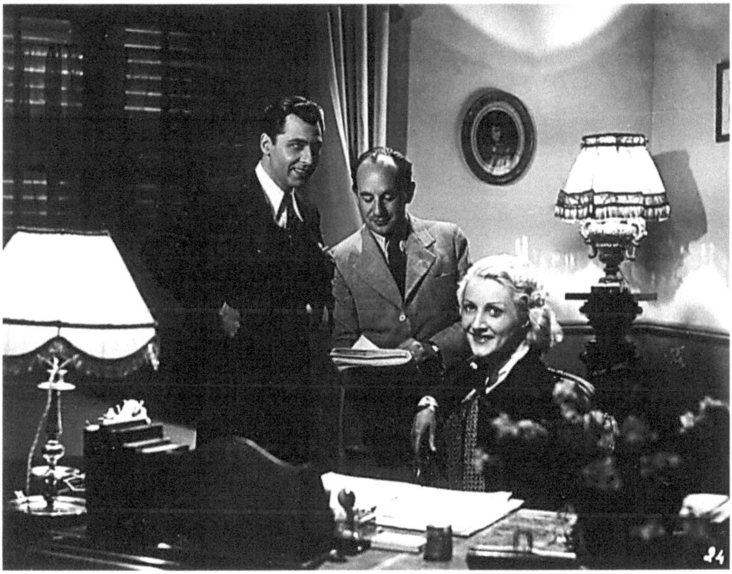

Léonide, sur le plateau de *Prison sans barreaux*,
entre Roger Duchesne et Annie Ducaux (collection Katia Moguy)

Annie Ducaux et Corinne Luchaire dans *Conflit*
© 1938 Cipra / Éditions René Chateau (photo Emmanuel Lowenthal)

VII.
CONFLIT

Prison sans barreaux à peine achevé, Moguy travaille avec Pierre-Gilles Veber à l'adaptation de *Cette merveilleuse famille*, un vaudeville de Denys Amiel et sa fille Monique Amiel-Pétry, dans lequel Jean-Pierre Aumont et Hélène Perdrière se sont illustrés sur la scène du théâtre Saint-Georges. Cette pièce anodine traite sur un ton humoristique des conflits de générations. Elle analyse les réactions contrastées des membres d'une famille désunie rencontrant des revers de fortune. Ces soucis financiers permettront finalement de ressouder les liens entre parents et enfants. Moguy souhaiterait utiliser ce fragile canevas pour prouver que « les classes favorisées savent réagir devant les ennuis du moment et se remettre courageusement à la tâche », estimant qu'il aura fait œuvre utile s'il « réussit, en amusant le public, à lui démontrer que les hommes sont tous égaux en présence des réactions de la vie ».

Exposant déjà les théories qui constitueront la base de son œuvre, il affirme vouloir surtout : « faire un film propre. Nous vivons une époque trouble et j'estime que le cinéma doit jouer un rôle d'optimisme et d'honnêteté. Il doit être constructif et non destructif, et entretenir dans l'esprit du public ce sentiment qu'en dehors des crimes et des assassinats, il existe quelque chose de sain et de noble dans la vie. Il faut chercher dans notre période si instable, un esprit d'union et de paix sociale [67] ». Cette profession de foi l'accompagnera toute sa carrière.

Le cinéaste est dissuadé par Henri Jeanson de perdre son temps sur une œuvrette aussi faible et innocente, craignant qu'il ne « finisse ses jours dans la confiserie de *La Petite Chocolatière* ». Une autre histoire de famille, mais dont le caractère violent et passionné correspond davantage aux aspirations du cinéaste, va très vite se substituer à la pièce douceâtre de Denys Amiel.

En mars 1938, le jour même de l'annexion de l'Autriche par l'Allemagne nazie, Gina Kaus, l'auteure de *Prison sans barreaux*, a tout juste le temps de faire ses bagages et de fuir en Suisse puis en France, avec ses deux fils. Son agent artistique Georg Marton la présente au producteur Arnold Pressburger. Ce dernier, enthousiasmé par le triomphe à l'écran de *Prison sans barreaux*, lui signe immédiatement un contrat. Il décèle dans son roman *Les Sœurs Kleh*, jamais sorti en Allemagne mais publié en France et aux États-Unis, les ingrédients nécessaires pour constituer la trame d'un film passionnel. L'intrigue s'articule autour de deux sœurs amoureuses du même homme. Afin de ne pas compromettre le bonheur de l'une, l'autre s'efface pour entamer une carrière de comédienne. Enceinte alors qu'elle vient de rompre ses fiançailles, cette dernière préfère accoucher discrètement et confier son enfant à sa sœur, souffrant d'avoir perdu autrefois un enfant, mort en couches. Les coups de théâtre se succèdent alors dans la vie des deux femmes, liées par ce lourd secret.

Quand Pressburger présente le roman à Moguy, ce dernier saisit immédiatement tout l'intérêt qu'il pourrait tirer d'un tel sujet à l'écran, compte tenu de la forte tension dramatique de l'ouvrage. *Prison sans barreaux* lui avait déjà permis d'explorer la sensibilité féminine en dépeignant les comportements et préoccupations de femmes en souffrance, victimes de l'enfermement, de la promiscuité et du regard des autres. Dans un genre très différent, et le cadre d'un milieu très mondain, *Les Sœurs Kleh* lui offrent deux magnifiques portraits de femmes très différentes, mais déchirées par des situations extrêmes qui vont mettre à l'épreuve leurs sentiments amoureux, sororaux et maternels. Encore faut-il trouver des comédiennes suffisamment douées et sensibles pour pouvoir interpréter des rôles aussi difficiles. Cela n'est pas une mince affaire !

Dans un souci aussi logistique qu'économique, Moguy se refuse à recourir aux services de vedettes connues, vénales et capricieuses : « Sans contester la valeur artistique et commerciale des noms consacrés, on peut prétendre aujourd'hui, avec juste raison, qu'il y a parmi nos espoirs des ressources immenses et qu'on peut très bien faire de bons films d'un rapport artistique et commercial en faisant appel à de jeunes interprètes et en leur donnant leur chance de percer et de réussir. Cet élargissement des cadres permettra la diminution du coût de la production du film et, comme résultat, augmentera la qualité du film français. La tradition mondiale du théâtre français, la richesse et la variété de sa production dramatique garantissent la qualité du scénario et du dialogue français. C'est vers une organisation plus précise et cohérente, par la formation des cadres artistiques, que doivent tendre maintenant nos efforts[68]. »

Si Moguy clame son intention de donner leurs chances à des « comédiens jeunes qui attendent depuis longtemps leur moment », les essais qu'il leur accorde se révèlent peu concluants. Désappointé par une série d'entretiens, il constate que « réussir à l'écran exige à la fois une personnalité et beaucoup de travail », et qu'« on n'entre pas dans le succès comme dans une gare ou dans un café pour y acheter un ticket vers la gloire ou y boire un café-crème ». Quitte à briser quelques rêves, il ajoute que « ce n'est pas une vague ressemblance avec Greta Garbo, une bouche à la Joan Crawford ou des moustaches à la Clark Gable, qui font un artiste et encore moins les chaleureuses recommandations, les puissants protecteurs et les flatteuses relations des Champs-Élysées... » !

Déplorant que les jeunes rencontrés au fil des essais filmés ou des concours de beauté manquent d'une formation proprement cinématographique, il souhaiterait « franchir une nouvelle étape et coordonner tous les efforts en créant un conservatoire central, une école professionnelle de cinéma ou une vraie académie de cinéma, où metteurs en scène et producteurs, en collaborant avec les meilleurs professeurs, dialoguistes et opérateurs de prises de vues, apporteront le sérieux concours de leur bonne volonté et de leur expérience ».

En attendant la création de cette école qu'il réclame depuis son arrivée en France, Moguy distribue les deux rôles-titres des *sœurs Kleh* à Annie Ducaux et Corinne Luchaire, les protagonistes de *Prison sans barreaux*. Au moins, il ne doute pas que ces dernières sauront parfaitement surmonter les difficultés de l'intrigue. Moguy s'attelle ensuite avec Hans Wilhelm à l'adaptation du roman de Gina Kaus, en lui faisant subit au passage un important toilettage. Sincère, il précise aux échotiers que son film « ne ressemblera absolument pas aux *Sœurs Kleh*, comme on l'a dit. Je me suis inspiré d'une idée contenue dans ce roman autrichien, mais j'ai fait entièrement le scénario et le découpage avec Wilhelm. J'essaierai d'en faire quelque chose de bien, mais je puis affirmer une chose, c'est qu'il sera humain et sensible [69] ».

Avant d'entamer, aux studios de la Paramount situés à Saint-Maurice, les prises de vues du projet rebaptisé momentanément *Les Sœurs Berthier*, Moguy se détend en solitaire sur la plage de Deauville. Le recueillement y est chose difficile compte tenu du nombre de jolies naïades en costume de bain au kilomètre carré. Dans les décors agencés avec soin par Georges Wakhévitch, créateur de chaque pièce de la somptueuse demeure du couple formé à l'écran par

Annie Ducaux et Raymond Rouleau, Moguy se dépense sans compter pour apporter au drame passionnel toute l'émotion voulue. Il tient, en premier lieu, à faire régner sur son plateau une ambiance saine et détendue et un véritable esprit d'équipe en demeurant attentif à chacun des participants. Parfaitement conscient du rôle majeur que joue le moindre machiniste ou maquilleur dans la production d'un film, il souhaite instaurer une parfaite symbiose au sein de son staff pour que chacun puisse s'impliquer totalement. Jacques Rémy, son brillant assistant, dispose ainsi de larges marges de manœuvre : chacune de ses suggestions est entendue et suivie.

Les premières scènes mises en boîte figurent parmi les plus tendues émotionnellement. En effet, afin d'accrocher l'attention des spectateurs, Moguy impose une construction narrative originale et extrêmement efficace en débutant le film sur un coup de théâtre : une jeune femme tire un coup de revolver sur sa sœur après une course dans des escaliers. De procès en confidences, de témoignages en flash-back, il conduit lentement vers le cœur du débat, en ménageant un suspense digne d'un film policier : la jeune victime, seulement blessée, a autrefois été séduite et abandonnée par un vil plaisantin. Enceinte et désemparée, elle a d'abord songé à l'avortement avant de se résoudre à céder son enfant à sa sœur stérile… jusqu'à ce que ses sentiments maternels viennent la perturber et remettre en question son choix initial.

Corinne Luchaire concédera avec beaucoup d'humilité avoir rencontré des difficultés à « exprimer la naissance du sentiment maternel chez une jeune fille de dix-neuf ans qui avait d'abord renoncé à son enfant » en reconnaissant : « J'ai cru que je n'y arriverais jamais ! » Elle s'acquitte pourtant parfaitement de sa tâche périlleuse, grâce à la persévérance et au talent d'accoucheur de Moguy, qui s'acharne à extirper le meilleur de la jeune actrice très intuitive.

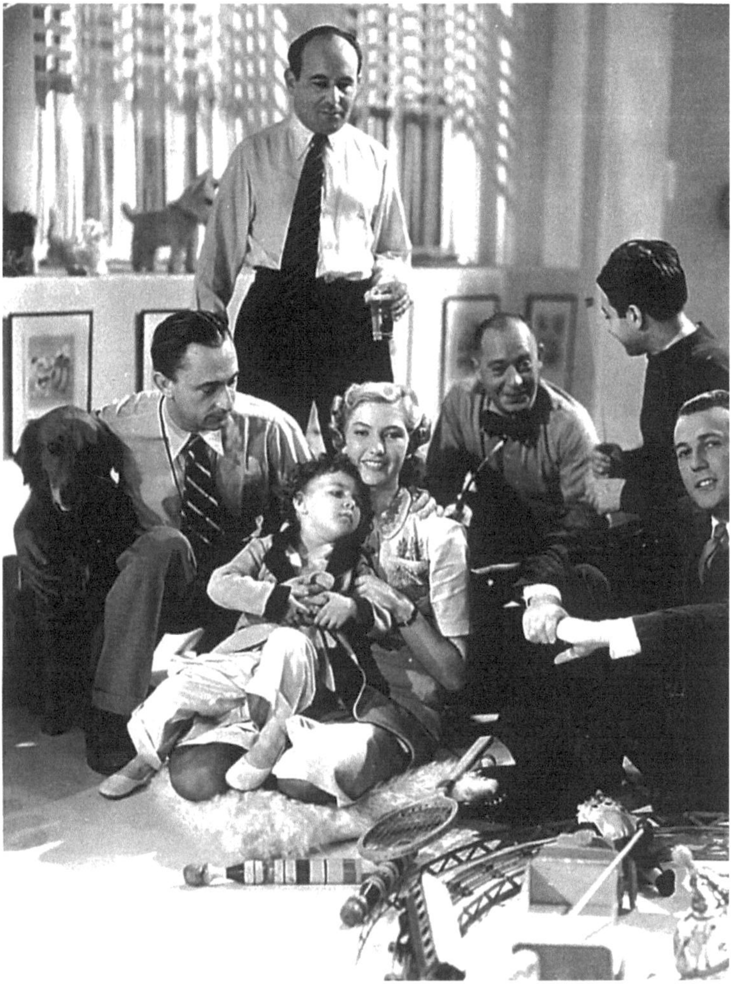

Léonide avec Corinne Luchaire et Raymond Rouleau
sur le plateau de *Conflit* (collection Katia Mo uy)

Pour cela, il n'est pas avare en gestes et en indications, mimant et vivant lui-même chaque scène, guidant de son regard brillant sa jeune muse, afin qu'elle restitue toute l'émotion requise et qu'elle puise dans ses propres ressources et son vécu personnel l'énergie nécessaire pour faire vivre son personnage. Moguy résume en des mots simples sa technique pour mettre en condition les comédiens : « Il faut que l'acteur vive plus son rôle qu'il ne le joue, oubliant qu'il est acteur. À ce niveau, il peut vous apporter ce que vous, réalisateur, ne voyez pas. Le metteur en scène ne peut se contenter d'être un dieu en gants blancs et de prendre l'acteur pour un simple poteau télégraphique ; d'ailleurs je traite qui que ce soit le plus humainement possible ; ça ne coûte pas plus cher d'être gentil avec les gens et surtout quand ils travaillent[70]. »

La sobriété du jeu, pourtant intense, de Corinne Luchaire lui permet d'aborder sans jamais être ridicule les différentes étapes de ce mélodrame. Sa spontanéité face à l'interprétation d'Annie Ducaux, certes plus emphatique mais vibrante, permet à Moguy de souligner le contraste existant entre les personnalités des deux femmes, et de dépeindre avec sincérité une tranche de vie. Avec tact, il transcende ce qui aurait pu n'être qu'un épisode de Grand-Guignol. La façon dont Moguy aborde avec courage des sujets tels que l'adoption, la stérilité ou l'avortement force l'admiration. Sans jamais émettre de jugement ou de condamnation, il analyse ces différentes thématiques à travers le regard des deux héroïnes, marquant ainsi une nette avance sur ses contemporains dont peu adoptent un point de vue féminin. Lui place toujours les femmes au premier plan.

Il se distingue ainsi comme le précurseur des films de femmes, mélodrames flamboyants qui feront fortune sur les écrans américains des années 40 et 50, et la gloire de Douglas Sirk : des portraits exaltés de femmes passionnées, déchirées par d'insolubles dilemmes, auxquelles un traitement parfois excessif donne toute leur majesté. Ses héroïnes n'ont pas la force de caractère et le côté entreprenant et indépendant de Katharine Hepburn ou des protagonistes des films de George Cukor, grand spécialiste des *women pictures* aux États-Unis. Elles sont souvent présentées comme des victimes des hommes et de leur société, et Moguy lutte pour défendre leurs droits, en essayant de modifier le regard porté sur elles, pour plus de bienveillance et de compassion.

Avec tact mais sans la moindre mièvrerie, Moguy nous offre une œuvre prenante, à la fois féministe et vibrante, dont les éléments dramatiques parfois outrés permettent de révéler le plus profond de l'âme des protagonistes. Probablement à son insu, il se révèle également visionnaire. Il est en effet intéressant de constater que certains éléments de récits jugés invraisemblables dans les années 30, comme la gestation pour autrui, prendront corps des décennies plus tard, avec l'évolution des mœurs. Ce sujet, toujours controversé quatre-vingts ans plus tard, sera évoqué dans un style également excessif dans des films tels que *Chori Chori Chupke Chupke* (2001), des frères Abbas-Mustan, cinéastes bollywoodiens (dans lequel une mère porteuse se découvre un sentiment maternel pendant sa grossesse et désire garder son enfant).

Le talent de monteur de Moguy lui permet d'enchaîner les séquences avec beaucoup de souplesse pour permettre au public de se concentrer sur le ressenti des deux héroïnes sans être perturbé par les artifices de la mise en scène ou les aspects trop spectaculaires du scénario : « Il ne doit se rendre compte ni de la technique, ni du montage, ni des décors[71]. » De fait, aucun effet de manches ni aucune somptuosité inutile ne doit troubler la fluidité de la réalisation.

Une des scènes les plus marquantes et les plus réussies du film demeure celle où les sœurs grimpent silencieusement les marches d'un sordide escalier pour se rendre chez une faiseuse d'anges. Aucun effort, aucun centime n'a été épargné pour reconstituer ce moment riche en émotions : Wakhévitch a conçu un escalier en bois recouvert de contreplaqué, agrémenté d'un petit ascenseur permettant à la caméra de monter puis descendre au même rythme que les deux comédiennes, afin de les accompagner dans leurs épreuves avec un vrai pouvoir de persuasion. La construction éphémère a coûté 120 000 francs pour trois minutes de film, mais l'effet est parfaitement rendu. Finalement, les deux héroïnes renoncent à leur dessein initial. Choisissant de garder l'enfant, elles dévalent l'escalier puis courent dans la rue, cheveux au vent, au grand étonnement des passants, vers un avenir encore flou mais galvanisées par la nouvelle vie qui s'annonce. Là aussi, l'allégresse et la vitalité retrouvées des deux femmes sont impeccablement rendues par la caméra filmant leur course folle dans Paris. La séquence, remarquable, transcrit alors une liberté et une énergie d'une grande modernité.

Le cinéaste clôture son œuvre par un message d'amour absolu : le personnage joué par Corinne Luchaire se résout finalement à renoncer à son enfant lorsqu'elle comprend clairement que ce dernier se tourne naturellement vers celle qui l'a élevé. Elle se sacrifie donc pour le bien de son fils, prouvant dans ce geste sublime l'immensité de l'affection qu'elle lui porte. Moguy, qui déclarait quelques mois auparavant que la France pouvait, avec des moyens limités, produire des films honnêtes avec une idée morale basée sur le cœur, n'a pas failli à sa réputation.

Le tournage s'achève à Nice dans la joie et la bonne humeur, par une soirée trop arrosée dans un bistrot russe au cours de laquelle Moguy et la pourtant très sage Annie Ducaux s'enivrent de vodka, au point d'avoir du mal à regagner leurs domiciles respectifs. Le 22 décembre 1938, *Conflit* est projeté au Max Linder, devant un parterre de premier choix, bravant les rues enneigées de Paris. Le romancier Maurice Dekobra, les très élégantes Michèle

Morgan, Arletty, Annie Vernay et Ginette Leclerc ovationnent une Annie Ducaux en larmes. Sans toutefois retrouver la même unanimité que pour *Prison sans barreaux*, *Conflit* est applaudi par une grande partie de la presse. Pour beaucoup, le « drame est si puissant, si humain, qu'il n'est pas osé d'affirmer que jamais encore on n'avait abordé au cinéma français un thème aussi bouleversant. Avec une rare maîtrise, Léonide Moguy a traité son sujet avec tel goût artistique qu'il a toujours évité les effets faciles et mélodramatiques. »

Le Figaro acclame un film d'une « puissance pathétique rare [...], avec une délicatesse de touche qui met à nu toute une mosaïque de sentiments, toutes les nuances les plus délicates, tous les frémissements de l'âme [72] ». D'autres, probablement déconcertés par l'originalité du sujet et son traitement, émettent quelques réserves, regrettant que « l'émotion qu'on est tout près normalement de ressentir [soit] gâchée » ou plus prosaïquement « la mauvaise idée de faire commencer l'histoire par sa fin[73] ». Très exigeants, les journalistes de *La Lumière* déplorent que la grâce de certains passages « tranchant sur la banalité courante [74] » ne se retrouve pas dans le reste du film « qui retombe de la fougue dans l'ornière des dialogues de salon ». En revanche, tous s'accordent pour encenser l'extraordinaire talent de Corinne Luchaire qui, selon *Ciné Miroir*, « fait tout le film [75] ».

Sans doute trop novateur pour 1938, *Conflit* ne rencontre en France qu'un succès d'estime. Il s'impose en revanche sur le marché international, et particulièrement aux USA où il est projeté au Little Carnegie Playhouse sous le titre de *The Affair Lafont*. Les journalistes américains ne se trompent pas sur l'aspect avant-gardiste de l'œuvre de Moguy. Le *Hollywood Reporter* lui consacre un article des plus élogieux en le distinguant comme un des rares films européens à atteindre les standards de qualité des productions américaines. Pour le quotidien, Moguy atteint le « modèle même de la perfection en matière de réalisation [76] », « Corinne Luchaire et Annie Ducaux se révèlent des actrices d'un rare calibre », sans parler de la photographie de Ted Pahle jugée « audacieuse et incroyablement fluide ». Tout aussi dithyrambique, le *Columbia Daily Spectator* couvre de lauriers « un drame captivant de bout en bout et possédant le suspense haletant des films d'Hitchcock [77] ». *Variety* souligne une nouvelle réussite du tandem Moguy-Luchaire et garantit au film un succès sans faille… dans tous les États où l'angle de l'avortement pourra passer le cap de la censure !

Même s'il est jugé trop audacieux quant aux thèmes abordés, à une époque où une censure des plus tatillonnes sclérose le cinéma américain, il possède un rythme et des qualités intrinsèques qui lui confèrent un style très hollywoodien. Un remake made in USA s'impose donc. Le producteur Arnold Pressburger, après avoir fui la France et trouvé refuge aux États-Unis tout juste après l'arrivée des troupes allemandes en France en 1940, entreprendra une nouvelle adaptation du roman de Gina Kaus. Mis en scène par le talentueux Edgar G. Ulmer, pour la modeste compagnie Producers Releasing Corporation (PRC), *Her Secret's Sister* possède un style s'apparentant parfois à l'expressionnisme allemand mais pâtissant d'une interprétation peu charismatique. Il ne sera pas exporté en France et rencontrera des problèmes de censure dans certains États en raison de son personnage de mère célibataire.

En 1942, *Conflit* fera également l'objet d'une version argentine, réalisée par Jacques Rémy, le fidèle assistant de Moguy, réfugié à Buenos Aires pendant la Seconde Guerre mondiale. Friands de littérature européenne, les spectateurs sud-américains feront un bel accueil à ce mélodrame interprété par la blonde Mecha Ortiz, grande tragédienne de l'écran local, et le sympathique Georges Rigaud, vedette de *Quatorze Juillet* de René Clair dans les années 30.

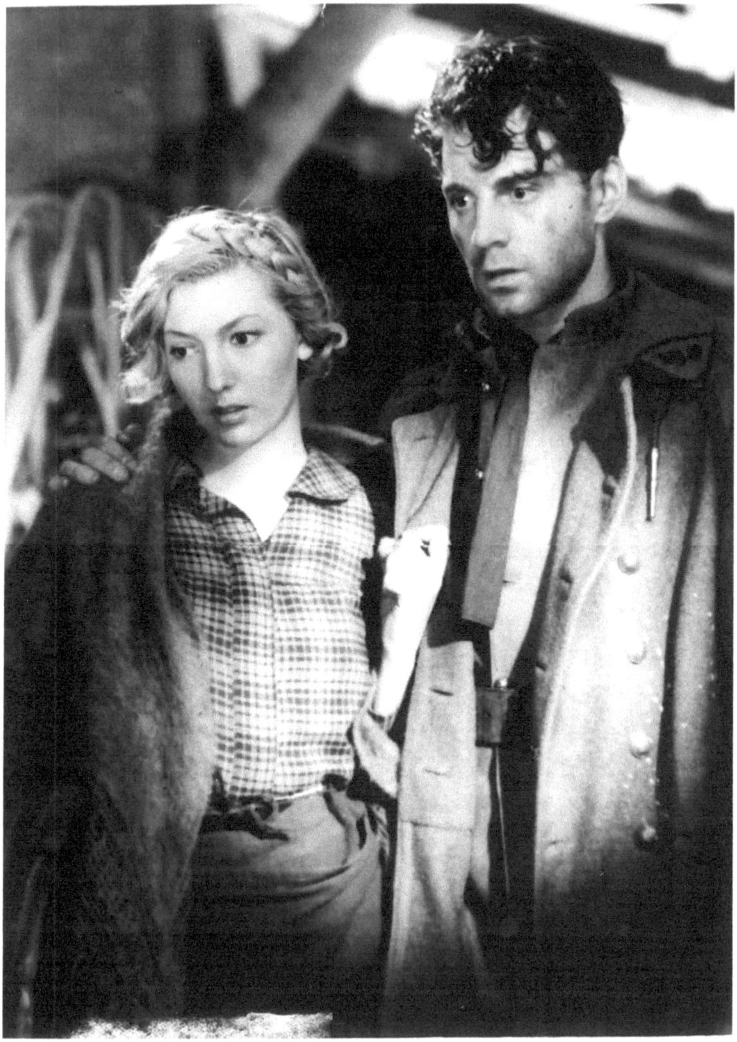

Corinne Luchaire et Jean-Pierre Aumont dans *Le Déserteur* (1939) de Léonide Moguy – Photographie Léo Mirkine – Production Gaumont

VIII.
LE DÉSERTEUR
(JE T'ATTENDRAI)

En ce début d'année 1939, alors que *Conflit* est projeté dans les grandes salles de Paris et de province, la tension internationale est particulièrement alarmante et l'imminence d'une guerre mondiale quasi certaine. Les nouvelles sont peu rassurantes, voire effrayantes. Hitler proclame que cette « guerre à venir entraînera la destruction de la race juive en Europe ». Pourtant chacun s'illusionne en voulant croire que la paix sera sauvegardée, malgré la fabrication des armements et munitions, la distribution de masques à gaz, l'organisation d'exercices de défense passive. L'industrie du cinéma français, déjà fortement concurrencée par les productions étrangères et par la crise économique, est touchée par une série de grèves et de fermetures de salles, liées au refus des exploitants d'accepter une nouvelle taxe municipale.

Les menaces d'un conflit mondial, de plus en plus prégnantes, incitent de nombreux intellectuels à raviver le souvenir de la Grande Guerre et de ses atrocités pour mettre en garde l'humanité contre un tel fléau. Dans son remake de *J'accuse*, Gance exhorte les morts de la dernière à se lever de leurs sépultures pour défiler dans la rue. En chanson la tragédienne du music-hall, Damia, aborde un sujet similaire avec sa lugubre *Malédiction*. Raymond Bernard, qui avait déjà évoqué l'horreur du premier conflit mondial dans son chef-d'œuvre *Les Croix de bois*, continue d'exorciser les traumatismes d'un passé pas si lointain avec *Les Otages*. En choisissant lui aussi de situer son nouveau film, *Le Déserteur*, pendant la guerre de 1914, Léonide Moguy ne souhaite pas nécessairement afficher un message antimilitariste ou mettre en garde les populations devant le danger imminent. À l'origine, il a surtout été captivé par le concept du *Train part à quatre heures*, scénario conçu par Michel Deligne et Jacques Companeez : l'histoire d'un jeune soldat autorisé tacitement par son caporal à venir embrasser sa famille et sa fiancée, alors que son convoi est immobilisé sur une voie ferrée en raison d'un bombardement, repose sur un postulat original : l'action, particulièrement dramatique, doit se dérouler au même rythme que la projection du film, et se limiter donc à une heure et demie.

Comme dans les tragédies grecques, l'unité de temps imposée est un gage de réalisme et de vraisemblance ; elle déclenche un compte à rebours, une urgence exacerbant les sentiments des différents protagonistes et concentrant les émotions. Marqués par la fatalité, les personnages sont en effet portés par des événements les conduisant vers une situation de crise et un dénouement dans la grande tradition du théâtre antique. Ce dispositif narratif, captant l'attention du spectateur et jouant sur ses émotions pour aboutir à une catharsis, représente une gageure trop tentante pour Léonide Moguy. Personne n'a encore tenté de proposer un film se déroulant en temps réel. Ce procédé ne sera expérimenté aux États-Unis qu'après-guerre avec des films comme *La Corde* d'Hitchcock, ou *Le train sifflera trois fois (High Noon)* de Fred Zinnemann.

Enthousiasmé par l'originalité de cet exercice contraignant mais stimulant, Moguy contacte le dramaturge Marcel Achard, dont il admire profondément le talent et la gentillesse, afin qu'il se charge des dialogues. La collaboration entre Moguy et l'auteur de *Jean de la lune*, tous deux réputés pour leur affabilité et leur générosité, est idéale.

Le cinéaste ressent une parfaite connivence avec celui qu'il présente déjà comme un père spirituel. Pour parvenir à un travail de qualité, une parfaite symbiose de l'équipe est absolument nécessaire, et Moguy a besoin de partager la même énergie fusionnelle. Avec humilité, il ne cesse de louer les membres de son staff, à ses yeux tous autant garants de la qualité du film. Il affirme que la réussite d'une production repose sur « tous les assistants, opérateurs, décorateurs, ingénieur du son, accessoiristes, régisseurs, machinistes, etc. Qu'est-ce au juste, le metteur en scène ? Un chef d'orchestre. Si un seul des musiciens joue faux, s'il y a une seule note discordante, l'ensemble est raté.[78] »

Afin d'exécuter parfaitement sa partition, Moguy n'est pas peu fier d'obtenir les services d'Arthur Honegger, un des plus grands compositeurs du XXe siècle. L'artiste suisse lui taille sur mesure « une musique qui constitue un concert d'une durée égale à la projection du film [79] ». À vrai dire, l'auteur du mouvement symphonique *Pacific 231* n'a pas composé la totalité de l'accompagnement musical[80]. Néanmoins, les fragments symphoniques créés pour l'ouvrage, à base d'*ostinati* rythmiques, possèdent une dimension intense et obsessionnelle qui apporte une grande force à l'ensemble, et anticipent pour certains spécialistes le mouvement minimaliste.

Moguy s'assure une fois de plus les services de Jacques Rémy, son fidèle assistant aux initiatives toujours judicieuses, et de la brillante Corinne Luchaire. Sa découverte vient de faire une entrée remarquée dans le box-office des actrices les plus populaires du cinéma français. Pour incarner le jeune soldat fiancé à Corinne, Moguy fait appel à Jean-Pierre Aumont, jeune premier talentueux qu'il souhaitait déjà mettre en scène dans *Cette merveilleuse famille*. Désireux de mettre à jour des facettes insoupçonnées du talent du chouchou des spectatrices, il souhaiterait que le film soit pour lui un révélateur comme le fut *Prison sans barreaux* pour

Ginette Leclerc. Afin que son visage garde le même aspect pendant tout le tournage d'une action censée se dérouler dans la même journée, Jean-Pierre Aumont surveille de près la longueur de sa barbe de trois semaines, qu'il rajuste chaque matin avec une tondeuse. Aucun détail n'est en effet laissé de côté par Moguy : un délégué de l'Union nationale des combattants est même réquisitionné afin d'apporter ses conseils et de superviser la crédibilité de certaines séquences.

Tout en refusant de montrer des scènes de combat, Moguy souhaite donner à son film une atmosphère sombre et prenante. Pour créer l'ambiance requise, il ne ménage pas ses efforts, quitte à interrompre le tournage pendant les jours de soleil. Quand la météo, malgré la pluie et la température glaciale, n'est pas suffisamment nuageuse à son gré, il entreprend de créer artificiellement une ambiance brumeuse. À Yermenonville, dans les environs de Chartres, où sont filmés les extérieurs, des chômeurs des environs sont embauchés afin de constituer des feux de bois aux alentours, et de les couvrir ensuite de paille pour obtenir la fumée voulue. Compte tenu de l'éloignement des équipes, situées à plusieurs centaines de mètres du lieu de tournage, le signal de départ leur est donné par trois grands coups de sifflet.

Dans une recherche constante de réalisme, Moguy conserve des scènes entières, sans coupure ni montage, pour limiter au minimum les artifices et en conséquence le travail de Pierre de Hérain. Robert Lefebvre, son excellent chef opérateur, demeure « soucieux d'obtenir des oppositions de plans, des mises en valeur de visages les uns par rapport aux autres [81] », en travaillant chaque image avec l'acuité et la précision d'un peintre. Grâce à une pellicule ultrasensible, il parvient à faire des merveilles. Le résultat, tout en nuances, en grisaille et en mélancolie, s'apparente au réalisme poétique fort en vogue dans le cinéma français de la fin des années 30.

Toujours très impliquée et consciencieuse, Corinne Luchaire, la muse de Moguy, tient à suivre chaque moment du tournage, même quand sa présence n'est pas requise. Malgré le rythme astreignant des prises de vues en extérieur et les frimas de l'hiver, elle encourage ses collègues, emmitouflée dans son manteau de fourrure, et n'hésite pas à remplacer sur-le-champ une scripte malade. Elle sera pourtant, bien involontairement, la cause du principal incident du tournage que rapportera plus tard Léonide à sa fille Katia.

En décembre 1938, Joachim von Ribbentrop, ministre des Affaires étrangères du Troisième Reich, se rend en France quelques jours pour signer avec son homologue français Georges Bonnet une déclaration officielle où l'Allemagne et la France expriment leur « volonté de collaboration pacifique ». Lors d'une soirée officielle donnée en son honneur à l'ambassade d'Allemagne, il rencontre Corinne Luchaire, qu'Otto Abetz lui a présentée, et s'enquiert de ses futurs projets. Apprenant que la comédienne travaille sur un nouveau film dans les studios de Billancourt, il s'y rend le lendemain en ordonnant à Léonide Moguy d'interrompre les prises de vues pour pouvoir s'entretenir avec Corinne. Furieux de voir ce haut dignitaire nazi perturber le tournage, Léonide Moguy lui somme de quitter le studio sur-le-champ. Ribbentrop, fort en courroux, s'exécute mais jure à Moguy qu'il se souviendra de cet affront et qu'il aura le mot final quand il reviendra sur Paris, dans d'autres circonstances.

Corinne Luchaire ne devait pas être présente lors de l'esclandre provoqué par le futur artisan du pacte germano-soviétique : dans sa biographie, elle assure n'avoir croisé Von Ribbentrop que pendant le gala de l'ambassade d'Allemagne, et n'avoir jamais été sa maîtresse, démentant les insinuations de la presse américaine. Elle confiera en revanche s'être beaucoup rapprochée de son partenaire Jean-Pierre Aumont, à force de jouer des scènes d'amour, et qu'il s'en fallut de peu qu'ils n'aient une aventure ensemble.

Pendant le tournage, Moguy est également confronté à une autre aventure fâcheuse dont il se serait bien passé. Colette Villars, une jeune Versaillaise de seize ans qui rêve de faire du cinéma malgré le veto catégorique de ses parents, fait une fugue en sortant de l'école. Recherchée par sa famille et la police, l'adolescente est introuvable. Informée des nombreuses campagnes lancées par Moguy pour détecter de jeunes talents, la fuyarde prend le risque de téléphoner au cinéaste pour lui demander de la recevoir sans la trahir. Ce dernier avertit aussitôt la police par téléphone, mais la jeune fille, apercevant l'escouade de gendarmes, photographes et journalistes devant le bureau du réalisateur, parvient à leur échapper de justesse. Elle sera finalement retrouvée dans un hôtel du Quartier latin où elle se cachait, grâce aux correspondances qu'elle échangeait avec une camarade de classe. Conscient que les mésaventures de cette jeune fille fantasque auraient pu prendre une tournure dramatique, Moguy est interloqué.

Le magazine *Pour Vous*, rebondissant sur cet événement, lui adresse une lettre ouverte ainsi libellée : « Vous voyez, cher Léonide Moguy, quelle responsabilité on assume quand on lance des jeunes ? L'aventure qui vient de vous arriver avec cette jeune Colette Villars [...] a dû vous plonger dans un abîme de réflexion. Vous êtes celui qui découvre les talents cachés, qui arrache à la foule des figurants ceux et celles qui orneront un jour les premières pages des grands magazines de cinéma. Alors toutes les jeunes têtes tournées à l'envers par le cinéma s'imaginent que vous êtes un sorcier qui va faire d'elles la révélation de l'année. Vous voyez quels devoirs envers tous ces jeunes gens vous avez contractés [82] ! » Sans doute dépassé par ce fait divers, son exploitation et les accusations dont il fait l'objet, Moguy n'ignore pas combien le monde du cinéma peut représenter un miroir aux alouettes pour des jouvencelles rêveuses en mal de célébrité. Bien plus tard, cet incident lui inspirera le sujet d'un de ses derniers films.

En mars, Moguy achève *Le Déserteur* près des studios de Billancourt. Affaibli par une forte fièvre, il dirige les figurants en train de patauger dans un lac de boue, devant les ruines d'un village de carton-pâte. Couvert d'un manteau, de chandails et d'une culotte de ski, il trouve malgré tout l'énergie nécessaire pour faire évoluer son entourage, sachant comme toujours conjuguer calme et autorité. Ces tracas ne sauraient entamer son enthousiasme, tant son œuvre lui tient à cœur. Il avoue d'ailleurs dans les colonnes de *Cinémonde* achever son film « préféré même s'il devait être sifflé [83] ».

Léonide peut être fier du résultat. Impeccablement mis en scène, *Le Déserteur* demeure probablement sa plus belle réussite. Respectant parfaitement l'unité de temps qu'il s'est imposée, le cinéaste parvient à insuffler une véritable tension dramatique à son œuvre. Rythmé par les regards furtifs de Jean-Pierre Aumont sur sa montre et par un montage astucieux, alternant de longs plans-séquences et des scènes au découpage plus rapide, le film capte l'attention dès les premières minutes. La mobilité de la caméra, devançant ou suivant les comédiens dans le chœur de l'église ou le village désolé, donne à la fois une sensation d'amplitude et de proximité avec les personnages. Âpre et sincère, le film évite souvent avec adresse les pièges du sentimentalisme.

Dans la cantine, bruyant refuge des fantassins, où Jean-Pierre Aumont retrouve sa fiancée, cette dernière lui oppose une résistance froide et digne. Grâce à son jeu très épuré transcendé par l'intensité de son regard, Corinne Luchaire intériorise ses émotions et livre une prestation pudique, même si le couple qu'elle forme avec Aumont manque d'alchimie.

En revanche, le personnage de la mère castratrice joué par Berthe Bovy et les manigances qu'elle fomente, de même qu'explications fallacieuses pour tenter d'éloigner sa rivale, peinent à convaincre et dès lors à émouvoir. Ses interventions ralentissent parfois l'action. Malgré ce handicap, le film parvient dans ses quinze dernières minutes à retrouver une puissance rare. Le soldat regagne in extremis son train, tandis que sa mère et sa fiancée viennent de justesse le saluer au bord de la voie, avant que le mot fin s'inscrive sur l'écran et que retentisse un dernier coup de sifflet.

Lors de sa première à l'Olympia, à la fin de mars 1939 – la même semaine que *Les Otages* de Raymond Bernard –, *Le Déserteur* remporte un franc succès critique, parfaitement mérité. Paul Reboux applaudit « une œuvre puissante et poignante qu'il faut avoir vue ». Sensible à son aspect visuel et son climat poétique, André Le Bret constate que « la présentation scénique est d'une âpre beauté, puissamment évocatrice, et tels tableaux de campagne désolée pendant la guerre, de petit village embrumé à l'arrière-front, de voies ferrées bombardées, de routes défoncées nous prouvent que Léonide Moguy est un artiste, un vrai, un grand artiste ». Il est rejoint par la totalité de ses confrères, unanimes à reconnaître l'habileté avec laquelle le metteur en scène de *Prison sans barreaux* a su planter son décor et évoquer « de façon saisissante l'arrière-front avec sa bouillasse, son brouillard », mais d'accord pour regretter la minceur de l'intrigue.

De même, si la sincérité et l'émouvante sobriété des créations de Jean-Pierre Aumont et d'Aimos (dans le rôle du caporal) sont distinguées, d'aucuns déplorent une certaine lenteur dans l'action et le manque de nuances chez les autres personnages, et notamment celui de la mère du soldat. Cependant ces quelques réserves n'entachent pas une impression générale extrêmement favorable. Comme le résume fort bien Adhémar de Montgon, « il y a dans ce film une sincérité, une simplicité, une sobriété, qui constituent son plus puissant attrait [84] ». Même le virulent Lucien Rebatet concède, au milieu de quelques diatribes antisémites insoutenables, que « ce gros mélo, qui ne déroge à aucune loi du genre, et même aux plus périmées, est assez adroitement filmé. Avec d'énormes ficelles, mais enfin le paquet tient[85]. »

Malgré les critiques élogieuses d'un film considéré par beaucoup, et de très loin, comme le meilleur du réalisateur, *Le Déserteur* ne remportera pas un grand succès populaire et connaîtra une trajectoire des plus chaotiques. Après l'entrée en guerre de la France en septembre 1939, le comité de censure décidera de rebaptiser le film *Je t'attendrai*, afin d'éviter toute méprise sur son contenu. Il ne sera pas le seul à perdre son titre d'origine, car *Un soir d'alerte* de Jacques de Baroncelli sera renommé *Fausse alerte*. Le film de Moguy sera de nouveau projeté sur les écrans au printemps 1940, avant d'être interdit par les occupants allemands. À la fin de la guerre, il sera de nouveau banni, en raison cette fois-ci de la présence au générique de Corinne Luchaire, accusée de collaboration avec l'ennemi.

Contrairement aux autres films de son auteur, *Le Déserteur*, sans doute trop original dans sa forme, peine à convaincre en dehors des frontières. Il faudra attendre octobre 1944 pour qu'il soit enfin projeté au Forty-Eight Street Cinema de New York, sous le titre *Three Hours*, avec des sous-titres anglais. Sa promotion insistera sur la présence au générique de Jean-Pierre Aumont, devenu entre-temps une star de la MGM et lieutenant dans les Forces françaises libres. Pour éviter toute polémique, le nom trop sulfureux de Corinne Luchaire, affublée aux USA du sobriquet peu flatteur de « collabo glamour numéro 1 », sera tout simplement effacé des affiches ou seul subsistera son prénom. Jugé « bavard, inégal, creux et sans inspiration [86]», le film, dont le procédé trop original ne semble pas avoir retenu l'attention, quittera très vite l'affiche.

En mars 1939, alors que les troupes nazies envahissent la Tchécoslovaquie et que leurs panzers roulent dans Prague, il fait peu de doute que l'ambition démesurée d'Hitler et sa volonté de dominer le monde entier n'ont plus de limites. La tension internationale est à son comble, même si beaucoup de Français voudraient l'ignorer. Pour fuir comme eux cet univers morose, Moguy est tenté, une fois de plus, par des thématiques volontairement optimismes. Il constate que : « Nous vivons dans une époque désaxée, barbare à certains égards, et nous avons besoin d'évasion. La guerre, le crime, la mort sous ses formes les plus horribles, l'injustice, l'immoralité occupent les premières pages de tous les quotidiens, il ne faut pas qu'ils occupent aussi tous les écrans [87]». Comme antidote à l'angoisse ressentie face à une situation internationale de plus en plus dégradée, une apaisante comédie serait la bienvenue.

Le titre du film qu'il projette et dont l'action se déroulerait dans le monde de la radio, jusqu'à présent inexploré par les cinéastes français, résume en quelques mots les vœux pieux de son auteur : « Demain, tout ira mieux ! » René Lefèvre, célèbre comédien et vedette remarquée du *Million* de René Clair, a écrit des dialogues inspirés de son expérience en tant qu'animateur du *Bar des vedettes* sur les ondes de la Radio 37. Pour le seconder dans les prises de vues, Moguy a choisi d'embaucher Jacques Loew, un jeune apprenti. Il répond ainsi présent à l'appel de Jean Veber qui dans les pages de l'hebdomadaire *Pour Vous* suggère aux cinéastes reconnus de prendre sous leur aile des jeunes afin de les initier à la mise en scène. Il est clair pour lui qu'« il faut donner leur chance à quelques jeunes qui viennent du dehors pour rafraîchir un tout petit peu l'air des studios [88] ». Hélas, à la grande déception de Loew, le projet est vite abandonné. Il est probable que le cinéaste n'a plus suffisamment d'enthousiasme ou d'illusions pour s'impliquer dans un divertissement aussi anodin.

Peu après, le metteur en scène est appelé à la rescousse pour tenter d'exhumer *Manon 329*, mélodrame contant les malheurs d'une jeune femme condamnée au bagne après avoir accidentellement tué son fiancé. L'an passé, le film avait été abandonné à la veille de son tournage par Raymond Bernard en raison de la maternité de sa vedette principale, la chanteuse Marie Dubas, alors que des affiches publicitaires avaient déjà été conçues. Les producteurs jugent en effet que seul le « chirurgien du cinéma français » pourra faire renaître le film de ses cendres. Peu enclin à replonger dans un sujet carcéral, Moguy renonce à ce projet qui n'aboutira qu'en 1945 sous le titre *La Route du bagne*, grâce à la bonne volonté de Léon Mathot.

Tout en cherchant à dénicher une trame lui convenant davantage et rendant hommage au dévouement des infirmières (il est vaguement question de *Blouses blanches* dont le tournage aurait lieu à l'hôpital Beaujon avec la très populaire Viviane Romance[89]), Moguy fréquente les élections de Miss Cinéma 39, Miss Photo 39 et autres galas mondains lui permettant de repérer de nouveaux visages.

Il garde précieusement les photos confiées par les radieuses jouvencelles croisées à ces festivités et les coordonnées des postulantes présentées à ses castings. Il surveille de près les plus prometteuses, en épinglant dans un album les portraits de chacune. Découverte dans *Le Mioche*, Jacqueline Pacaud jouera dans un certain nombre de comédies insignifiantes. Autre figurante de ce film, la douce jeune première Janine Darcey mènera une carrière très active dans les années 40. La douce Annie Vernay connaîtra une gloire fulgurante avant de décéder à l'âge de 20 ans d'un typhus contracté dans le paquebot qui l'emmenait vers Hollywood. Fidèle, Moguy conservera des liens étroits avec la famille de l'actrice défunte, envisageant même de lancer sa sœur cadette sur le chemin des étoiles.

Autre découverte, la ravissante Gaby Andreu s'illustrera dans de nombreuses comédies légères en donnant la réplique aux chanteurs de l'époque avant de savourer une certaine renommée à Hollywood puis en Italie sous le nom de Gaby André. Sa fille Carole André, que Léonide tiendra bébé sur ses genoux, fera elle-même une enviable carrière au-delà des Alpes en paraissant dans des films aussi prestigieux que *Mort à Venise* de Visconti ou la série télévisée *Sandokan*.

Qui se souvient de la jolie Gary Garland, autre figurante du *Mioche*, dédicaçant ainsi sa photo à son inspirateur : « à Léonide Moguy, grand charmeur, à mon tour d'essayer de lui faire un peu de charme » ? En revanche, personne n'a oublié le grand Serge Reggiani, aperçu dans *Conflit* ou Madeleine Sologne, simple soubrette dans le même film. Elle deviendra la lumineuse égérie de *L'éternel retour*…

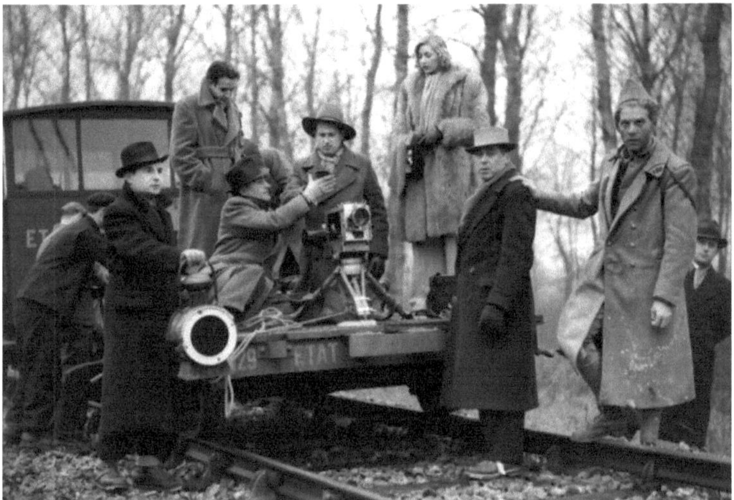

Moguy, Corinne Luchaire et Jean-Pierre Aumont pendant le tournage du *Déserteur* – 1939 – productions Gaumont © Léo Mirkine

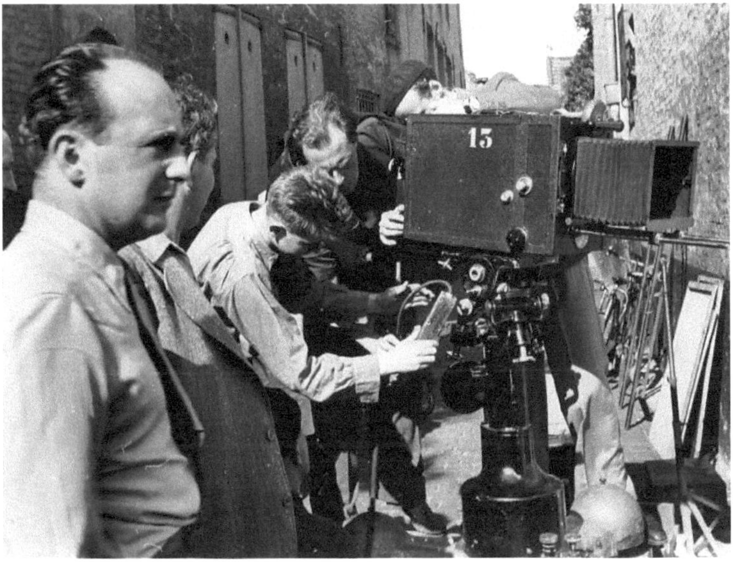

Léonide Moguy sur le plateau de *l'Empreinte du dieu* – 1939-Zama films © Léo Mirkine

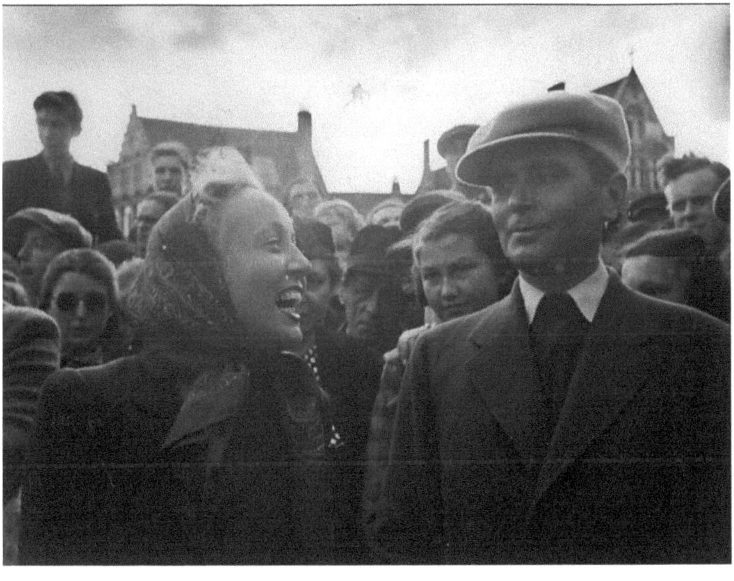

Dita Parlo et Pierre Blanchar, à Bruges pour *l'Empreinte du dieu* – 1939-Zama films © Léo Mirkine

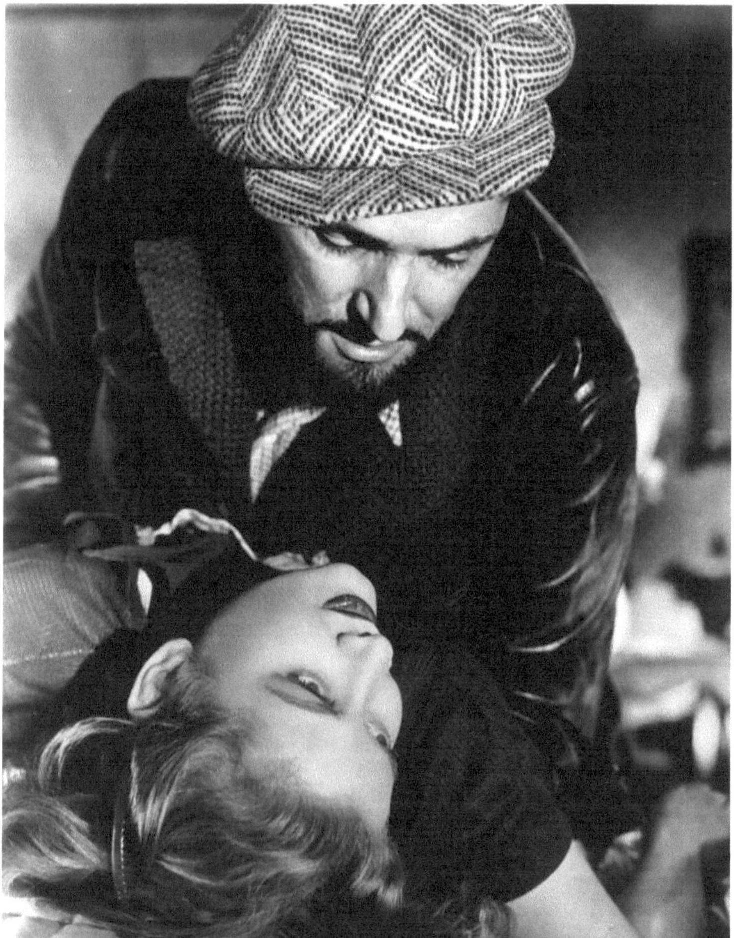

acques Dumesnil et Blanchette Brunoy dans *L'Empreinte du Dieu*
photographie Léo Mirkine (1940-Zama films)

IX.
L'EMPREINTE DU DIEU

Après s'être distingué en signant quelques chroniques populistes très noires dans la droite ligne d'Émile Zola, l'écrivain roubaisien Maxence Van der Meersch remporte en 1936 le prix Goncourt avec *L'Empreinte du dieu*. Ce roman naturaliste, baigné de culture flamande, impressionne la critique et de nombreux lecteurs, tant par la rudesse et la brutalité de son récit que par l'évocation d'un folklore paysan à la fois âpre et cruel, et sa toile de fond digne d'un tableau de Rubens. Un estaminet enfumé, repaire de contrebandiers et rendez-vous de villageois venus parier sur des combats de coqs, est le théâtre d'un drame passionnel, douloureusement vécu par Karelina, courageuse paysanne mal mariée à un odieux cabaretier.

Le succès du livre inspire les producteurs de cinéma qui songent immédiatement à en tirer une adaptation filmée. Marcel Vandal, ancien collaborateur d'Erich Pommer en Allemagne, s'empresse d'en acquérir les droits. Julien Duvivier, encore aux commandes de son *Carnet de bal*, est d'abord pressenti pour diriger l'entreprise, avant de succomber aux tentantes sirènes du cinéma hollywoodien et de signer un contrat avec une firme américaine. Marcelle Chantal et Victor Francen, le fameux acteur belge, sont ensuite approchés pour tenir les rôles principaux, mais les mois passent sans que rien de concret n'aboutisse.

En avril 1939, le producteur Emmanuel Zama propose à Léonide Moguy de s'attaquer à son tour à ce sujet, avec un juteux contrat à la clef. Son salaire est fixé à 300 000 francs, somme considérable, et assorti d'une participation sur les bénéfices, en cas de succès du film à l'étranger. Le premier tour de manivelle est fixé au 1er août et l'achèvement du film, montage compris, à fin octobre.

Sans dédaigner les conditions financières fort intéressantes, Moguy est surtout captivé par le sujet. La violence des sentiments exprimée par des personnages malmenés par leur rude condition le séduit, de même que le regard compatissant et charitable de Van der Meersch. Certains pans de l'histoire rejoignent de façon étrange les thèmes obsessionnels du cinéaste : la pauvre héroïne Karelina, rudoyée par son mari, l'odieux contrebandier Gomar, s'enfuit et trouve refuge à Bruges chez sa tante, si douce et bienveillante. Trop sans doute puisque la petite paysanne s'éprend alors du mari de sa bienfaitrice, un écrivain célèbre, heureux en ménage mais souffrant de n'avoir pas d'enfants. Rongée par les remords, et enceinte de surcroît, elle préférera quitter ses protecteurs plutôt que de détruire leur vie. Le cruel dilemme dont souffre tant la jeune héroïne rappelle fort celui du personnage incarné par Corinne Luchaire dans *Prison sans barreaux*. Le chagrin de la tante stérile, qui finit par prendre sous sa protection l'enfant qu'elle n'a pu donner à son mari, présente plus d'un point commun avec les épreuves traversées par la digne Annie Ducaux dans *Conflit*.

Pour assurer des dialogues à la hauteur de l'œuvre littéraire, Moguy songe d'abord à la plume inspirée de Jean Cocteau. Il opte finalement pour celle du Bruxellois Charles Spaak, frère du Premier ministre belge Paul-Henri Spaak. Ce choix se révèle avisé pour restituer au mieux l'atmosphère flamande du roman, bien que le scénariste n'éprouve guère d'admiration pour le talent de Van der Meersch. Afin de ne pas trahir la pensée de l'auteur, le cinéaste et son acolyte entendent travailler en étroite collaboration avec le romancier, dont un précédent ouvrage, *La Maison sur la dune*, a déjà été porté à l'écran. En marge de la société littéraire comme des mondanités, l'écrivain misanthrope, rongé par la maladie, ne cache pourtant pas son peu d'enthousiasme pour la production cinématographique hexagonale : « Ce que je pense du cinéma français ? Peu de bien. Il faut avaler dix médiocrités pour tomber sur un bon film. On sous-estime le public français. On l'abaisse quand il ne demande qu'à s'élever. » Il espère néanmoins que « le cinéma, art neuf, trouvera bien, à la fin, sa voie qui est, sous un autre aspect, exactement celle du livre ou de la tragédie : nous montrer la grandeur de l'aventure humaine. Beaucoup d'hommes donneront avec joie leurs forces et leur talent pour un art comme celui-là, qui les refusent au cinéma d'aujourd'hui. »

La collaboration de Van der Meersch au tournage se limite finalement à une rencontre à Bruges avec Charles Spaak et à une validation sans discussion des modifications suggérées par le scénariste pour rendre l'histoire moins statique et plus cinématographique.

Sous le soleil d'Antibes, Moguy prépare son scénario avec Charles Spaak et peaufine la distribution des rôles. Pour incarner l'infortunée Karelina, il engage Blanchette Brunoy, jeune et prometteuse comédienne, remarquée notamment dans *Claudine à l'école* et *La Bête humaine*, dont la douceur naturelle est un indéniable atout. Pour jouer la tante Wilfrida, si bienveillante, il choisit Dita Parlo, avec laquelle il a conservé d'excellents rapports amicaux. L'héroïne de *L'Atalante* et de *La Grande Illusion*, de retour d'un périple sur la Riviera italienne, se déclare enchantée par ce rôle lui permettant « d'exprimer ce qui est inexprimable, ce qui ne peut se traduire par des explications véhémentes. Il faut souvent lire au travers d'une attitude, de regards, l'expression de la personnalité. Ce sont ces rôles-là qui m'attirent le plus.[90] » Le très actif Pierre Blanchar décroche le rôle du mari de Wilfrida, qu'il parvient à glisser dans un planning des plus serrés entre *La Nuit de décembre*, de Kurt Bernhardt, et *L'Heure du destin*, un film à la gloire de la médecine française, bientôt abandonné en raison de la guerre. Jacques Dumesnil et la splendide Mila Parély sont désignés pour camper respectivement le brutal mari de la pauvre Karelina et sa détestable maîtresse. Van der Meersch approuve sans sourciller le choix des acteurs, de même que les nombreux changements apportés à son histoire : l'écrivain Van Bergen se mue en ingénieur, Wilfrida n'est plus la tante de Karelina mais sa sœur de lait…

En août 1939, Moguy se rend avec son opérateur tchèque Otto Heller, talentueux directeur de la photographie qui travailla jadis avec Karl Lamac et Gustav Machaty, en repérage dans la région d'Anvers et de Zeebrugge pour préparer les extérieurs de *L'Empreinte du dieu*. En arpentant les rues de la Venise du Nord et en longeant ses canaux brumeux, il repère un petit hôtel de style Renaissance avec un joli perron, situé dans un cadre particulièrement photogénique. Grâce à l'intervention du voisinage, il parvient à contacter les propriétaires, partis en vacances, pour obtenir le droit de filmer dans la bâtisse, toute désignée pour représenter le domicile cossu des Van Bergen. Le lieu inspirera plus tard d'autres cinéastes puisqu'il sera utilisé comme décor pour le film de Fred Zinnemann, *Au risque de se perdre* (1959). Le magnifique moulin d'Hondermarck à la Grande-Synthe, particulièrement photogénique, est choisi comme toile de fond pour la scène des noces de Gomar et Karelina ; les paysans du village sont conviés à y participer.

Les premiers tours de manivelle sont donnés à Bruges devant une foule de touristes et de badauds tout ébaubis de rencontrer des vedettes de cinéma sur leur chemin. Malgré la météo, des plus capricieuses, et le soleil absent, Moguy s'efforce d'entraîner son équipe avec sa douceur coutumière : « Allons-y, mes enfants ! », mais peste en silence devant les intempéries et les divers incidents perturbant le tournage : « Ah, cette lumière ! Si elle acceptait d'entrer dans mes idées et de se débarrasser une fois pour toutes de cette crasse où elle s'enlise… Imaginez qu'hier nous n'avons pratiquement rien tourné… À l'instant où nous avons replié le matériel, le soleil s'est enfin décidé. Mais pendant la scène qu'interprétaient Dita Parlo et Pierre Blanchar, des bateaux sont passés sous le pont. Ils étaient chargés de touristes français et anglais, qui reconnaissant les vedettes se sont pris à les acclamer en s'étonnant avec une suave ingénuité des signes furieux que je leur adressais ![91] »

Moguy s'évertue à garder son calme en toute circonstance, même quand son opérateur, parvenu au sommet du beffroi pour réaliser une vue panoramique, s'aperçoit avec effroi qu'il a oublié de s'armer de pellicule ! Soucieux d'apporter à son œuvre le réalisme requis et de composer une image aussi soignée que pour *Le Déserteur*, le réalisateur embauche sur-le-champ un groupe d'enfants qui jouait à la ronde non loin de là, en chantant un vieux refrain flamand, afin qu'ils réitèrent à l'écran leur prestation spontanée. En portant ainsi à l'écran des scènes de rue pour illustrer son récit, Moguy s'inscrit dans une démarche annonçant déjà la vague néoréaliste, qui en Italie produira tant de chefs-d'œuvre.

Le 24 août 1939, à la suite de la crise diplomatique du corridor de Dantzig, les réservistes affectés aux unités de forteresse sont appelés sous les drapeaux et obligés de quitter l'équipe du tournage. Consécutivement à l'invasion de la Pologne par les forces de la Wehrmacht, la France déclare la guerre à l'Allemagne le 3 septembre, et cinq millions d'hommes sont mobilisés. Comme la plupart des acteurs et techniciens de *L'Empreinte du dieu*, Léonide Moguy est réquisitionné et les prises de vues suspendues *sine die*. Les armées françaises massées derrière la ligne Maginot, réputée infranchissable, attendent l'offensive pour une drôle de guerre qui va durer huit mois.

Dès le mois d'octobre 1939, la presse spécialisée annonce que *L'Empreinte du dieu*, *Remorques* de Jean Grémillon, *Le Duel* de Pierre Fresnay et *Tourelle 3* de Christian-Jaque, films interrompus par la guerre, seront probablement achevés pendant l'hiver. L'État français tient absolument à ce que la production cinématographique, essentielle tant sur un plan économique que pour assurer le moral des spectateurs, reprenne son activité. Autorisé, grâce à l'intervention de la section cinématographique du gouvernement français, à quitter son secteur pour achever son film, Léonide Moguy profite de cette permission pour épouser sa compagne Thyra Gudrun, qu'il surnomme affectueusement Rune. Anxieux face aux tourments d'un pays en guerre et à un avenir des plus incertains, le réalisateur désire au plus vite officialiser son union. Le 28 décembre, il se marie à la mairie du XVIe arrondissement, en présence de son demi-frère Alexandre, du producteur Ayres d'Agyar, et de son assistant Pierre de Hérain, fils de la maréchale Pétain.

Pour fêter l'événement, un banquet surprise est organisé au célèbre cabaret tzigane Shéhérazade. Des consignes très strictes ont été données par le maître d'œuvre : « Déposer des fleurs très discrètement dans les tuyaux de la cheminée, personne ne doit savoir qu'il s'agit du mariage, si on est pris, n'avouer rien : pas de mariage, pas de fleurs, pas de Moguy, rien ! » Parmi les nombreuses personnalités félicitant les heureux époux, Maxence Van der Meersch leur adresse ses vœux de bonheur les plus amicaux pour la nouvelle année, en leur souhaitant courage et bonne chance. Il leur en faudra, hélas !

Quand Léonide reprend en main le tournage au studio de Joinville, sa troupe a beaucoup changé : la plupart des employés et techniciens, au front, ont été remplacés par de nouvelles recrues soit très jeunes, soit fort âgées. Jacques

Dumesnil, qui distrayait encore, quelques jours auparavant, les troupes de soldats dans le cadre d'une tournée sous l'égide de l'armée, a obtenu une permission spéciale pour poursuivre le film. En revanche, Dita Parlo n'a pas été autorisée à reprendre ses activités artistiques en raison de sa nationalité allemande. Elle est incarcérée dans le camp de Gurs, près de Pau, comme Lotte Eisner, la philosophe Hannah Arendt, et de nombreux étrangers chassés de différents pays pour des raisons raciales ou politiques. Mila Parély, retenue par d'autres engagements, n'est plus disponible. Moguy est dès lors contraint de remplacer les deux comédiennes par les fidèles Annie Ducaux et Ginette Leclerc, et de recommencer entièrement les scènes où figuraient leurs personnages. La tâche est exténuante, laborieuse, et fréquemment interrompue par les nombreuses alertes à la bombe qui retentissent dans Paris. Si les décorateurs ont pris le soin de reconstituer le luxe de la demeure flamande avec ses sièges en velours de Gênes, tapis et cheminées à hotte, les studios ne sont pas chauffés et Annie Ducaux, frileuse, porte des chaussures de ski.

Toujours très impliqué pour extraire toute l'émotion voulue de l'ingénue du film, Moguy entoure Blanchette Brunoy de prévenances, souffre et vibre avec elle au gré des épreuves que la malheureuse subit au long de l'intrigue. En tordant les poings sur sa poitrine, en se crispant et pâlissant, il souffle à la jeune comédienne : « Mon chou, ma petite Blanchette, tu es inquiète, tu le vois entrer, tu as peur, plus peur que ça [92] ! » Chacun s'évertue à donner le meilleur de lui-même et à garder le sourire en toute circonstance, malgré ou à cause des bévues répétées de l'indélicate Ginette Leclerc. En apercevant son partenaire Jacques Dumesnil, qu'elle juge glacial, accompagné de son épouse coiffée d'un chignon, elle lui claironne : « Vous êtes venu avec votre mère ? » Au fil de nombreuses péripéties, et malgré les restrictions, le film parvient à être achevé en mai 1940. Quelques jours après, l'Allemagne lance son offensive contre la Belgique et la Hollande, malgré la neutralité de ces deux pays. Les troupes allemandes percent ensuite le front français, franchissent la Meuse et s'engouffrent en France en quelques jours. Devant l'avancée de l'ennemi, des millions de Français fuient et tentent de traverser la Loire pour trouver refuge dans le sud. Quelques heures avant que la Wehrmacht n'envahisse la capitale, Léonide Moguy reçoit un ordre de mission de sa hiérarchie militaire pour transmettre des documents au ministère de l'Information, replié en catastrophe à Orléans. Avec son épouse, il quitte Paris, en prenant soin de ranger dans le coffre de sa Cadillac les bobines de *L'Empreinte du dieu.* Peu conscients de la gravité des événements et des risques encourus, sa sœur Hélène et son demi-frère Alexandre refusent de les accompagner dans leur périple.

Compte tenu de l'irrésistible avancée de l'armée germanique, Moguy est chargé, le 17 juin, de rejoindre le ministère de l'Information qui vient de se rabattre sur Bordeaux. Alors que le maréchal Pétain invite les Français à cesser le combat, le 22 juin, la France anéantie signe l'armistice. Cet accord prévoit la création d'une ligne de démarcation et l'occupation par les Allemands d'une partie du territoire français incluant le littoral atlantique. Comme de nombreux réfugiés, juifs ou opposants, les époux Moguy tentent de fuir au plus vite pour rejoindre la frontière espagnole.

Le 24 juin, à dix-sept kilomètres de Dax, ils sont victimes d'un très grave accident de voiture, provoqué par l'explosion d'un dépôt de munitions. Léonide souffre de côtes cassées. Sa femme, le nez écrasé et les yeux enfoncés, gît dans une mare de sang, à quelques mètres du véhicule endommagé. Malgré les signes désespérés du cinéaste pour obtenir de l'aide, les nombreux automobilistes fuyant vers l'Espagne pour échapper aux troupes du Troisième Reich n'ont pas une minute à leur consacrer.

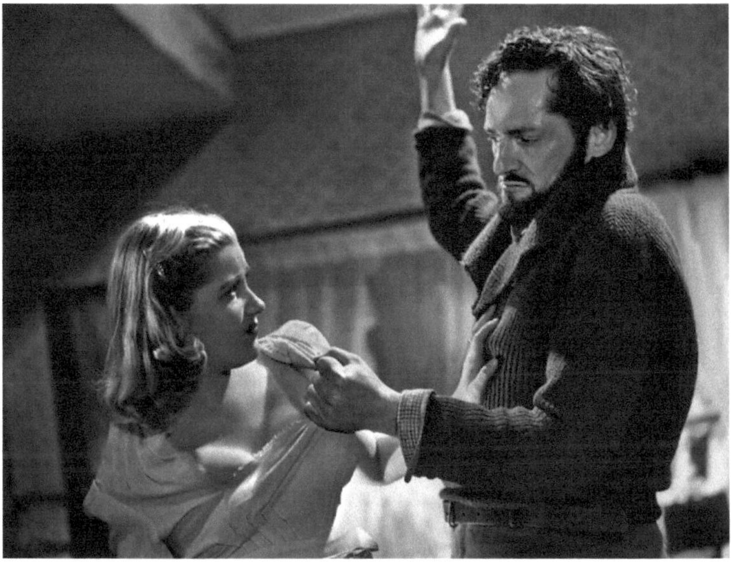

Blanchette Brunoy, brutalisée par Jacques Dumesnil dans *l'Empreinte du dieu* – photographie Léo Mirkine (1940-Zama films)

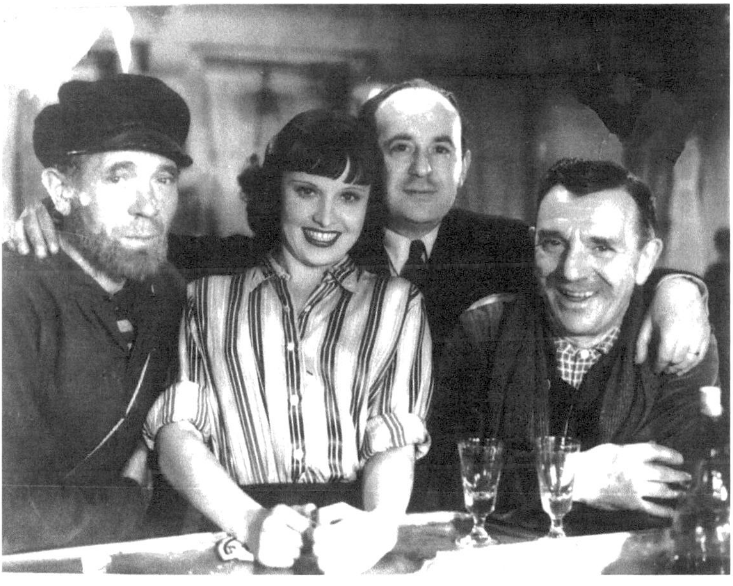

Léonide Moguy avec Pierre Larquey et Ginette Leclerc, vedettes de *l'Empreinte du dieu* – (1940-Zama films) © Léo Mirkine

Enfin, un ouvrier de Saint-Denis, plus altruiste, leur porte secours et conduit les blessés à la clinique de Dax où ils reçoivent les soins du docteur Jean Ribérol. Rune Moguy est opérée d'urgence. Le 28 juin, les Allemands pénètrent dans la cité thermale et installent la Kommandantur à l'hôtel Le Splendid, sous l'œil consterné des habitants et des curistes, dont font partie quelques célébrités parisiennes comme Sacha Guitry et Henri Bergson. Avertis de l'accident de Léonide Moguy, relaté dans plusieurs journaux de l'époque, les services du commandement allemand souhaitent l'interroger en raison de ses activités pour le ministère de l'Information et de ses origines juives. Ils sont poliment éconduits par le docteur Ribérol qui leur explique que son patient est trop faible pour pouvoir sortir de l'établissement.

Grâce à la complicité de leur chirurgien et à de faux documents et costumes civils procurés par des collaborateurs du sous-préfet Émile Maljean, Léonide et Rune parviennent quelques semaines plus tard à quitter la clinique pour rejoindre la zone libre, non sans avoir tenté auparavant de récupérer leurs affaires et bagages dans la carcasse de leur voiture accidentée. Le véhicule a été dépouillé de tout son contenu par des voleurs, hormis les boîtes de pellicule miraculeusement laissées à l'abandon. Muni de son précieux trésor, Moguy parvient à gagner la Côte d'Azur. Ironie du sort, le cinéaste doit donc son salut au geste généreux d'un médecin, pourtant membre de l'Action française, mouvement nationaliste et antisémite, et responsable au sein du Parti populaire français ; le docteur Ribérol sera assassiné par un résistant en 1944.

Démobilisé le 26 juillet 1940, le cinéaste est conscient du danger qu'il encoure, même au-delà de la ligne de démarcation. Beaucoup de Niçois supportent fort mal la présence des réfugiés étrangers : les attaques contre des commerçants israélites et les manifestations racistes se multiplient, encouragées par les mouvements d'extrême droite. Certains journaux n'hésitent pas à réclamer haut et fort qu'une « chasse aux métèques soit faite au plus tôt avec rigueur » afin de « désintoxifier la France ». Plusieurs dizaines de migrants venus d'Europe centrale sont ainsi internés ou assignés à résidence. Afin de se protéger, Léonide Moguy obtient de l'Office des réfugiés russes un document certifiant faussement que ses parents décédés et lui-même sont de confession luthérienne et non juive.

Pendant que son épouse, défigurée et presque aveugle, subit d'autres pénibles interventions chirurgicales, le cinéaste travaille activement au montage de *L'Empreinte du dieu* en maniant les pellicules miraculeusement conservées. Il reprend aussi ses marques au sein de la colonie cinématographique qui s'est récemment reconstituée dans la ville phare de la Côte d'Azur et loge dans une bonne part de ses hôtels. Il retrouve la plupart de ses amis parisiens : Madeleine Robinson, Jules Berry, Claude Dauphin et le jeune comédien Robert Darène. Conscients du danger nazi, certains artistes réfugiés échafaudent des plans pour rejoindre le Nouveau Monde. D'autres, comme Abel Gance, Marc Allégret ou Marcel L'Herbier, comptent bien reprendre leur activité en zone libre et réaliser les premiers films d'après-guerre dans les studios de la Victorine.

Contrairement à ses collègues, Moguy dispose déjà d'un film prêt à être projeté, mais, en raison d'obscures raisons contractuelles et de son ferme refus de se rendre dans la capitale pour le promouvoir, la primeur de *L'Empreinte du dieu* est réservée aux États-Unis, où le producteur Emmanuel Zama est parvenu à le faire distribuer par la firme Paragon. Dès novembre 1940, le film est projeté en exclusivité mondiale, sous le titre *Two Women*, et présenté comme « l'un des derniers films français achevés avant l'invasion allemande », devant un auditoire dont les réactions sont très contrastées.

Le *New York Times* reproche au scénario d'être « terriblement long et confus [93] », et voit dans ce film « une faible et pathétique ombre de ce que fut le cinéma français ». Bien moins sévère, le *Motion Picture Herald* apprécie davantage « la touche de sincérité bien française, fréquente dans les importations dirigées par Léonide Moguy ». Pour *Variety*, le film représente « un témoignage de ce qu'était la grande production cinématographique française [94] ». Compte tenu de sa présentation avec des sous-titres, qui horripilent la majeure partie du public nord-américain, dans de petits cinémas spécialisés de New York, il est difficile pour le cinéaste de s'appuyer sur ces premières critiques pour juger de l'efficacité de son dernier bébé. Il est cependant rassuré par le franc succès qu'il remporte à Cuba et en Argentine, où il bat les records de recettes de tous les films français diffusés dans ces contrées.

Tout en veillant sur la santé de sa femme, Moguy demeure très actif. Soucieux d'aider ses camarades les plus démunis – beaucoup ont tout perdu lors de l'exode –, il fonde et finance une « amicale des techniciens du cinéma repliés sur la Côte d'Azur ». Présidée par le journaliste Pierre Gafféré, cette organisation est à l'origine destinée à subvenir aux besoins des cinéastes réfugiés peinant à trouver un emploi, pour des raisons politiques ou raciales. Elle s'engage notamment à leur accorder des secours financiers, à leur trouver au minimum des emplois de figurants, et surtout à créer un lien entre les différents membres de cette communauté. Cette filière d'aide aux réfugiés figure parmi les premières manifestations de la Résistance française, à laquelle la plupart de ses membres prendront une part active dans les mois suivants.

Grâce à son réseau de connaissances et notamment au producteur Charles Dulac et à son ami Pierre de Hérain, devenu le beau-fils du chef de l'État, Moguy s'efforce de faire libérer certains de ses collègues français et étrangers qui ont été internés dans des camps de réfugiés, et y parvient. Cet excès de zèle tout à fait méritoire n'est évidemment pas du goût de tout le monde. La presse collaborationniste soupçonne également Moguy d'être « chargé de missions pour l'Amérique du Sud, sous l'égide de la propagande latine[95] ». Surveillé, Léonide Moguy court de graves dangers. La maréchale Pétain l'avertit par téléphone qu'il doit fuir au plus vite, sinon « il est un homme mort ». Muni d'un passeport obtenu à Nice, le 30 novembre 1940, le réalisateur quitte son hôtel sans même avoir eu le temps d'avertir Jacques Rémy. Avec sa femme, il rejoint à Marseille François Louis-Dreyfus, un riche banquier avec lequel il a sympathisé sur la Riviera, pour fuir en direction de Perpignan.

Après avoir atteint l'Espagne puis le Portugal, Moguy demeure quelque temps à Lisbonne où il écrit ces quelques lignes à son ami Robert Darène, réfugié en Argentine, et lui propose de venir le rejoindre afin de poursuivre sa carrière à Buenos Aires : « Je vous remercie beaucoup pour votre proposition d'aller tourner en Argentine. Si vous pouvez me proposer une histoire humaine, sans cadavre, saine, dans une combinaison sérieuse, écrivez-moi chez Mme Lyolène[96], 2 East 80 Street, New York, et faites-moi des propositions concrètes. Nous les discuterons et c'est avec la plus grande joie que je travaillerai dans ce pays d'avenir. » A la lecture de ces quelques lignes, on constate que le metteur en scène, malgré la situation périlleuse qu'il traverse, désire conserver une grande intégrité sur un plan cinématographique et artistique : il recherche avant tout un sujet « humain ».

En avril 1941, les époux Moguy, François Louis-Dreyfus et sa famille, embarquent à bord du *Carvalho Araujo* en direction des États-Unis. La traversée s'avère particulièrement éprouvante pour Rune, épuisée par les nombreuses interventions chirurgicales qu'elle a subies. À leur arrivée dans le port de New York, les passagers sont dirigés vers Ellis Island pour le contrôle des bagages et d'interminables formalités. Sur la liste des passagers étrangers pour l'immigration, en face du nom de Léonide Moguy, dans la colonne « *Race or people* », la mention « Russe » a été rayée et remplacée au crayon par « Hébreu ». Les hommes sont séparés des femmes pour une série d'interminables contrôles et examens médicaux. Le lendemain, l'épreuve est abrégée pour les Moguy : une Rolls diligentée par la famille Louis-Dreyfus les attend. Très rapidement, le couple entreprend de rejoindre la Californie.

Afin de rassurer au plus vite son entourage, Moguy prend la plume pour donner de ses bonnes nouvelles à ses amis restés en France ou réfugiés dans d'autres pays. Sur un papier à l'en-tête du Château Marmont, un des hôtels les plus luxueux et des plus spacieux du Sunset Boulevard, il rassure son camarade Robert Darène : « Cher Robert, Nous sommes enfin à Hollywood, admirablement reçus partout. La Metro vient d'acheter mon tout dernier film *L'Empreinte du dieu* et le film sera refait ici. C'est mon quatrième film qu'on refait en Amérique. Les médecins consultés conseillent d'attendre avec l'opération de ma femme trois, quatre mois. Pour le moment, elle a besoin de repos absolu. Ensuite nous nous rendrons au John Hopkins Hospital… »

En réalité, la situation de Léonide Moguy est loin d'être idéale : les frais d'hospitalisation de son épouse sont coûteux et, plutôt qu'une suite au Château Marmont, le cinéaste n'a d'autre choix que celui de louer une chambre de bonne nettement plus modeste, où il prépare le repas sur un petit réchaud à gaz, car il y est en principe interdit d'y faire la cuisine. Bien que des photos d'identité du cinéaste estampillées par la MGM attestent que Léonide a bien été engagé par le studio qui se targue de compter plus d'étoiles que dans le ciel, aucun remake en langue anglaise de *l'Empreinte du Dieu* ne prend tournure.

Le réalisateur guette impatiemment les nouvelles de la France afin de se rassurer sur le sort de sa famille et de ses amis. Ces derniers l'avertissent du véritable triomphe remporté par *L'Empreinte du dieu*, sorti à Paris en mai 1941. Pourtant, la plupart des spectateurs ignorent que Léonide Moguy en est l'auteur. En effet, pour des raisons raciales, le nom du metteur en scène n'est pas mentionné sur les affiches et a été effacé du générique. Plébiscité comme « une réalisation puissante, durement et passionnément humaine[97] », « un film hors classe, bien digne de figurer en tête de la production française[98] », « une véritable œuvre d'art[99] », *L'Empreinte du dieu* bat des records d'entrées. Le public accourt en nombre pour s'émouvoir des malheurs de Karelina et la critique encense un sujet poignant, une interprétation remarquable et une réalisation magnifique, ce qui ne manque pas de sel puisque le film n'est pas signé ! Certains journaux attribuent la paternité de ce « chef-d'œuvre inédit du cinéma français[100] » à Charles Spaak. Pour le critique Audibert, « cette bande, cette belle bande a de toute évidence reçu l'empreinte du dieu. Quel Dieu ! Prodige du cinéma ![101] »

Le régime de Vichy exploite ce film dont l'argument vient à point nommé pour appuyer sa politique nataliste, destinée à redresser la courbe démographique du pays, très impactée par la Première Guerre mondiale. Son histoire de terroir et d'enfant naturel comporte tous les atouts pour étayer son discours. À l'agonie, le personnage joué par Pierre Blanchar déclare avec sa voix grandiloquente « qu'il a manqué son œuvre mais laissé une chose vivante ». Dans un fabuleux geste d'abnégation, l'infortunée Wilfrida accepte d'élever l'enfant adultérin que son défunt mari a eu avec sa maîtresse. Un immense et long gros plan du bébé suçant calmement son pouce, véritable angelot, vient pacifier la violence de l'intrigue et recentrer les protagonistes sur l'essentiel : la vie. Dans la dernière image, les deux femmes se promènent ensemble le long d'un chemin avec l'enfant portant en lui l'avenir et le bonheur. Outre la glorification de l'enfant,

L'Empreinte du dieu exalte à un haut degré le courage et le sacrifice, vertus prônées par le maréchal Pétain dans « une France malheureuse renaissant de ses cendres ».

En dépit de l'exploitation de son film par Vichy, rien n'affirme que Moguy ait souhaité exalter ce genre de valeurs et certainement pas pour servir une politique nataliste contre laquelle il s'élèvera dans son film de 1953, *Les Enfants de l'amour*. Comme dans *Le Mioche*, l'enfant représente pour lui l'amour incarné. Il révèle chez chacun des protagonistes ce qu'il a de meilleur tout en apaisant les conflits et discordes. Bien davantage que les messages dont on voudrait parer le film, les spectateurs de cette période noire sont impressionnés par sa crudité et la violence des situations exposées. Beaucoup se souviendront de la brutalité dont Jacques Dumesnil fait preuve à l'encontre de Blanchette Brunoy. Terrorisée, filmée en contre-plongée, elle rejoint Lillian Gish et les autres jeunes filles martyres de l'histoire du grand écran.

Cette atmosphère âpre et violente demeure encore un des meilleurs atouts du film, tout comme le réalisme bien senti de certaines scènes se déroulant dans l'estaminet de Gomar, et notamment le combat de coqs. En revanche, le couple puritain incarné par Annie Ducaux et un Pierre Blanchar au jeu prétentieux, ainsi qu'une dramatisation outrancière (l'odieux Gomar périt dans des sables mouvants au moment même où Van Bergen expire), enlèvent hélas du crédit à un ensemble qui conserve néanmoins l'immense qualité de river le spectateur sur son siège de bout en bout.

Car plus encore qu'avec *Conflit*, Léonide Moguy confirme son goût pour les émotions exacerbées et le mélodrame dans toute son acception et ses excès. Les éléments du genre sont réunis : des ressorts dramatiques schématisés, des situations improbables, des figures manichéennes. Respectant parfaitement la structure de ces compositions dramatiques, il n'en élude aucun des ingrédients. La musique, composante essentielle (étymologiquement, mélodrame fait référence au chant et à la musique), est toujours présente pour souligner avec emphase, tel un coup de tonnerre, la tension dramatique. Souvent composée par les plus grands (Honegger pour *Le Déserteur*, Wal-Berg pour *Conflit*, et Joseph Kosma, le créateur des *Feuilles mortes*, pour les films d'après-guerre), elle avive les émotions, comme dans les opéras auxquels Moguy applaudissait tout enfant et les vibrantes mélodies klezmer de sa jeunesse.

Le mélodrame, décrié et méprisé par une certaine élite, demeure aux yeux de Moguy le meilleur vecteur pour véhiculer les émotions et toucher les spectateurs. Aussi assume-t-il ce choix dont il maîtrise parfaitement les impératifs, et qui le classe parmi les meilleurs artisans d'un style à part entière, auquel il apporte ses lettres de noblesse et sa dignité par son sens du réalisme et la sincérité de l'interprétation.

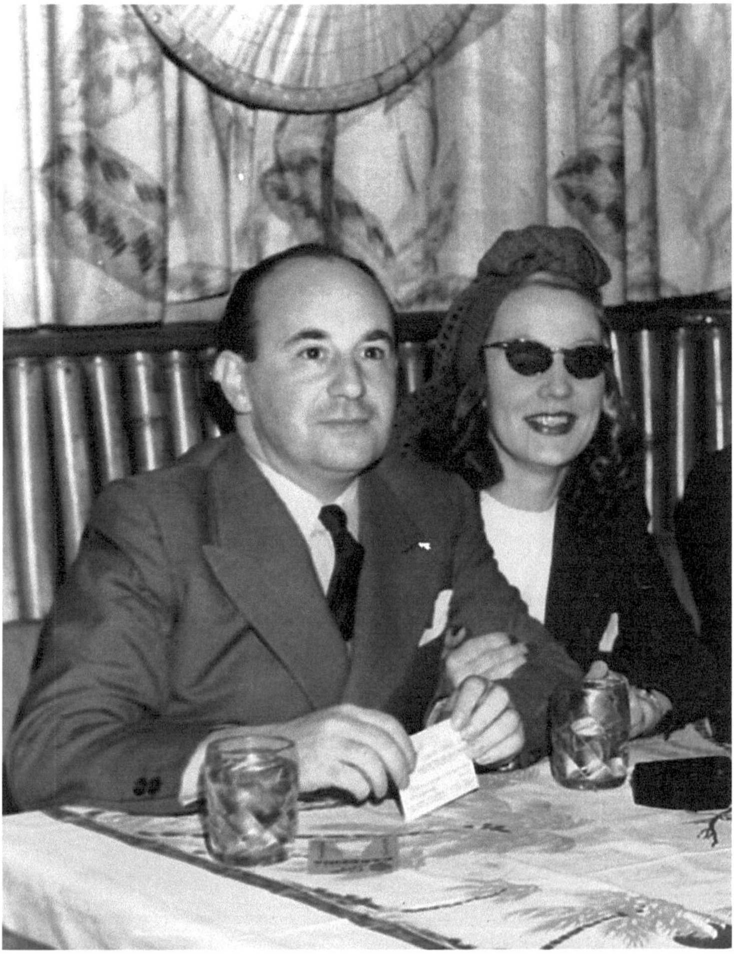

Léonide et Rune Moguy à Hollywood en 1943 (collection Katia Moguy)

X.
PARIS AFTER DARK

En dépit de l'enviable réputation dont il jouit à Hollywood pour les remakes que ses films ont suscités à l'étranger, Léonide Moguy peine à trouver une activité au sein des studios américains. Ces derniers regorgent déjà d'artistes réfugiés, ayant fui l'Europe. Si certains d'entre eux parviennent très vite à reprendre leurs marques et à se fondre dans le nouveau système pour exercer pleinement leurs talents, d'autres affrontent plus de difficultés pour s'intégrer. Une insuffisante maîtrise de la langue de Shakespeare, un manque d'autonomie dans une organisation parfaitement huilée qui impose souvent scénarios, techniciens et comédiens, représentent autant de handicaps pour les cinéastes et artistes étrangers. Il est également impératif de savoir s'entourer et de se doter d'un bon agent artistique pour valoriser son travail auprès des producteurs. La tâche est ardue, parfois décourageante. Certains cinéastes de talent en sont même réduits à se recycler dans la restauration ou le commerce pour pouvoir nourrir leur famille.

Afin de s'assurer les meilleures chances de succès, Léonide Moguy perfectionne son anglais à la Hollywood High School. Il envisage en premier lieu de mettre en scène une adaptation américaine du *Voyage de M. Perrichon*, le vaudeville d'Eugène Labiche, déjà porté à l'écran par Jean Tarride, le placide metteur en scène d'*Adémaï aviateur*. Il est probable qu'il s'agit d'une commande, tant ce sujet humoristique cadre mal avec les aspirations de l'artiste.

Moguy contacte à Paris Alain Renoir, le fils de Jean Renoir, génie du 7ème art, avec lequel il a travaillé sur *L'Empreinte du dieu*. Très satisfait de son travail de cameraman sur ce film, il lui demander de le rejoindre aux États-Unis pour travailler sur ce projet, mais le jeune homme n'obtient pas les visas nécessaires pour quitter la France. Monsieur Perrichon restera également sur le quai.

Le metteur en scène de *Prison sans barreaux* est évidemment affecté par le sort de l'Europe sous la domination nazie, et plus particulièrement par celui de son demi-frère et ses sœurs dont il n'a plus de nouvelles. Il devient en effet de plus en plus compliqué de communiquer avec la France, hormis par l'intermédiaire de la Croix-Rouge ou par d'autres subterfuges, comme le transit des courriers par la Suisse.

Cette angoisse le stimule pour travailler activement au sein des comités qui se créent aux USA pour libérer la France de ses occupants. Il rejoint ainsi le mouvement France Forever, lequel réunit les Français d'Amérique ayant refusé d'accepter l'armistice de juin 1940 et soutenant la France Combattante et le général de Gaulle. Vice-président de sa section californienne, il distribue des tracts de résistance qu'il reçoit de Londres et New York, et participe à diverses conférences pour alerter les populations américaines, dans un premier temps peu réceptives au drame se déroulant en Europe. Beaucoup d'Américains, hantés pas le souvenir du carnage de la Grande Guerre, ne tiennent pas en effet à ce que leur pays prenne part au conflit européen.

Si la plupart des intellectuels du monde du cinéma et des stars de l'écran, opposés au fascisme, prennent part aux galas de charité organisés par les différents comités pour récolter des fonds destinés aux pays opprimés, d'autres personnalités font part de leurs fortes réserves. Charles Lindbergh, héros de l'aviation, pointe du doigt « les Juifs qui s'agitent pour la guerre, en utilisant leur large influence sur les films, la presse, la radio et le gouvernement ». L'attaque par l'aéronavale japonaise de la base américaine de Pearl Harbor en décembre 1941 va cependant profondément bouleverser l'opinion américaine et entraîner l'entrée des États-Unis dans le conflit mondial. Très impliqué face à un auditoire de plus en plus attentif, Moguy continue de mobiliser l'opinion, lors des colloques auxquels il participe, au sein de France Forever et du Russian American Club de Los Angeles dont il est également vice-président. Confiant, il martèle à ses auditeurs : « Vous verrez, la France gagnera, elle ne restera pas sous la botte allemande ! »

Pour le moment, son pays est dans la tourmente et fait grise mine. Le gouvernement de Vichy instaure des cartes de rationnement alimentaire pour tenter de pallier les difficultés de ravitaillement. Les soldats français capturés pendant la débâcle ont été emprisonnés en Allemagne. Les mesures dirigées contre les Juifs s'amplifient. Par décret du 18 décembre 1941, Léonide Moguilewsky, « ayant demeuré à Paris au 34 rue Scheffer, sans domicile connu » est déchu de sa nationalité française. Au palais Berlitz se tient une odieuse exposition de propagande antisémite intitulée « Le Juif et la France ». Y figure un panneau sur les « Juifs maîtres du cinéma français ». Il réunit notamment les photographies de Bernard Natan, Marcel Dalio et Jean-Pierre Aumont. Le 20 janvier 1942, des dignitaires nazis mettent au point la solution finale, qui prévoit la déportation des Juifs de l'ouest de l'Europe vers les camps d'extermination situés en Pologne. À la demande du Troisième Reich, en étroite collaboration avec la police française et sous les ordres du gouvernement de Vichy, une rafle à grande échelle est mise en place pour arrêter les Juifs étrangers habitant en France. Le 16 juillet, 13 152 Juifs sont appréhendés à Paris, dont plus de 4 000 enfants.

Hélène Moguilewsky, qui demeure toujours rue Scheffer au domicile de Léonide, est interpellée puis conduite au camp d'internement de Drancy où elle est détenue dans des conditions épouvantables. Les supplications de son demi-frère Alexandre auprès de Pierre de Hérain, beau-fils du Maréchal Pétain, pour qu'il intervienne auprès de la police française, ne donnent aucun résultat. La pauvre Hélène est déportée, avec ses compagnons d'infortune, au camp d'extermination d'Auschwitz. Elle y sera gazée, dès son arrivée, le 1er août 1942.

Comme tous ses collègues juifs, Alexandre est frappé d'une interdiction d'exercer la médecine par un arrêté du 30 juillet 1942. Léonide Moguy est informé de l'arrestation et de l'internement de sa sœur à Drancy avec beaucoup de retard, mais le manque total d'informations de la population, ignorant le sort tragique des victimes des rafles, lui fait encore conserver quelque espoir.

Sa carrière cinématographique redémarre enfin grâce à une proposition d'André Daven, producteur de *Baccara*, réfugié lui aussi à Hollywood. Depuis l'entrée en guerre des États-Unis, les studios mettent en chantier une grande quantité de films destinés à divertir et motiver les soldats, informer et convaincre les spectateurs, et surtout renforcer le sentiment patriotique. Au gré d'intrigues souvent fictives mais distillant leur part de suspense, animées par des personnages manichéens, les films de propagande élaborés par les studios servent les intérêts du gouvernement américain. Souvent mis en scène par des cinéastes réfugiés, ils ont le mérite d'informer et de sensibiliser l'opinion sur l'évolution du conflit mondial et l'horreur de l'idéologie nazie. Comme tous les *major studios* de Hollywood, la 20th Century Fox inscrit à son programme une série de films de guerre dont *Paris Underground*, successivement rebaptisé *The Night Is Ending* et enfin *Paris after Dark*. Contrairement aux affirmations de certains quotidiens, il ne s'agit pas du premier film à évoquer la Résistance française, puisque *Jeanne de Paris*, de Robert Stevenson, avec Michèle Morgan, sorti en janvier 1942, abordait déjà partiellement le sujet.

Georges Kessel, auteur de l'argument de *Paris after Dark*, est directement concerné par l'action des réseaux et mouvements luttant en France contre l'occupant allemand. Son frère, le journaliste et romancier Joseph Kessel, futur auteur de *L'Armée des ombres* et du *Chant des partisans*, figure parmi les membres actifs de la Résistance française. Sous le nom de Joseph Pascal, il a participé à différents sabotages, transports d'armes et fournitures de faux papiers. Ses ouvrages ont été interdits par les autorités allemandes et sa photo affichée à l'exposition du palais Berlitz, précédemment évoquée. Outre sa parfaite connaissance du terrain, Georges Kessel, en tant qu'ancien fondateur du magazine à sensation *Détective*, possède un réel talent pour bâtir de palpitantes chroniques sur des faits réels. L'une d'elles a d'ailleurs déjà inspiré *Jeanne de Paris*. Harold Buchman, chargé de tirer un scénario de l'histoire de Kessel, s'inspire de l'action du Front national de lutte pour l'indépendance de la France, mouvement de résistance créé en 1941 à l'appel du parti communiste.

La 20th Century Fox envisage d'abord de confier la direction de *Paris after Dark* à Robert Florey, metteur en scène versatile d'origine française dont l'abondante filmographie ne comporte rien de remarquable. Il se murmure que le personnage de la française résistante pourrait être attribué à la star française Annabella, épouse de Tyrone Power. Finalement, le marseillais André Daven, ancien partenaire à l'écran de Rudolph Valentino, est chargé de la production. Il songe naturellement à faire appel au talent de Moguy, dont il a apprécié l'efficacité et les talents de metteur en scène lors du tournage de *Baccara*. Le choix semble s'imposer de lui-même, tant l'implication de Moguy dans les actions de soutien à la France libre est réelle et active. Enthousiasmé par le projet, le cinéaste s'empresse de demander sa liberté auprès de la MGM pour pouvoir signer avec la 20th Century Fox.

Riche en péripéties et intenses émotions, le scénario conçu par Buchman ne peut que le séduire et faire écho à son travail d'avant-guerre dans les studios français. Situé dans un Paris occupé par les Allemands, *Paris after Dark* relate le drame d'une infirmière qui souhaiterait épauler le directeur de l'hôpital où elle travaille, chef d'un réseau de résistance, malgré la méfiance de son mari. Longtemps fait prisonnier par les Allemands, ce dernier préfère prudemment rester à l'écart. Une série de drames, dont l'assassinat de son beau-frère par les nazis, finira par le convaincre. Héroïquement, il sacrifiera sa vie pour sauver sa femme et servir le mouvement qu'elle a rejoint.

Moguy ne dispose pas d'une grande marge de manœuvre dans le choix de ses collaborateurs. Après avoir tenté d'obtenir la rousse Maureen O'Hara pour le rôle principal féminin, la Fox lui impose Brenda Marshall, l'épouse de William Holden, révélée par *L'Aigle des mers*. George Sanders, lié contractuellement avec la firme, est chargé d'incarner le docteur résistant. L'acteur hollandais Philip Dorn, qui en 1938 jouait encore en Allemagne nazie dans le remake de *L'Aurore* de Murnau signé par le très compromis Veit Harlan, est désigné pour interpréter le mari pleutre de la garde malade. Malgré les cinq petites semaines accordées pour le tournage, celui-ci se déroule dans de très bonnes conditions. Le réalisateur parvient à forger une belle entente avec son scénariste et son équipe, qu'il exhorte de ces paroles galvanisantes : « Ce n'est pas à mon film que vous travaillez, c'est à votre film, à un film pour la France prisonnière, pour la France combattante dont l'idéal est identique au vôtre. » Il parvient même à établir des rapports cordiaux avec George Sanders réputé difficile, en avouant : « J'ai usé de psychologie. Je lui ai demandé son opinion sur la façon de jouer certaines scènes. Je lui ai dit que tel ou tel acteur était content de se trouver à ses côtés, en raison de son talent renommé… »

Très investi, chaque participant offre le meilleur de lui-même pour cette noble cause, en se faisant le porte-voix de la France et de la liberté. Les messages émis dans le film rejoignent les slogans animant les mouvements de libération de la France. Comme l'indique un des personnages, « il n'y a plus de royalistes, de démocrates ou de communistes. Aujourd'hui, soit un homme est pour les nazis ou contre eux ». Cette réplique fait écho à la quête de cohésion des réseaux de résistance, et notamment de ceux émanant du PCF. Ces mouvements tendent une main fraternelle à tous les Français en formulant un large appel aux citoyens désirant lutter effectivement contre Hitler, quelles qu'aient pu être antérieurement leurs positions politiques. Comme le général de Gaulle qui convie, dans son appel du 18 juin 1940, tous les Français à s'unir dans l'action, dans le sacrifice et dans l'espérance, le film rappelle qu'« il vaut mieux combattre ici que de mourir comme des esclaves et otages en Allemagne ». Lors de la conclusion, riche en émotions, la jeune résistante s'adresse, grâce au micro d'un poste de radio clandestin, à son mari sur le point d'être exécuté et à ses compatriotes, et livre un vibrant appel pour sauver et délivrer la nation : « Nous vaincrons. Nous ne cesserons jamais la lutte. La liberté ne mourra jamais dans le pays qui l'a vue naître. »

Le message délivré par le film est d'autant plus efficace qu'il est porté par une véritable tension dramatique, montant crescendo, et des protagonistes déchirés entre leurs intérêts personnels et leur amour de la patrie, de la liberté et de l'humanité. L'interprétation vibrante des divers comédiens, dont Moguy a su capter le meilleur, apporte une indéniable touche de sincérité et d'émotion à l'ensemble.

Parmi eux figure Marcel Dalio. Le talentueux comédien s'est illustré dans quelques chefs-d'œuvre du cinéma français des années 30, comme *La Grande Illusion* et *La Règle du jeu*, sans oublier *Conflit* où il faisait chanter et terrorisait la pauvre

Annie Ducaux. Doué pour incarner les traîtres et les salauds, mielleux et flagorneur à souhait, l'acteur est parvenu, lentement certes, et dans des rôles parfois minuscules, à s'imposer dans le microcosme hollywoodien, qu'il a rejoint en 1941. Haï par les autorités allemandes et vichyssoises qui le désignent comme un ennemi de la France et le prototype même du Juif en raison des personnages qu'il a si brillamment joués à l'écran, le comédien a été contraint de fuir son pays natal. Sa famille sera assassinée dans les camps de concentration. Aux côtés de Dalio se remarque la talentueuse Madeleine Lebeau, dont il vient à peine de divorcer. Après une apparition remarquée dans *Casablanca,* œuvre mythique de Michael Curtiz, la ravissante antonienne tient avec aplomb le rôle d'une courageuse résistante. Des années auparavant, l'audacieuse brunette avait tenté d'obtenir un rôle dans *Conflit*, mais Moguy avait jugé qu'elle manquait de maturité pour être retenue dans la distribution, tout en lui conseillant de prendre des cours de comédie. Ils lui furent assurément profitables.

Stimulés par la force du sujet et leur rôle dans un film qui dépasse le simple divertissement et l'expérience extraordinaire qu'ils sont en train de vivre, les différents participants tiennent à manifester leur respect et leur admiration pour leur si prévenant metteur en scène. Un banquet est organisé en son honneur dans le bar du studio, rebaptisé pour l'occasion café de Paris. Moguy peine à cacher son émotion quand il découvre l'estrade installée sur la scène, où figure la mention « Moguy for President ». Sous les applaudissements, un petit souvenir lui est remis pour le remercier d'avoir fait briller la camaraderie et l'allant français. Plus qu'un témoignage de sympathie envers le cinéaste, cette manifestation amicale et spontanée, tout à fait exceptionnelle, se veut un hommage à la France combattante. Un silence ému gagne l'assistance, troublée par ce moment de solidarité.

Moguy peut être fier de son travail. Force est de constater que l'intensité de *Paris after Dark* tranche d'emblée avec les nombreux films de propagande, préparés à la va-vite, qui fleurissent sur les écrans américains et exposent souvent d'improbables situations, animées par des personnages stéréotypés. Ce sentiment ressort nettement des critiques exprimées, lors de la sortie du film en octobre 1943, par la presse. Elle encense « un des films les plus excitants de l'année [102] ». *L'Union nouvelle*, magazine français de Los Angeles, ne cache pas son admiration pour le cinéaste : « Son cœur rempli d'amour pour cette France qu'il a choisie, qu'il sert depuis des années, donne des films qui sont célèbres dans le monde entier. Il lui reste à prouver à tous que la France, en dépit de ses épreuves, est et restera, en même temps qu'une grande nation, la patrie des Arts. Il s'agissait de tenter l'impossible pour prouver que nous voulions nous montrer dignes de la France. Notre cause a été confiée à Léonide Moguy : il a triomphé une fois de plus, au-delà de toute expression. »

Le très exigeant Bosley Crowther du *New York Times* ne partage pas l'enthousiasme général et regrette que « ce qui aurait dû être un beau film sur la reconversion d'un homme se révèle être un mélodrame guindé qui est à la fois graphiquement et émotionnellement terne [103] », avec une « distribution exceptionnellement indigeste ». En parcourant cet avis des plus sévères, on peut s'interroger sur l'objectivité de son auteur, et surtout se demander s'il jugera avec autant d'intransigeance les centaines de films de guerre mis en chantier les mois suivants, sans posséder les mérites de *Paris after Dark*. Dédaignant les réserves de quelques cinéphiles grincheux, Moguy se réjouit de l'accueil réservé au film par le public et surtout de son impact sur les esprits. Le vice-président de la délégation du Comité national français aux États-Unis lui adresse « ses très sincères et vives félicitations pour l'œuvre remarquable [qu'il] a accomplie », le complimentant pour « la belle propagande française et gaulliste » : « C'est vraiment un travail de bon Français. On devine ce qu'il a fallu d'amour et de ténacité pour soutenir la ligne parfaite que représente votre film ».

Très fier de ces éloges, Moguy adresse un télégramme au général de Gaulle pour l'informer de la sortie de son film, dédié « aux soldats sans uniforme de la France prisonnière, qui sous le signe de la croix de Lorraine continuent la lutte pour le prestige et la libération de la France ». Le chef du Comité français de libération nationale lui répond avoir été très touché par son télégramme tout en lui adressant tous ses vœux pour la réussite de son œuvre. De l'Office de guerre de l'information, Pierre Lazareff, le célèbre patron de presse parisien qui codirigeait la société de production de Simone Berriau, réfugié lui aussi aux États-Unis, câble à son ami ces quelques mots : « Tu ne peux savoir combien cela m'a fait plaisir d'apprendre la réussite de ton premier film, combien je suis content que ce film soit consacré à la France. Je ferai l'impossible pour diffuser, ainsi qu'il est en mon devoir de le faire, les échos de cette réussite. »

Le 22 novembre suivant, le grand journaliste reprend contact avec Moguy pour lui demander de participer à la réalisation d'une série de disques destinés à être diffusés en France dès la Libération par la radio du gouvernement américain. Infatigable, le cinéaste ne manque pas de répondre à sa requête, tout comme Charles Boyer, Victor Francen et Adolphe Menjou.

Parallèlement, il participe à plusieurs séminaires consacrés à l'éducation et à la réinsertion des mineurs en difficulté, sujet qui lui tient toujours autant à cœur. Dès l'été 1941, Culbert Olson, le gouverneur de Californie, enthousiasmé par *Prison sans barreaux*, le convie à une série de conférences réunissant des juges, officiers et simples citoyens intéressés par le problème de la prévention et du traitement de la délinquance juvénile. En adhérant à la National probation association (NPA), Moguy est notamment appelé à représenter plusieurs États au congrès chargé de la rééducation de l'enfance difficile.

Avec beaucoup d'assurance et une parfaite maîtrise de son sujet, le cinéaste français disserte de psychologie et de droit pénal, devant un public étonné de découvrir un cinéaste aussi affable qu'élégant. Loin de tout dogmatisme, il exprime ses craintes au sujet d'une jeunesse peinant à trouver ses marques dans la société, et s'inquiète plus particulièrement du sort des victimes du conflit en Europe : « les enfants en Espagne et en Pologne vivent comme des animaux. Les conséquences de la guerre seront terribles[104] ». Il affirme de nouveau que l'environnement est la principale cause de la délinquance juvénile et applaudit les États-Unis pour leur avance sur ce sujet par rapport à l'Europe.

Outre son engagement pour la libération de la France et son combat en faveur de la jeunesse délinquante, Léonide Moguy prend parti au sein du Hollywood Democratic Committee, association d'artistes œuvrant pour soutenir le programme et la réélection of Franklin D. Roosevelt. Sur tous les fronts, il ne peut se résigner à baisser les bras devant l'horreur de la situation internationale.

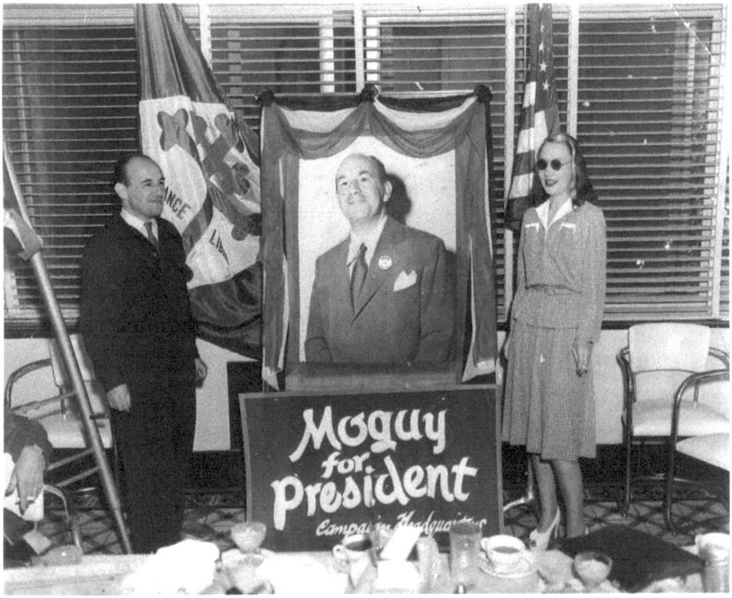

Léonide et Rune Moguy en 1943 militent pour France Forever
(collection Katia Moguy)

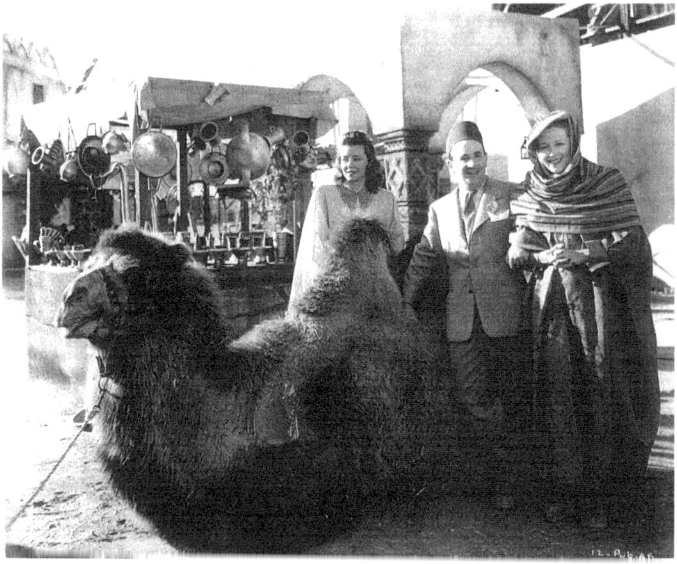

Moguy et Virginia Bruce dans les décors *d'Intrigue à Damas* – 1944
(collection Katia Moguy)

XI.
INTRIGUE A DAMAS

Alors que *Paris after Dark* vient tout juste d'atteindre les écrans américains (en France, il ne sera projeté que dans quelques salles de province en 1946, sous le titre *Paris à l'aube*), Moguy est embauché par la RKO. Ce studio a fait fortune dans les années 30 grâce aux merveilleuses comédies musicales de Fred Astaire et Ginger Rogers. Il est d'abord question de lui confier la direction d'un drame psychologique sur fond de folie meurtrière, avec Cary Grant en dangereux psychopathe, Maureen O'Hara et Laraine Day. Après moult péripéties, Jacques Tourneur lui est préféré : le film sortira sous le nom d'*Angoisse (Experiment perilous)*, en s'appuyant sur une nouvelle distribution composée de George Brent et Hedy Lamarr.

Léonide Moguy envisage ensuite de rédiger avec Herbert Biberman (scénariste d'origine russe, co-auteur de la trame de *Veillée d'amour – When tomorrow comes* de John M. Stahl) un synopsis basé sur la vie d'une actrice du cinéma français, agent double travaillant pour le compte de la police du Troisième Reich. Le metteur en scène précise l'avoir « rencontrée à Paris alors qu[’il] tournait un film à la veille de la guerre – film sacrifié en pleine production sur les ordres d'un haut fonctionnaire. Cela ferait un beau film, la carrière de cette femme... Mais d'abord, nous devons attendre la fin de la guerre et voir comment se termine le dernier chapitre de sa vie. » ajoutant que cette dernière « ne vaudra pas grand-chose après la guerre. [105]»

Vraisemblablement, la comédienne évoquée n'est autre que Dita Parlo et le film sacrifié *L'empreinte du dieu* : le cinéaste a, en effet, été contraint d'en recommencer le tournage en renonçant à la présence de l'actrice allemande, arrêtée et incarcérée par les autorités françaises. Moguy ne précise pas qu'il connaît fort bien la belle Dita, excellente camarade bien avant le tournage du film. Beaucoup de soupçons pèsent sur l'attitude de l'actrice de la *Grande illusion* pendant l'occupation. Lors de la libération du camp de Gurs par les Allemands en juillet 1940, elle figurait en tête d'un groupe de femmes accueillant les nazis « avec des Heil Hitler enthousiastes et le salut fasciste.[106] » A la libération, il sera reproché à « la nouvelle Mata-Hari » d'avoir été la maîtresse du Dr Fuchs, adjoint du directeur de la police allemande, et l'amie d'Henri Lafont, chef de la Gestapo française. La presse prétendra que l'actrice servait d'indicatrice à tous les services nazis, qu'elle s'approvisionnait dans les camps où l'on entreposait les meubles, l'argenterie et les bijoux des Juifs avant leur transfert en Allemagne et qu'elle aurait réalisé plus de 700 millions de francs de bénéfices en trafiquant des cuirs et des textiles. Accusée d'intelligences avec l'ennemi, elle sera internée au camp de Drancy en septembre 1944, puis au fort de Noisy à Romainville. La vedette des années 30 finira par obtenir un tardif non-lieu sur ses activités pendant l'occupation, mais sa carrière sera rudement altérée par cette suite d'événements et ces terribles accusations. Magnanime, Moguy pardonnera sa vieille amie et l'invitera en 1953 sur le plateau des *Enfants de l'amour*.

Finalement, un autre projet, également en accord avec les préoccupations du moment, est alors confié à Moguy. S'inspirant de *Casablanca*, le chef-d'œuvre de Michael Curtiz, il s'inscrit à nouveau dans la résistance, même si son intrigue se situe cette fois-ci au Moyen-Orient. Imaginé par Herbert Biberman, le scénario riche en péripéties d'*International Zone* narre les aventures d'un ingénieux journaliste américain de passage à Damas, haut lieu de l'espionnage, enquêtant sur le meurtre d'un de ses collègues. L'audacieux reporter parvient à déjouer un complot fomenté par les nazis pour amadouer les tribus arabes et détruire le canal de Suez. Il est impossible de résumer l'intrigue de ce divertissement à suspense en quelques lignes, tant il abonde en épisodes peu vraisemblables.

Le budget alloué pour ce film est fort modeste, et bien inférieur à celui prévu initialement pour *Angoisse* : les scènes d'intérieur sont situées dans des décors ayant notamment servi pour *Autant en emporte le vent*. Plutôt que de tourner en plein désert, Moguy est sommé d'utiliser des passages d'un film inachevé d'Ernest B. Schoedsack et Merian C. Cooper, les créateurs de *King Kong*, sur la vie de Lawrence d'Arabie. Une séquence particulièrement spectaculaire de révolte bédouine, tournée en Syrie, est ainsi habilement intégrée au récit : un jeu d'enfant pour le chirurgien du cinéma français, habitué à ce genre d'exercice. La filmothèque qu'il avait créée à Kiev en 1926 n'était-elle pas notamment destinée à réutiliser des chutes ou passages d'anciens films afin de rationaliser les coûts et temps de production ?

Dans un souci de véracité qui peut étonner au regard des rebondissements peu vraisemblables d'un synopsis proposant pour toile de fond une Arabie de pacotille revue à la sauce hollywoodienne, la RKO prend soin d'entourer le metteur en scène de différents conseillers techniques : un spécialiste des affaires syriennes, une jeune Turque ayant étudié les danses des tribus bédouines, et Robert Milton, expert en matière de politique du Proche-Orient. Malgré ce louable effort et l'évocation des craintes des États-Unis face à l'attitude parfois ambiguë des pays arabes dans le conflit mondial, le principal souci de la production est de divertir le spectateur et de le tenir en haleine. Docile, Moguy se conforme à la commande qu'on lui a passée, en arguant auprès de ses proches : « À Hollywood, on ne demande pas à un metteur en scène de l'originalité, mais de grandes qualités techniques et du travail soigné. Il fait partie d'une organisation dans laquelle il a une place strictement mesurée, moyennant quoi il a toutes facilités pour travailler[107]. »

Parmi les assistants entourant Moguy figurent deux géants du cinéma en devenir, non crédités au générique : Robert Wise, futur metteur en scène de *West Side Story*, et le jeune Robert Aldrich, chargé depuis 1941 de différents petits jobs à la RKO. Comme à son habitude, Moguy laisse toute latitude à ces talents prometteurs pour lui suggérer des idées et prendre un grand nombre d'initiatives. Quand, des années plus tard, Bernard Toublanc-Michel fera remarquer à Moguy que les dialogues de *Donnez-moi ma chance* sont particulièrement médiocres, Moguy lui répondra calmement que, dans ce cas, aux États-Unis, les assistants se chargeaient spontanément d'en écrire de nouveaux… tout en précisant que Robert Aldrich fut l'un d'eux.

La RKO distribue les principaux rôles à la blonde Virginia Bruce, ancienne girl des Ziegfeld Follies, et George Sanders, le héros de *Paris after Dark*, emprunté à la 20th Century Fox. Pendant les prises de vues, Moguy, très détendu, s'amuse à se coiffer d'un fez pour poser avec l'ancienne chorus girl devant un vieux chameau. Mais l'action n'a pas lieu qu'en Arabie ou sur les plateaux : un matin, George Sanders entre en collision avec la voiture de son metteur en scène, juste devant le studio, et endommage le véhicule du réalisateur. Ne perdant pas son sens de l'humour, Moguy le menace, pour se venger, de rajouter au scénario une scène avec des chameaux dont l'acteur a une sainte horreur. Sanders lui réplique alors qu'il est prêt à lui racheter une voiture afin d'éviter ce supplice, bien que le cinéaste soit fautif pour avoir démarré au feu rouge ! Malgré cet incident qui contraindra Moguy, blessé à la cheville, de diriger certaines scènes en fauteuil roulant, le sarcastique acteur britannique avouera plus tard ne garder aucun souvenir du film. Pourtant, il y campe de façon assez délectable un reporter homme du monde issu en droite ligne du suave détective du *Falcon*, qui a fait sa gloire deux ans auparavant.

Loin d'être un chef-d'œuvre de l'histoire du cinéma, *Intrigue à Damas* n'en demeure pas moins un agréable film, fort divertissant, à apprécier avec le recul nécessaire, voire un goût certain pour le second degré ! Clin d'œil direct à *Casablanca*, il débute par une introduction récitée par Lou Marcelle alors que la caméra s'attarde sur une carte d'Afrique du Nord. Puis, sans temps mort, les péripéties les plus extravagantes s'enchaînent joyeusement dans un genre plus proche de la bande dessinée pour éternels enfants que du film de guerre. À sa sortie, ce film a droit à quelques papiers amusés, dont celui plein d'esprit du *New York Times*, où Bosley Crowther compare Michael Gordon, le journaliste anglais incarné par George Sanders, à *Flash Gordon (Guy l'Éclair)*, le héros du *comic strip* de science-fiction : « Whah ! La façon dont il s'empare de l'avion nazi et survole le désert, après avoir découvert que les vilains rusent pour fomenter la révolte des tribus arabes. *Action in Arabia* est une fantaisie s'apparentant aux aventures du personnage de bande dessinée. Léonide Moguy l'a dirigée avec un flair pour l'exagération qui la distingue des meilleures intrigues de série B. Si on le prend comme une pure plaisanterie, *Action in Arabia* est très amusant[108]. » Pour le *Hollywood Reporter*[109], Léonide donne là une autre preuve de son talent. Il sait garder le rythme en utilisant une caméra exceptionnellement fluide et démontre la force de sa personnalité en faisant fi des limites de son sujet.

Ce genre de production, totalement dénuée de prétention mais jouant parfaitement son rôle de divertissement, a l'avantage de conserver une agréable fraîcheur, se jouant des modes et des années. Malgré le budget de misère mis à sa disposition, Moguy parvient en quelques clichés à donner du panache à l'ensemble. Amateur éclairé du cinéma des années 40 et de l'œuvre de Léonide Moguy, Quentin Tarantino sera notamment impressionné par le magnifique mouvement de grue suivant George Sanders alors qu'il grimpe les escaliers de son luxueux hôtel damascène, survolant les ventilateurs suspendus au plafond. Il s'en inspirera pour son film *Inglorious bastards*, en utilisant la même technique pour suivre l'évolution de Christoph Waltz dans les escaliers.

Pourtant, le passage le plus marquant demeure la scène empruntée au film inachevé de Schoedsack et Cooper, où les guerriers arabes révoltés foncent dans le désert sur leurs chameaux. Quentin Tarantino avouera avoir ressenti un vrai coup de cœur pour *Action in Arabia*, que lui a fait découvrir son ami Pierre Rissient. Subjugué, il qualifiera le fameux passage de « meilleure séquence d'action [qu'il ait] jamais vue dans [sa] vie de merde… le film est formidable même sans ce passage, mais quand il arrive à ce moment, il devient si fascinant que vous vous demandez : mais que suis-je en train de voir ? »

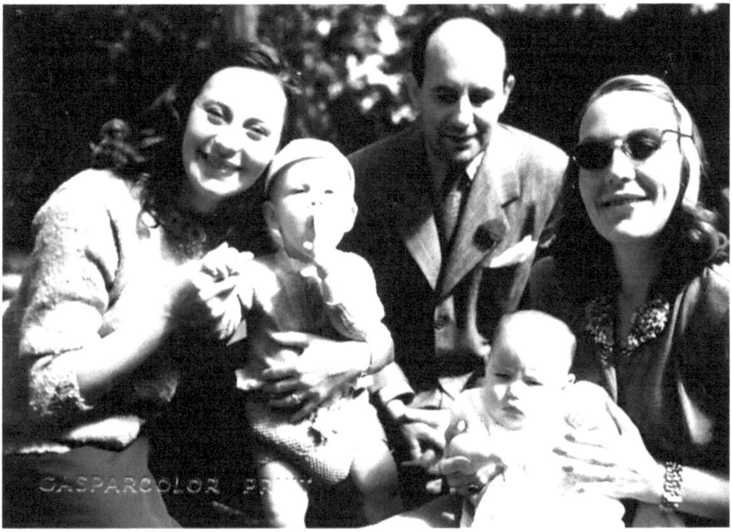

Michèle Morgan, Mike Marshall, les époux Moguy et leur fille Katia

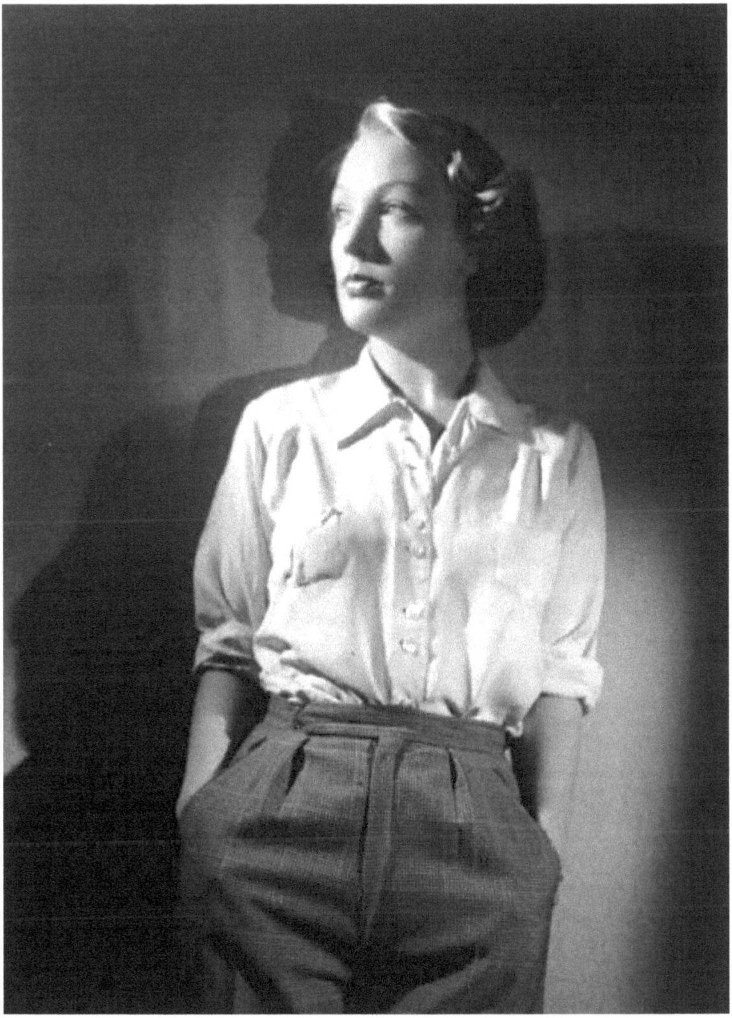

La belle Rune Moguy (collection Katia Moguy)

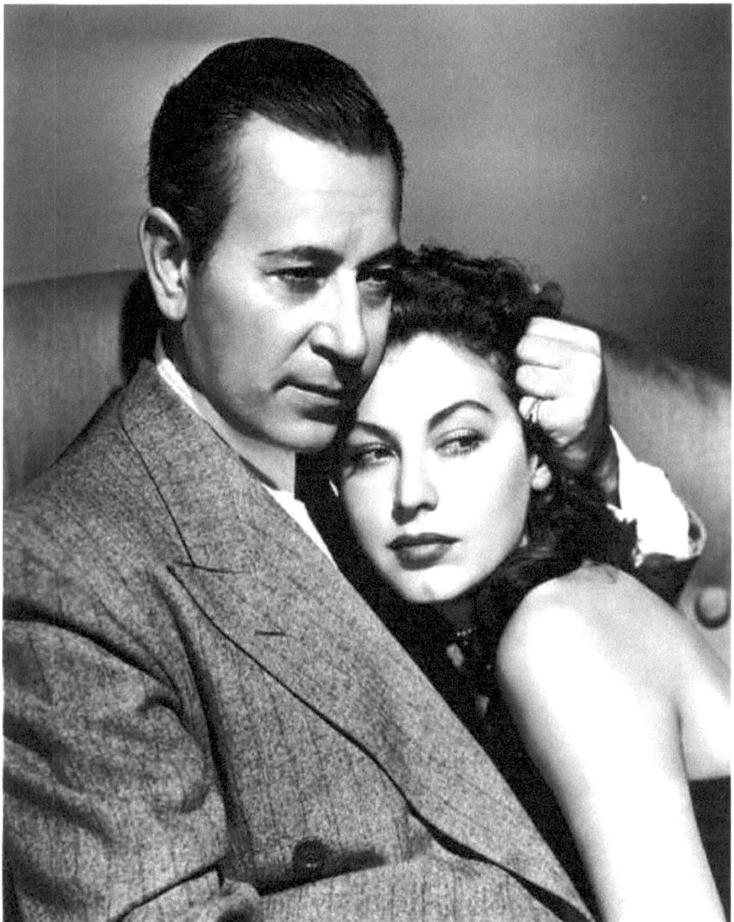

George Raft et Ava Gardner dans *Tragique rendez-vous (Whistle Stop)* – Nero films – 1946

XII.
TRAGIQUE RENDEZ-VOUS

Domicilié désormais dans un agréable petit pavillon de Beverly Hills[110], Léonide Moguy est lentement mais sûrement parvenu à imposer son nom dans le monde du cinéma américain, où la concurrence est vive. Néanmoins, cette réussite professionnelle lui paraît bien dérisoire. Sans nouvelles de certains membres de sa famille depuis des années, le cinéaste souffre de leur silence, de la crainte oppressante de ne plus jamais revoir certains d'entre eux. Fébrilement, il suit les informations parcellaires venant d'Europe. Pourtant, il tient à garder un espoir inébranlable et une foi profonde en un monde meilleur. Lui qui n'a jamais douté de la victoire de la France libre, même pendant les heures les plus sombres, explose de joie en apprenant le débarquement des troupes alliées en Normandie, et leur avancée vers Paris.

Un bonheur n'arrivant jamais seul, le cinéaste apprend qu'il va être papa, ce qui le rend fou de joie. L'accident de Rune pendant l'exode, puis ses nombreuses interventions chirurgicales, avaient en effet retardé ses projets de maternité. Le 31 janvier 1945, le carnet rose du magazine *Film Daily* nous informe de la naissance d'une petite Katherine Helen à l'hôpital presbytérien de Hollywood. Ses prénoms sont ceux de la mère décédée de Moguy et de sa sœur, dont il n'a plus aucune nouvelle depuis son arrestation par les nazis en 1942. Très vite, l'adorable nourrisson sera surnommé Katia.

Tout en pouponnant, Moguy reste attentif au sort de ses anciens collègues demeurés en France, avec lesquels il peut enfin rétablir un contact. Consacrant une bonne partie du salaire empoché lors de ses dernières réalisations à des actions caritatives, il adresse à ses vieux camarades des colis de nourriture et de vêtements, et tente de persuader les agents des studios de cinéma de venir en aide à leurs homologues français, en organisant différentes manifestations.

Éloigné des studios pour traiter de douloureux calculs rénaux qui lui empoisonnent l'existence, il parcourt néanmoins attentivement les synopsis qu'on lui adresse. Il est notamment pressenti pour réaliser *Heaven for Jenny*, pour le fidèle Arnold Pressburger, producteur de *Prison sans barreaux*. Ce dernier a fort bien su négocier son transfert à Hollywood en lançant des films aussi marquants que *Shanghai gesture*, de Josef Von Sternberg, ou *C'est arrivé demain* de René Clair. Basée sur une histoire écrite par Mary Loos, sœur de la fameuse auteure des *Hommes préfèrent les blondes*, cette gentille fable, contant les malheurs d'une sage orpheline adoptée par un docteur, est pétrie de bons sentiments et de sentences bibliques, ce qui n'est pas pour déplaire à Léonide. Finalement, rebaptisé *Driftwood*, le film n'atteindra les salles obscures qu'en 1947, sous la direction du vétéran Allan Dwan, avec la très jeune Natalie Wood, future grande étoile du cinéma.

Au printemps 1945, Moguy est contacté par Seymour Nebenzal, cousin de Robert Siodmak et producteur de quelques chefs-d'œuvre du début du cinéma parlant tels que *M le Maudit* ou *L'Opéra de quat' sous*. Il lui propose de mettre en scène l'adaptation filmée de *Whistle Stop*, dont le scénariste Philip Yordan a récemment acquis les droits. Rédigé par Maritta M. Wolff, jeune étudiante de vingt-deux ans, ce roman à scandale dresse, avec beaucoup de réalisme, d'empathie mais aussi d'humour, le portrait d'une famille oisive d'une petite bourgade ouvrière du Michigan. Avec une grande liberté de ton, l'écrivaine y aborde des thèmes aussi délicats que l'alcoolisme, l'infidélité, l'inceste, la prostitution et la démence. Compte tenu du code de moralité extrêmement strict veillant sur la production américaine, Philip Yordan a été contraint de procéder à de larges coupes dans le roman, édulcorant certaines situations afin d'éviter les foudres de la censure. Il était notamment hors de question de présenter une relation incestueuse entre un frère et une sœur !

L'essentiel pour le scénariste, intéressé aux bénéfices, est de conserver le titre du best-seller, indispensable appât pour attirer les spectateurs. Il a brodé sur ce canevas l'histoire d'une jeune entraîneuse de retour dans le petit village de son enfance pour régler ses comptes avec deux anciens prétendants : un joueur de poker frustré et le propriétaire d'un dancing qui se disputent ses faveurs. Malgré les amputations et modifications de l'œuvre d'origine, nuisant autant à la logique du récit qu'à la compréhension des motivations des différents protagonistes, la dimension sociale du sujet et la forte tension dramatique du scénario retiennent immédiatement l'attention de Moguy. Il pense enfin trouver là un sujet à sa mesure, dans la même tonalité sombre que *L'Empreinte du dieu*.

Le rôle principal du film est confié à George Raft, l'inoubliable gangster de *Scarface*. Il n'a plus l'âge du personnage mais jouit encore d'une certaine notoriété, malgré l'ascension rapide de son rival Humphrey Bogart qui l'a supplanté depuis quelques années dans ce type de créations. Philip Yordan, également producteur associé, a suggéré à Nebenzal d'engager la séduisante Ava Gardner, toute jeune actrice sous contrat avec la MGM. L'emprunt à la firme du lion ne lui a pas coûté cher : hormis quelques figurations à l'écran, la brunette aux yeux verts est davantage connue pour son mariage médiatique avec le très populaire

Mickey Rooney, ou son mariage avec le bien nommé Artie Shaw, chef d'orchestre au cœur d'artichaut.

Lors d'un cocktail organisé par son impresario Ralph Blum, Moguy est présenté à la belle impudente qui l'invective : « Je sais que vous êtes à Hollywood pour préparer un film pour United Artists. » Le cinéaste détecte chez cette splendide brune au profond décolleté, cette femme au regard intelligent, à l'aspect félin et envoûtant, un sublime papillon qu'il va pouvoir extraire de sa chrysalide.

En dépit du budget étriqué, un décor de gare est construit en une seule nuit par deux cents ouvriers dans les studios de Sam Goldwyn, sous la supervision d'un directeur de la Southern Pacific. Malgré son anglais encore perfectible, que son accent russe rend peu intelligible, Moguy s'efforce de donner à ses comédiens les instructions nécessaires, en joignant plus que jamais les gestes à la parole afin qu'ils s'imprègnent au mieux de leurs rôles. La tâche est assez ardue, compte tenu des nombreuses incohérences et lacunes émaillant le récit retravaillé par Philip Yordan. D'après le témoignage de ce dernier, les deux vedettes principales, peu concernées par les personnages qu'elles doivent incarner, éprouvent les plus vives difficultés à réciter de manière convaincante leurs répliques. Déconcerté, le scénariste est obligé de retravailler ses dialogues afin de les réduire au strict minimum pour ne pas embarrasser les interprètes.

Moguy avouera des années plus tard, en caressant son crâne chauve, avoir perdu la plupart de ses cheveux en essayant de tirer d'Ava Gardner une prestation à peu près convenable[111]. A défaut de pouvoir extraire le monolithique George Raft d'une certaine torpeur, ou d'exiger une grande performance d'actrice de la part d'une Ava Gardner encore inexpérimentée, Moguy s'efforce de mettre en valeur la forte tension érotique que cette dernière dégage.

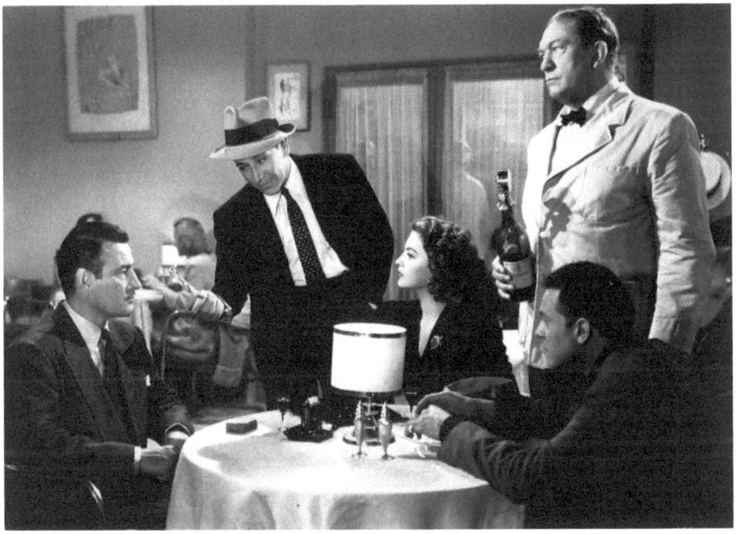

Gerorge Raft, Ava Gardner et Victor McLaglen
dans *Tragique rendez-vous* (1946-Nero films)

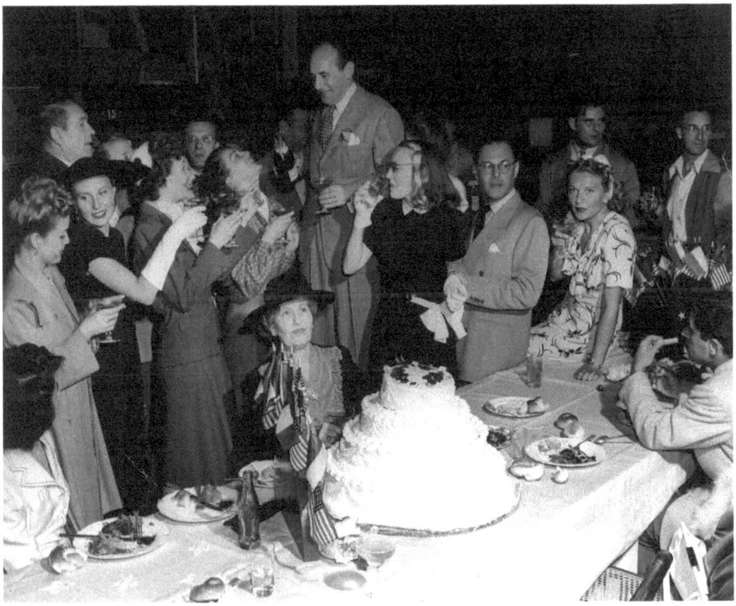

Une party en l'honneur de Moguy avec Michèle Morgan
et Ava Gardner (collection Katia Moguy)

Alors que la starlette, coquette, souhaiterait porter une chemise de nuit vaporeuse et ornée de plumes, il lui suggère d'endosser plutôt une robe de chambre d'homme, portée à même la peau. Têtue, Ava refuse d'abord la proposition puis finit par capituler, non sans quelques larmes. Moguy a eu raison d'insister : dans cette tenue toute simple, la vedette irradie un magnétisme troublant.

Comme toujours quand Moguy dirige les opérations, une bonne humeur générale soude l'équipe entière. En fin de journée, la voluptueuse Ava Gardner accompagne parfois en boîte de nuit son partenaire George Raft, danseur émérite. Le 14 juillet 1945, jour de son anniversaire, Moguy interrompt les prises de vues à deux heures de l'après-midi pour que toute sa troupe puisse écouter religieusement la retransmission radiophonique des célébrations parisiennes de la fête nationale, les premières depuis la guerre dans une France fraîchement libérée. Il ignore que sa troupe, avec la complicité de son épouse, lui a préparé depuis des semaines une surprise de taille. Un véritable décor de 14-Juillet, avec placette et petit bistrot, estrade et drapeaux, est aménagé dans un coin du studio. A six heures du soir, alors qu'il est au volant de sa voiture et sur le point de rejoindre son domicile, Moguy entend une fanfare entonner les notes de *La Marseillaise*, avant d'enchaîner sur des valses musettes.

Une atmosphère de fête populaire envahit le plateau, rapidement rejoint par les vedettes du film, Ava Gardner et George Raft, et les meilleurs amis du cinéaste : Michèle Morgan et son mari Bill Marshall, Anna Sten, Linda Darnell, Adrienne d'Ambricourt, Emmanuel Zama, et un Victor McLaglen survolté qui monte sur une table pour danser. Trois ans après le banquet organisé pendant le tournage de *Paris after Dark*, Moguy est infiniment touché par cette nouvelle marque de gratitude. Il est époustouflé par le soin qu'ont apporté les décorateurs à reconstituer un petit coin de Paris pour lui donner l'impression d'être à nouveau sur le sol français. Alors que résonne la *Marche lorraine*, le cinéaste reçoit des ingénieurs du son une jolie serviette marquée à ses initiales, ainsi que de nombreux autres présents offerts par les convives et par la délégation du Cercle russo-américain. Couvé par le regard troublant d'Ava Gardner, blottie à ses côtés, Moguy coupe les parts de son immense gâteau d'anniversaire, sous les acclamations de la foule et les « Vive la République ! ».

Une surprise n'arrivant jamais seule, Moguy reçoit quelques jours plus tard la visite impromptue du bondissant Danny Kaye. Le très populaire comédien, préparant sur un plateau voisin *Le Laitier de Brooklyn*, a tenu à saluer et encourager son lointain cousin et la belle Ava. Une photo prise pendant cette rencontre nous montre la provocante brune, accoudée à une rampe, sexy en diable dans sa robe de chambre en soie, jouant de ses superbes jambes devant les regards rêveurs de Moguy, George Raft et Danny Kaye, tous littéralement subjugués. On les comprend !

À sa sortie en 1946, *Tragique Rendez-vous* remporte un joli succès public, en dépit du scepticisme des chroniqueurs de Hollywood, déçus par le côté fauché de la production, le manque d'espace et de mouvement, et les décors réduits au strict minimum. Le journaliste Bosley Crowther ne prend pas de gants pour éreinter le film : « une part de la vie sordide d'une petite ville du Middle West avait été transcrite assez fidèlement dans le roman de Maritta Wolff ; on ne peut en dire autant du film qui en a été tiré. Cette concoction purement artificielle manque de saveur, de consistance, et même de suspense dramatique. Et pire que tout, elle est abominablement interprétée... [112] » Malgré ces réserves, quelques plumes s'accordent à reconnaître la qualité de la mise en scène de Léonide Moguy qui « parvient à tirer le meilleur de ses interprètes grâce à son habileté à caractériser ses personnages de manière convaincante [113] ». Tout en rappelant les nombreuses faiblesses de la production et particulièrement l'apathique performance de George Raft, elles constatent le pouvoir attractif de ce *Tragique Rendez-vous*, et sa capacité à tenir le spectateur en haleine de bout en bout.

Grâce au talent de Russell Metty, maniant avec dextérité ombres, contrastes et prises de vues audacieuses, Moguy a su créer, à sa manière, un univers sordide et très noir, avec une crudité de ton qui lui donne un aspect brut, sans fioritures. Tentative de cambriolage, meurtre, trahison : certaines séquences étonnent par leur dureté, comme celle où, pendant la kermesse, une jeune serveuse, étourdie par le tourbillon de la valse, est lâchée par son partenaire et s'écroule devant les spectateurs attablés. Fait unique dans la filmographie du cinéaste, ses protagonistes sont dépeints sans empathie, et rien ne semble venir éclairer l'avenir des âmes perdues sur lesquelles il projette une lumière crue. Il est certain que ce choix lui a été imposé et ne correspond aucunement à ses aspirations, ni même à sa conception du cinéma. Moguy confiera d'ailleurs plus tard abhorrer les films noirs, lors de congrès où il débattra avec véhémence de leur influence négative sur les spectateurs. Cela étant, le résultat de ce qui ne fut pour lui qu'un exercice de style reste probant. Car malgré ses invraisemblances et outrances parfois grotesques, et peut-être même à cause de ses maladresses, le film garde un étrange pouvoir de séduction.

La grande gagnante du film sera sans conteste Ava Gardner. En la découvrant lors d'une projection, Walter Wanger, illustre producteur indépendant, la recommandera chaudement à son ami Mark Hellinger. Subjugué par sa présence, celui-ci l'engagera pour *Les Tueurs* de Robert Siodmak, d'après Hemingway. Il fera d'elle « le plus bel animal du monde », une des stars les plus mythiques du 7ᵉ art, en exploitant ce personnage de femme fatale dont Moguy avait déjà largement dessiné les contours. Grâce à l'intérêt croissant du public pour la sensuelle sirène de

Pandora, *Tragique Rendez-vous* fera l'objet de reprises régulières, en gagnant au fil des années une jolie réputation auprès des cinéphiles français. Pour Anthony Palou, sous l'emprise de la troublante Ava, « la caméra de Léonide Moguy semble envoûtée, hypnotisée par cette future comtesse aux pieds nus » ; il ajoute que « ce document indispensable pour voir et revoir cette jeune femme éternelle de vingt-quatre ans » est « sans doute la meilleure réalisation [114] » du cinéaste français. Selon Jean Tulard, qui n'apprécie pourtant guère l'œuvre du metteur en scène, « pour une fois Moguy a du talent [115] » !

Alors que le montage de *Tragique rendez-vous* est à peine achevé, Moguy ne songe plus qu'à se rendre en France pour retrouver enfin les siens, après cinq longues années de séparation. Pour lui, « le cinéma américain est une prison [116] » sans barreaux. Aussi accepte-t-il d'emblée la proposition d'Ernest Lupp, chef des productions Cipra à Paris, pour mettre en scène *Valet et maître*, un film musical censé marquer le grand retour à l'écran de Maurice Chevalier, aux côtés d'une vedette américaine non encore désignée. Après avoir été brièvement inquiété à la Libération et menacé par des maquisards, le célèbre Momo a très rapidement reconquis le cœur de ses admirateurs avec sa *Fleur de Paris*, hymne aux jours meilleurs. Le projet franco-américain, prévoyant des tournages dans les deux pays, est hélas très vite abandonné.

Le désir de Moguy de rejoindre la France ne se limite pas à des intérêts familiaux ou professionnels. Le cinéaste, après avoir entamé depuis deux ans des démarches pour obtenir la nationalité américaine, est en effet chagriné de constater leur insuccès. Alors que nombre de ses collègues réfugiés finissent par obtenir le tant espéré Graal, lui doit se contenter de renouveler ses visas. Il est fort possible que les réticences des autorités américaines s'expliquent par leur méfiance envers ses fréquentations, son activisme au sein de mouvements pour la libération de la France, souvent d'inspiration socialiste, ou encore son rôle prépondérant au sein du Russian American Club, dont il est l'un des fondateurs. Si cette association soulevait peu d'interrogations pendant la guerre, alors que les deux grandes puissances mondiales que sont les USA et l'URSS s'unissaient contre les forces de l'Axe, la situation a changé, et les relations entre les deux pays n'ont cessé de se détériorer depuis la signature de l'armistice du 8 mai 1945.

Une commission sur les activités antiaméricaines (HUAC), rendue permanente en 1946, est chargée d'enquêter sur les communistes réels ou supposés occupant des postes influents, et la possible influence de la gauche au sein de la communauté cinématographique. Elle se penche plus précisément sur les activités de la Screen Writers Guild, syndicat des scénaristes américains auquel Moguy est affilié, car elle soupçonne les attaches radicales de certains de ses membres.

Lors des discussions au sein de cet organisme, des conférences données pour la réinsertion des délinquants et des rencontres organisées pour soutenir la Résistance française ou la création d'un État juif (le 7 mai 1946, Moguy a été convié par l'acteur antimilitariste Lew Ayres et Herman Manciewicz, le scénariste de *Citizen Kane*, à une conférence de la ligue américaine pour une Palestine libre), le cinéaste a côtoyé de nombreux intellectuels de gauche et lié de solides contacts avec eux. Personne n'ignore enfin que le cinéaste français fut à la fin des années 30 un ardent défenseur du Front populaire. Dans l'entourage professionnel du cinéaste, plusieurs collègues avec lesquels il a étroitement travaillé seront suspectés de sympathies communistes, lors des enquêtes diligentées en 1947 par la HUAC (House Committee on Un-American Activities).

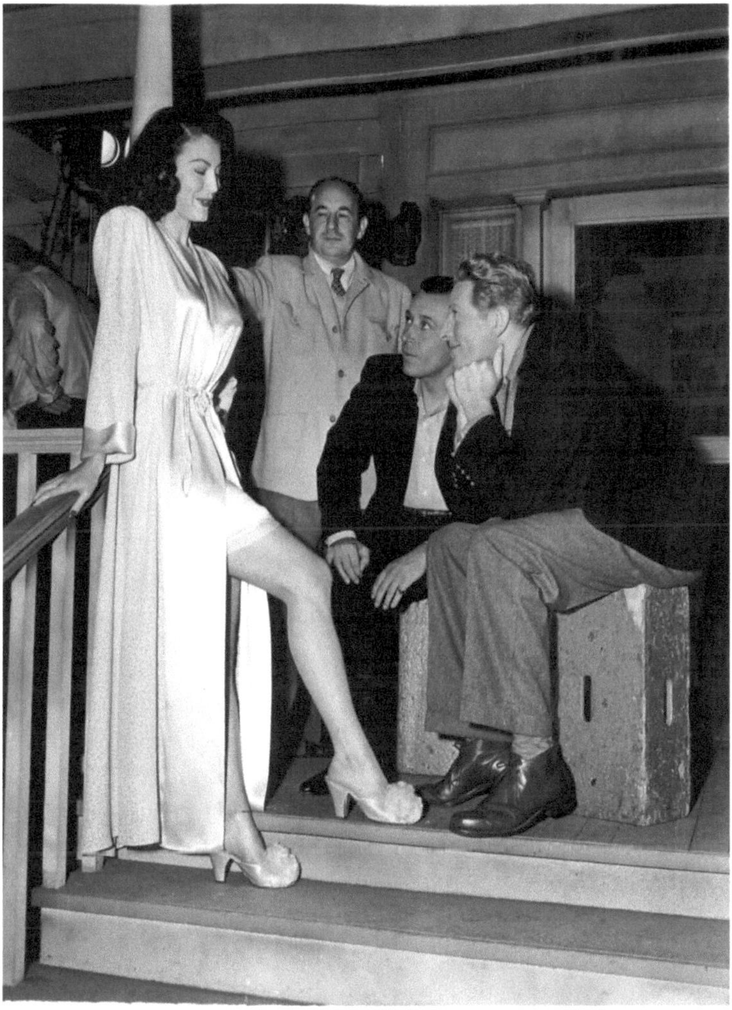

Léonide Moguy, George Raft et Danny Kaye sous le charme d'Ava Gardner sur le plateau *de Tragique rendez-vous (1946)* collection Katia Mo u

Harold Buchman, le scénariste de *Paris after Dark*, qui s'était inspiré de l'action d'un mouvement résistant créé par le PCF pour modeler son récit, sera soupçonné d'être membre ou sympathisant de ce parti. Refusant de répondre aux questions posées par la commission, il sera blacklisté et boycotté par les studios. Herbert Biberman, l'auteur d'*Intrigues à Damas*, pâtira également de cette chasse aux sorcières. Placé sur la « liste des dix », il sera condamné à six mois de prison pour avoir refusé de collaborer et de livrer le nom de ses camarades, et verra sa carrière sérieusement entravée durant de longues années. En 1954, son film *Le Sel de la terre*, sur les conflits sociaux des mineurs américains, sera banni par le gouvernement de son pays. Il retrouvera Moguy peu avant sa mort, en 1970, lors de la présentation à Cannes de son film *Esclaves (Slaves)*. Autre sympathisant communiste et ami de Moguy, Philip Yordan, scénariste de *Tragique Rendez-vous*, permettra dans les années 50 à certains de ses amis blacklistés d'utiliser son nom pour signer leurs œuvres, leur permettant ainsi de poursuivre leur travail.

Compte tenu de son intérêt pour les sujets sociaux, il est fort probable que Moguy ait été convié à certaines réunions par Herbert Biberman, Harold Buchman ou encore son frère Sidney, président de la Screen Writers Guild en 1941 et 1942. Sans jamais s'exprimer publiquement sur ses opinions politiques, il ne fait aucun doute que le metteur en scène de *Prison sans barreaux*, jusqu'à la fin de sa vie, est resté sensible aux idéaux progressistes et d'égalité émanant de la gauche, bien que constamment déçu de constater que les ténors défendant ces ambitieux programmes privilégiaient toujours leurs intérêts personnels. Ses convictions ont très probablement fait obstacle à l'obtention de la naturalisation américaine et à la poursuite de sa carrière aux États-Unis.

Du reste, malgré ses déclarations aux échotiers et son entrain constamment affiché, Léonide Moguy n'est pas heureux à Hollywood. Hormis *Paris after Dark*, il ne tire pas grande satisfaction des films qu'on lui propose. Toujours très amical, il organise quelques soirées chez lui, et reçoit notamment, en l'honneur du journaliste belge Joe Van Cottom, Charles Boyer, Constance Dowling, Jean-Pierre Aumont et son épouse Maria Montez, exhibant fièrement sa fille Tina. Mais le cœur n'y est pas. Il confie son désarroi à son collègue Jacques Rémy, venu d'Argentine. Ce dernier évoque sur un ton assez désabusé les déceptions de la colonie française de Hollywood dans un courrier adressé à son ancienne compagne Clélia, et gracieusement confié par son fils Olivier Assayas :

« J'ai trouvé Léonide et Rune chez qui j'ai logé assez changés. Rune avait eu encore deux opérations. Il lui en faut une troisième pour cesser de voir double d'un des yeux. Quant à remettre l'œil à sa place, elle y a renoncé et s'est résignée. Ils ont une fillette ravissante, Katia, un véritable amour. Elle a un an. Je lui ai dit que j'ignorais absolument cette nouvelle car ils se sont étonnés que nous n'ayons pas écrit à l'époque. Ils habitent une petite maison avec jardin qu'ils paient par mensualités, ont une voiture, mais malgré cela ne sont pas heureux. (Personne n'est heureux à Hollywood, on y vit comme dans un studio et une fois le travail fait on s'ennuie à mourir.) Ils m'ont fait un accueil charmant et j'ai habité chez eux. Ils pensent rentrer à Paris et attendent les nouvelles que je vais leur donner. [...]

« Tous les Juifs allemands sont maintenant naturalisés américains et la plus grande partie d'entre eux soupire après Paris. Ils s'ennuient à Hollywood. C'est comme passer toute sa vie au studio. On ne rencontre que des gens de cinéma, tout le monde est au courant de ce que vous faites. Si vous avez un succès votre marchand de lait vous fera un sourire, si vous avez un échec le marchand de journaux qui le sait vous fera grise mine. Si une vedette arrive en retard au studio le directeur de production sait chez qui elle a passé la soirée et à quelle heure elle est rentrée se coucher. Comme on en a marre de toujours voir les mêmes visages, on ne sort presque jamais le soir. Il n'y a que trois boîtes à Hollywood où les touristes vont payer des additions énormes pour le plaisir de voir danser Herbert Marshall avec Greta Garbo. Il y a très peu de bons restaurants. Tout le monde reste à la maison et joue aux cartes. On se couche tôt car on commence à travailler tôt et on s'emmerde, on s'emmerde, on s'emmerde. »

« Voilà la folle vie de Hollywood. Tout le monde d'ailleurs y parle l'anglais. Si Moguy rencontre Renoir ou Clair ou Boyer, ils parlent anglais. Inconsciemment c'est parce qu'ils ont peur qu'on dise que comme étrangers ils ne peuvent pas travailler pour l'Amérique. Alors si quelqu'un les entendait… tu vois le désastre ! C'est tout Hollywood. »

« Moguy a très envie de rentrer en France. Se décidera-t-il ? Ça dépend un peu de ce que je lui écrirai de Paris. En tout cas, j'ai été tellement heureux de le voir et lui aussi. Je crois que d'une façon ou d'une autre nous allons recommencer à travailler en collaboration. Pas comme assistant bien sûr mais en discutant ensemble le scénario, en prenant des conseils pour le montage, pour le choix des sujets et pour les contrats à signer. […]

« J'ai été très content de mon séjour à Hollywood. Grâce à Moguy j'ai moins senti les piquants de l'Amérique du Nord. Un pays désagréable au possible où les gens sont durs, agressifs, hostiles, où tout est désorganisé, où tu ne trouves rien dans les magasins (on n'a pas la moitié des choses qu'on trouve en Argentine même si elles sont d'importation nord-américaine), où il faut attendre dix jours pour qu'on te lave du linge, quinze pour avoir une place de chemin de fer, où tout ce qui est fait est mal fait et horriblement coûteux, où les gens ne disent jamais merci, n'ont jamais le sourire. »

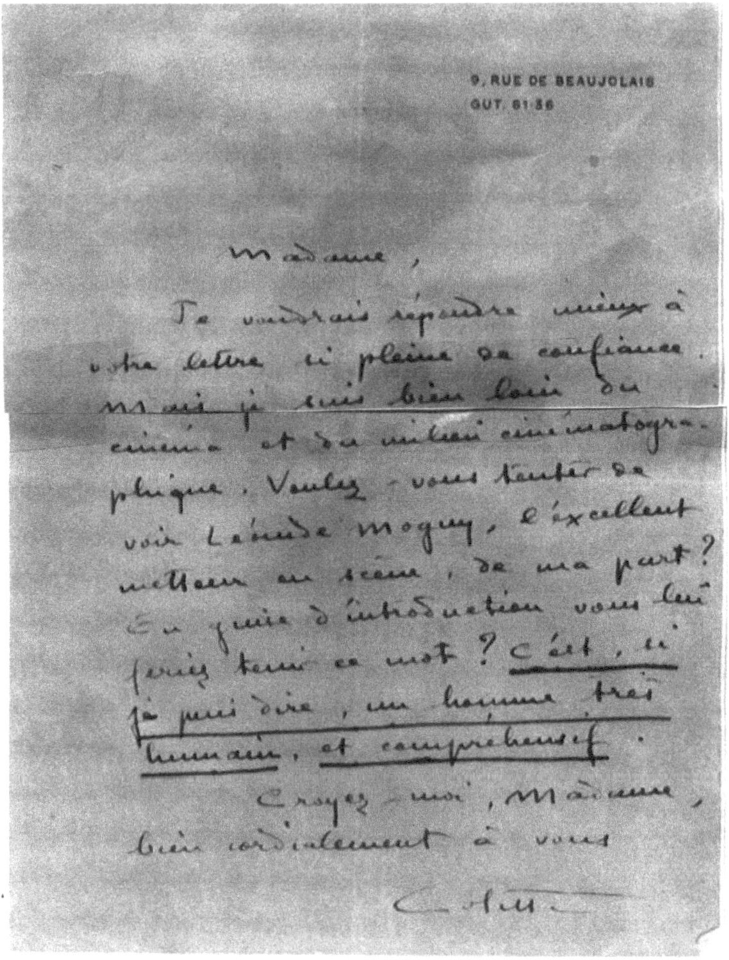

9, RUE DE BEAUJOLAIS
GUT. 81-36

Madame,

Je voudrais répondre mieux à votre lettre si pleine de confiance. Mais je suis bien loin du cinéma et du milieu cinématographique. Voulez-vous tenter de voir Léonide Moguy, l'excellent metteur en scène, de ma part? En guise d'introduction vous lui feriez tenir ce mot? C'est, si je puis dire, un homme très humain, et compréhensif.

Croyez-moi, Madame, bien cordialement à vous

Colette

Lettre adressée par la romancière Colette.

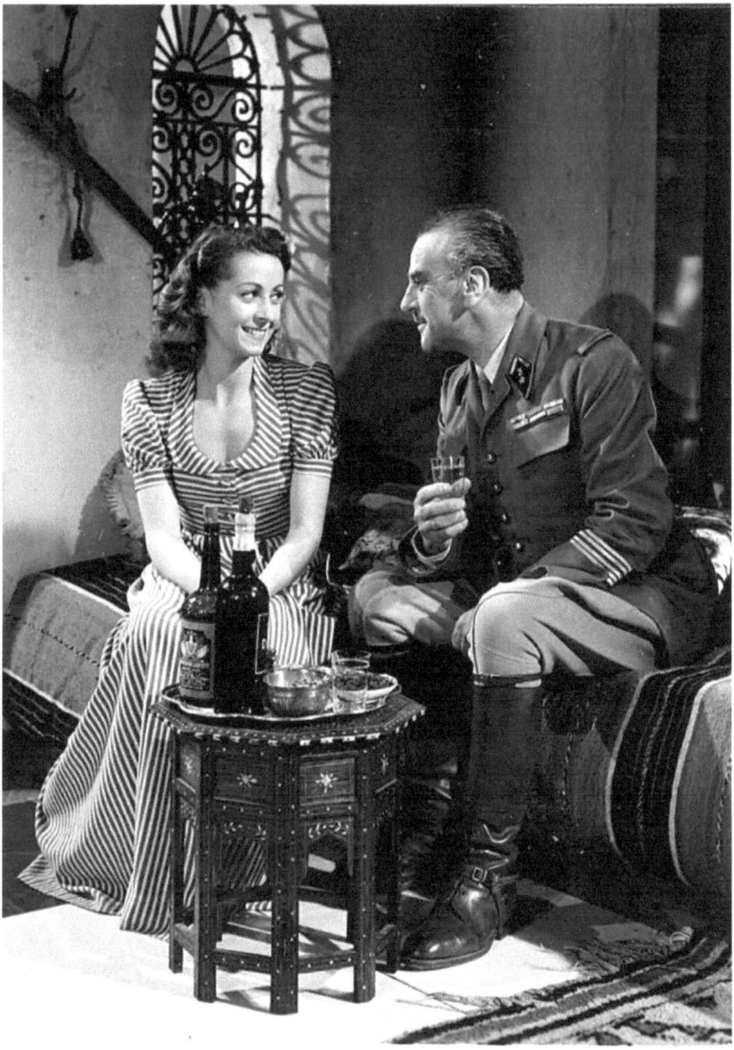

Danielle Darrieux et Jean Murat dans *Bethsabée*
photo Robert Courtot © 1947 Pathé Films

XIII.
BETHSABÉE

Le retour de Léonide Moguy en France, en avril 1946, est relaté avec beaucoup de respect par la presse française, qui s'empresse d'évoquer sa participation soutenue à de nombreuses activités patriotiques outre-Atlantique, et notamment son implication dans *Paris after Dark*, un des premiers films réalisés en hommage à la Résistance. Le comédien Claude Dauphin se réjouit de retrouver le cinéaste qu'il n'a pas vu depuis décembre 1940 : « D'être devenu ces dernières années un grand metteur en scène d'Hollywood n'a atténué ni son teint de bébé souriant, ni sa bonne humeur enthousiaste[117] ».

Cette révérence des journalistes et de ses anciens collègues n'est pas superflue. Beaucoup d'artistes réfugiés aux États-Unis pendant la guerre sont accueillis avec mépris par une part du public français, leur reprochant d'avoir fui les dangers pendant la sombre période de l'occupation. Aussi, Moguy monte-t-il au créneau pour défendre des vedettes françaises comme Charles Boyer, expliquant qu'il a fait pour la France beaucoup plus que s'il était resté en métropole, et qu'on ne peut vraiment pas le blâmer d'avoir quitté son pays. Toujours aussi loquace, il répond avec empressement aux moindres questions des journalistes, et parle à en perdre haleine de ses années passées en Amérique et de la gentillesse des Californiens, dont il regrette pourtant le peu d'intérêt pour les grands films français, « qu'ils connaissent mal quand ils ne les ignorent pas totalement ».

Le cinéma hexagonal a d'ailleurs beaucoup changé pendant l'occupation. En dépit des contraintes imposées par l'envahisseur et en raison de l'absence de concurrence des productions américaines, interdites pendant quatre ans, l'industrie cinématographique a connu une véritable embellie et la confirmation de valeurs sûres comme Henri-Georges Clouzot ou Claude Autant-Lara. De nouvelles étoiles dont Madeleine Sologne, jadis figurante dans *Conflit*, se sont imposées à l'écran, supplantant les vedettes si populaires avant-guerre comme Jean Murat ou Annabella. Selon le quotidien *Comœdia*, le très prolifique Georges Lacombe aurait ravi à Moguy la couronne de découvreur de talents et serait devenu dans les antichambres des studios et auprès des aspirantes vedettes LE metteur en scène à contacter pour tenter de décrocher un bout d'essai.

Parmi les artistes que fréquentait jadis Léonide, beaucoup ont connu des fortunes diverses, abordant les virages de cette période difficile avec des attitudes très différentes. Pierre Blanchar, l'austère héros de *L'Empreinte du dieu*, a œuvré dans la Résistance et présidé le Comité de libération du cinéma français. Beaucoup d'autres se sont imprudemment galvaudés aux côtés des Allemands dans les grands événements parisiens. Si la talentueuse Corinne Luchaire n'a quasiment rien tourné pendant la guerre, en raison de graves problèmes pulmonaires qui la retiennent souvent en sanatorium, ses relations amicales avec le prince Galeazzo Ciano, gendre de Mussolini et personnalité majeure du fascisme, et sa liaison avec le capitaine de la Luftwaffe Wolrad Gerlach, père de sa fille Brigitte née en 1944, lui sont vivement reprochées. Emprisonnée, elle a été condamnée à dix ans d'indignité nationale. Son père Jean, qui présida la Corporation nationale de la presse française à partir de 1941, a été condamné à la peine capitale pour collaboration et exécuté en février 1946.

Roger Duchesne, que Moguy imposa dans *Prison sans barreaux* et *Conflit,* sera également incarcéré quelques semaines en raison de ses rapports troubles avec Henri Lafont, chef de la Gestapo française. Très compromis, comme sa collègue Dita Parlo, il mettra des années avant de pouvoir retrouver des rôles à l'écran, sans jamais parvenir à retrouver son prestige d'antan.

En voulant rejoindre leur domicile de la rue Scheffer, les époux Moguy constatent avec stupéfaction que le concierge de l'immeuble s'est installé dans leur appartement, pensant probablement qu'ils ne reviendraient jamais en France. Abrité chez son demi-frère Alexandre, Léonide sera contraint de recourir à la justice pour récupérer son bien, de même que la maison de campagne qu'il avait achetée avant-guerre à L'Étang-la-ville, et que les anciens propriétaires ont récupérée, sans vergogne, pendant l'occupation. Dévasté par la nouvelle de la disparition de sa sœur Hélène, dont il a été informé alors qu'il était encore en Amérique, Léonide entreprend des recherches pour localiser ses sœurs Irène et Esther, dont il a perdu la trace au début du conflit mondial. Il ne parviendra jamais à les retrouver, et en conclura que les deux malheureuses ont péri pendant la guerre, victimes elles aussi de la barbarie nazie.

Après avoir adhéré au syndicat français des scénaristes, il examine les projets qui lui sont soumis, et notamment *Lycée de jeunes filles*, un roman de Serge Veber. Ce portrait d'une collégienne perturbée, utilisant ses charmes pour tenter de séduire ses professeurs, lui fournirait le prétexte idéal pour évoquer les préoccupations des adolescentes, sous des angles tour à tour légers ou dramatiques, et découvrir de nouveaux visages pour les incarner. Goût marqué pour l'univers de la jeunesse ou fascination pour les vulnérables héroïnes qui ont marqué son enfance, et autres *jeunes filles en uniforme* ? Le cinéaste semble confirmer, après *Le Mioche* et *Prison sans barreaux*, un vif intérêt pour les pensionnats de jeunes filles… Alors que Pierre Blanchar et Lise Topart sont pressentis pour interpréter les enseignants, le projet est abandonné. Il ne ressurgira que trois ans plus tard, en Angleterre, sous le titre *That Romantic Age*. Dirigé par Edmond T. Greville et fort desservi par la Suédoise Mai Zetterling, bien trop mûre pour son personnage, le film ne sera même pas exploité à Paris.

Sans le même enthousiasme, Léonide Moguy opte pour *Bethsabée*, adaptation d'un roman de Pierre Benoit mêlant exotisme et grands sentiments, que lui propose Raymond Borderie, producteur des *Enfants du paradis*, le chef-d'œuvre de Marcel Carné. La notoriété de l'auteur de *L'Atlantide*, un budget de 45 millions de francs et la promesse d'une distribution particulièrement prestigieuse le convainquent de saisir cette option. Le cinéaste a hâte de reconquérir sa notoriété d'antan, et ce projet semble revêtir l'envergure voulue par rapport à un tel objectif.

Avec l'aide de son fidèle ami Jacques Rémy, avec lequel il n'avait pas travaillé depuis la guerre, il transpose l'action, initialement située aux Indes, dans le désert marocain, et retravaille le récit pour tenter d'atténuer sa brutalité et ses références bibliques. Il focalise l'intrigue sur le personnage d'Arabella : capricieuse et coquette, elle rend visite à son compagnon le capitaine Dubreuil, en faction dans le bled marocain, et fait vibrer le cœur de tous les officiers de la garnison. La belle y croise fortuitement un ancien amant, toujours épris d'elle. S'ensuivront un déchaînement de jalousies et de passions, et une série de coups de théâtre qui se solderont par une fin tragique et la mort des deux héros. Le poète Roger Vitrac, surréaliste de la première heure, est chargé d'élaborer les dialogues. Sans doute pris par le temps, l'ancien collègue d'Alfred Jarry et Antonin Artaud les écrira au jour le jour, pendant le tournage.

À partir de ce canevas romanesque et très mélodramatique, le cinéaste souhaiterait aboutir à « une œuvre sensible, passionnée, en respectant surtout le naturel, l'authenticité d'une psychologie sentimentale qui ne doit pas être conventionnelle, comme c'est souvent le cas, mais ressembler, s'identifier à celle de la vie… [118] ». L'idée de diriger Danielle Darrieux, une des plus populaires vedettes françaises, l'enchante : « C'est la plus agréable des comédiennes, la plus douée. Elle est d'une gentillesse, d'une docilité exemplaire[119]. » Georges Marchal, le jeune premier le plus courtisé du moment, incarnera le capitaine Dubreuil, et Paul Meurisse son rival.

Le jour de Noël 1946, Moguy débarque à Casablanca, flanqué de Roger Vitrac, du chef opérateur Nicolas Hayer, du producteur Raymond Borderie et de son fils Bernard. Imposé par son père, le futur metteur en scène de la série des *Angélique* apprend son métier en assistant Léonide. Après deux jours de préparatifs à Rabat, l'heureuse troupe se rend à Taroudant pour entamer les prises de vues en extérieurs. La beauté des paysages, avec leur incomparable luminosité, constitue un merveilleux décor naturel. L'accueil des Marocains, très conviviaux et toujours présents pour servir des rafraîchissements fort bienvenus, enchante chacun. Quelques jours plus tard, les comédiens rejoignent à leur tour l'équipe dans un hôtel installé dans un fort en ruines et attisent la curiosité des badauds. Accompagnée de son frère Olivier, occupant dans le film un tout petit rôle, Danielle Darrieux a profité de la traversée pour sympathiser avec Pierre-Louis, acteur de second plan imposé par Moguy contre la volonté des producteurs qui lui préféraient Carette. Les tourtereaux ne se quittent plus.

Rapidement, une série d'incidents vient émailler le tournage. Paul Meurisse, juché sur une monture mal harnachée et troublé par la nouvelle du décès de son père, fait une brutale chute de cheval. Transporté d'urgence à l'hôpital militaire de Taroudant, il est soigné pour une triple fracture du coude avant d'être reconduit à Paris. Le comédien flegmatique ne retrouvera jamais l'usage normal de son bras. Sa convalescence modifiera profondément le plan de travail de la production, contraignant la troupe à revenir quelques jours au Maroc pour pouvoir achever les séquences manquantes.

Jean Murat, ancien séducteur du début du parlant et grand sportif devant l'Éternel, connaîtra une mésaventure similaire, qui heureusement se résumera à une clavicule démise et quelques jours d'incapacité de travail. Porfirio Rubirosa, le mari de Danielle Darrieux, venu rendre visite à son épouse, aura la gentillesse de prêter main-forte à un Léonide Moguy déconcerté en acceptant de doubler sur-le-champ les comédiens pendant les chevauchées : le play-boy international, prince de la jetset, est en effet un cavalier émérite. Pour couronner cette série d'imprévus et de déconvenues, une tempête de sauterelles viendra saccager décors et palmeraies, et assaillir les comédiens à plusieurs reprises.

Compte tenu des conditions rudimentaires et de l'obsolescence du matériel, le tournage se révèle compliqué, à mille lieues de l'organisation rigoureuse et des commodités des studios hollywoodiens. Pour mieux figurer le mouvement des comédiens en train de valser, Moguy tourne autour d'eux avec sa caméra, au risque d'entremêler les câbles et fils électriques. Pour certaines prises de vues, il n'a d'autre solution que poser la caméra sur une pyramide de caisses ayant autrefois contenu des explosifs. Gardant le sourire, il préfère malgré tout saluer l'ingéniosité et le courage de son équipe : « En France, les conditions de travail sont invraisemblables mais chaque machiniste, chaque électricien est un artiste à sa manière. » « Si l'on donnait aux techniciens français la cinquantième partie de l'équipement des studios américains où j'ai tourné pendant la guerre *Paris after Dark*, de quoi ne serions-nous pas capables ? »

Le système D est à l'honneur. Lors des batailles, les projectiles sont remplacés par des oranges. Afin d'agrémenter le décor de quelques beautés aux tenues chatoyantes, Léonide négocie âprement avec les tenanciers du bousbir, le quartier réservé des prostituées, afin qu'ils autorisent les plus séduisantes à faire un peu de figuration.

Il engage également quelques cavaliers arabes, lesquels ne comprennent rien, hélas, des instructions données en français. Aussi, chacun prend-il son mal en patience, sous un soleil de plomb. Pendant que les machinistes tentent d'installer un travelling sur un terrain pentu et caillouteux, Georges Marchal enrichit sa collection de scorpions, qu'il range dans des boîtes de pellicules. Vitrac, quant à lui, travaille aux dialogues du lendemain, dans sa chambre d'hôtel où Moguy l'a enfermé à clef, fidèle à son habitude. Compte tenu de la pauvreté du résultat, cette méthode coercitive ne semble pas avoir été très fructueuse cette fois-ci : il est permis d'ailleurs de s'interroger sur les intentions du poète qui semble avoir délibérément bâclé les textes confiés aux comédiens.

Le tournage s'achève aux studios de Billancourt, dans un hangar mal isolé, avec « un matériel datant de l'enfance du cinéma [120] ». En raison des rationnements du courant électrique pendant la journée, les prises de vues se concentrent sur les soirées. Une fois donné le dernier tour de manivelle, Moguy peut enfin souffler, fier d'avoir, malgré toutes les embûches, achevé ce film « avec son sang, sa sueur et ses larmes ». La romance entre Darrieux et Pierre-Louis, largement relayée par la presse qui annonce leur mariage imminent et diffuse les confidences d'un fiancé bien bavard, assure au film une publicité inespérée : beaucoup attendent avec impatience « la production de l'année ».

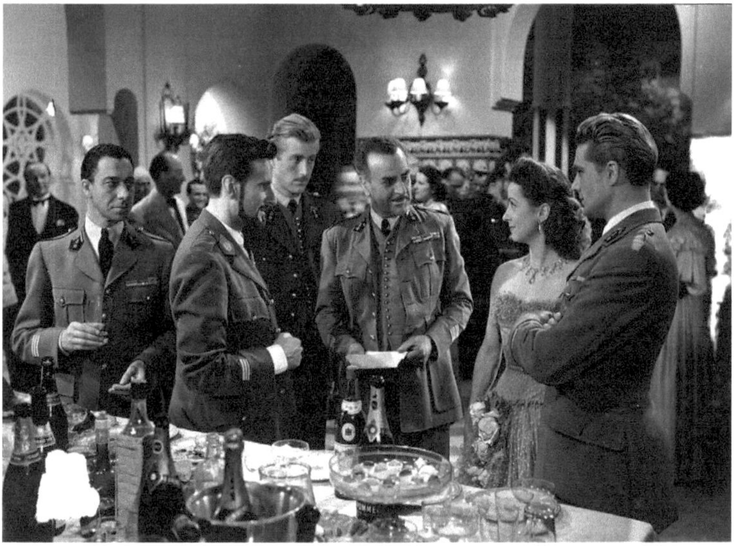

Paul Meurisse, Robert Darène, Jean Murat, Danielle Darrieux et Georges Marchal dans *Bethsabée* © 1947 Pathé Films – photo Robert Courtot

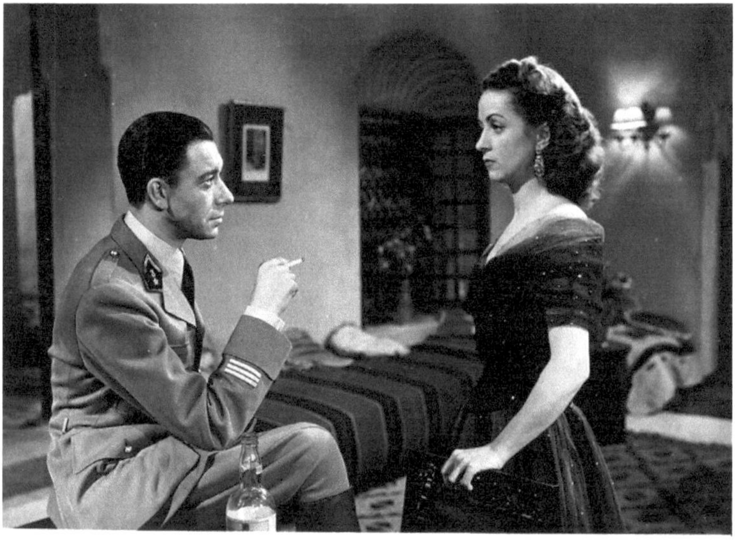

Paul Meurisse et Danielle Darrieux dans *Bethsabée* (1947-Pathé Renn productions) – photo Robert Courtot

La presse cinématographique, en évoquant la préparation de *Quai des Orfèvres* de Clouzot et la prochaine sortie de *Bethsabée*, salue le retour des deux meilleurs metteurs en scène du monde ! La déception sera à la hauteur des espérances.

Enfin projeté à Pleyel le 19 novembre 1947, lors d'une grande soirée comportant un défilé de mode de Jacques Fath et un ballet de Serge Lifar, le film est littéralement massacré par la critique. Ces attaques, souvent disproportionnées, voire injustes, s'expliquent probablement par le désappointement de journalistes devant un divertissement tout à fait honnête, mais inférieur aux œuvres vibrantes et engagées réalisées naguère par son auteur. À juste titre, Roger Régent, dans *L'Écran français*, ne comprend pas très bien pourquoi Moguy a choisi ce film pour faire sa rentrée après sept ans d'absence. De façon tout aussi pertinente, il souligne que « les sentiments des personnages et surtout la manière dont ils sont exprimés font de *Bethsabée* un film d'avant le déluge. Pour accentuer encore cette impression, Léonide Moguy a eu recours à une technique très désuète, parfaitement adaptée au style de l'ouvrage mais qui nous semble aujourd'hui passablement périmée[121] ».

Pour François Chalais, Léonide Moguy est un « metteur en scène adroit mais mélodramatique à un point qui frise la manie […]. Son film est correctement mené mais d'une grande simplicité technique. *Bethsabée* est un squelette de film avec des squelettes de dialogues et des talents qui n'ont que la peau sur les os [122] ». L'écrivain Jean de Baroncelli n'est guère plus tendre : pour lui, « *Bethsabée* appartient à un genre d'imagerie tricolore et dramatique qui fit jadis florès sur les écrans français. La niaiserie de cette histoire est aggravée par un dialogue dans le genre larme à l'œil, badinage amoureux pour midinettes, qui vaut son pesant de lieux communs [123] ».

Bethsabée ne mérite pourtant pas cet excès d'indignité. S'il est indéniable que ce film présente certaines faiblesses techniques et scénaristiques qui lui donnent l'aspect d'une production du début des années 30, l'aigreur et le manque d'indulgence des chroniqueurs et collègues du cinéaste surprennent par leur outrance. Cette fureur s'explique peut-être par le dépit de professionnels qui auraient souhaité voir en *Bethsabée* un chef-d'œuvre susceptible de sauver une industrie cinématographique française vacillante, marquée par la fermeture de studios, le chômage de nombreux techniciens, et asphyxiée par les productions américaines.

Compte tenu de la faiblesse de l'intrigue du roman de Pierre Benoit, dont les ficelles et les invraisemblances ressortent trop sensiblement, il est pourtant permis de considérer que Léonide Moguy a plutôt bien géré un film aux commandes duquel bien d'autres auraient échoué.

Et que dire des détestables critiques dont fait l'objet Danielle Darrieux ? La vedette féminine du film est injustement victime des plus assassines salves de la presse : certains prétendent qu'elle est incapable de mûrir et que sa carrière ne s'en remettra pas. D'autres déplorent que la jeune première de *Premier Rendez-vous* soit si mal photographiée, que « toute sa beauté, son charme, son enfantillage irrésistible [ne soient] que des saveurs lointaines [124] ». Ces attaques venimeuses paraissent presque comiques au regard du long et prestigieux parcours que mènera Miss DD bien longtemps après *Bethsabée*. Elles n'entameront pas non plus la carrière du film qui connaîtra un très joli succès commercial en se hissant, avec près de 3 500 000 entrées, à la dix-septième place du box-office français. Distribué en Angleterre et au Canada par la firme Rank et en Amérique latine par la SAFAR, il ne sera pas jugé adapté au public allemand en raison de son déploiement d'uniformes.

Encore projeté dans le cadre de cycles télévisés consacrés au cinéma français ou à sa délicieuse vedette, *Bethsabée* possède un côté désuet qui le dote d'un charme certain. La présence de personnages aigris, rongés par leurs rancœurs et leurs désirs de vengeance, donne une dimension particulièrement sombre, violente et originale à ce qui aurait pu n'être qu'un mélo colonial de pacotille. On feuillette sans déplaisir ce roman d'un autre âge, dont se détache l'excellente interprétation de Paul Meurisse. Danielle Darrieux y est exquise, et certains de ses plus fervents admirateurs éprouvent encore un faible pour ce film où leur vedette favorite fut si largement décriée. Les excès emphatiques de *Bethsabée*, ses cadavres, agonies et coups de théâtre, ajoutés à un sentimentalisme fleur bleue, sont pourvus d'une esthétique charmeuse et dépaysante qui compte encore des adeptes.

Si la satisfaction des spectateurs le rassure, Léonide Moguy est cependant blessé par les calamiteuses critiques émises par les journalistes. Longtemps habitué aux plus chaleureux éloges, il peine à comprendre le revirement de la presse spécialisée qui l'encensait naguère : « C'est si vite fait de démolir un film, et parfois si agréable. Êtes-vous bien certains de vous douter seulement de la somme d'efforts que la réalisation d'une seule bande nécessite ? » Désirant immédiatement rebondir pour effacer cette mauvaise impression, le metteur en scène est conscient qu'il a besoin avant tout de crédits pour se lancer dans son nouveau projet, *Le Grand Amour de Jehan Minuit*, auquel il croit fort : « Je n'ai jamais eu d'aussi bon sujet entre les mains. »

Il s'agit de la biographie de Pierre Minuit, troisième gouverneur de la colonie de la Nouvelle-Néerlande. Fils de Jehan Minuit, riche marchand originaire de Tournai en Wallonie, ce calviniste wallon fonda New York, selon la légende, en achetant aux Amérindiens l'île de Manhattan pour 24 dollars. L'idée de ce biopic, accompagnée de la promesse d'un financement partiel, a été soufflée à Moguy par René Gordon, industriel fortuné à la tête de la compagnie Nova Belgica Film Industrie, lors du festival mondial du film et des beaux-arts de Belgique. La société de fabrication de pellicules cinématographiques Gevaert s'est engagée à coopérer, en fournissant un nouveau procédé de photographie en couleurs ainsi que deux mille costumes issus des archives officielles belges. Après avoir obtenu l'accord de Bernard Borderie pour injecter 30 millions de francs dans l'entreprise, Moguy pense disposer des bases nécessaires pour assurer la viabilité d'une prestigieuse entreprise.

Il confie à Jacques Rémy le soin d'adapter le roman de Robert Goffin, *De Pierre Minuit aux Roosevelt*, et à Charles Spaak, son ancien collaborateur sur *L'Empreinte du dieu*, la rédaction des dialogues. Pour assurer à son prochain film, s'annonçant déjà comme une production de première grandeur, une dimension internationale, le metteur en scène se rend en Amérique du Nord à bord du *SS Queen Mary*. À New York, il discute avec Philip H. Reisman, le patron de la RKO, d'une possible coproduction avec les États-Unis, en proposant le tournage simultané d'une version en langue anglaise.

L'équipe technique serait essentiellement composée de Belges, et les rôles principaux tenus par des stars américaines. Pugnace, Moguy tente d'approcher Glenn Ford, encore auréolé de son triomphe dans *Gilda*, et obtient sans difficulté l'accord d'une toute jeune actrice nantaise, Tanis Chandler, qui accepte également d'écrire l'adaptation américaine du synopsis. Ancienne dactylo, la jolie blonde ne manque pas d'audace. Elle a joué le rôle d'un homme dans *The Desert Song (1943)* de Robert Florey sous le pseudonyme de Robert Archer sans qu'aucun membre de la production ne se soit rendu compte de la supercherie ! Il se murmure enfin que J. Carrol Naish, acteur de composition abonné aux personnages de scélérats, aurait d'emblée accepté de paraître dans la coproduction, séduit par la perspective d'un séjour nostalgique en Europe (il débuta en effet à Paris en 1918 près de la meneuse de revue Gaby Deslys, après avoir chanté pour les soldats pendant la Grande Guerre).

Interrogé par ses homologues américains, Moguy ne cache pas ses craintes concernant l'avenir de l'industrie cinématographique européenne, dont il dresse un tableau apocalyptique : studios de cinéma percés de trous béants dus aux bombardements, engins vieux de plus de douze ans, dessous-de-table versés aux stars et techniciens pour échapper aux taxes, ouvriers menacés par le chômage, crise de la production nationale. Handicapé par la suprématie des films américains qui déferlent à nouveau sur les écrans depuis la Libération, le cinéma français, exsangue, est littéralement pris à la gorge : des techniciens envisagent de former des piquets de grève devant les salles de cinéma pour empêcher la projection des dernières créations de Hollywood. Pour remédier à cette situation catastrophique, Moguy souhaiterait que les compagnies américaines viennent en aide aux unités de production françaises en leur fournissant du matériel pour leur permettre de travailler, dans le cadre de partenariats, et aussi en distribuant plus largement leurs films aux États-Unis.

Malgré les sept mois passés à élaborer un découpage avec son assistant Georges Lust (qui travailla aussi à ses côtés sur *L'Empreinte du dieu*) et la longue préparation de ce film historique à grand spectacle, *Jean Minuit* restera dans ses cartons, en raison du désistement des investisseurs américains. La déception est à la hauteur de l'investissement fourni.

D'après quelques entrefilets relevés dans les journaux, Moguy est alors approché pour tenter de sauver et terminer *La Fleur de l'âge*, ambitieux film entamé par Marcel Carné et interrompu en raison des intempéries, et surtout d'un manque de crédits. Quoi de plus naturel que d'appeler à la rescousse le chirurgien du cinéma ? N'a-t-il pas déjà ressuscité plusieurs productions grâce à la magie de ses ciseaux ? Qui plus est, le sujet de ce film comporte plus d'un trait commun avec *Prison sans barreaux*. En effet, l'œuvre inachevée de Marcel Carné s'appuie sur *L'Île des enfants perdus*, le scénario écrit en 1937 par Jacques Prévert sur le drame des jeunes évadés de la maison de redressement de Belle-Île-en-Mer.

Trop réaliste et polémique, en raison des faits évoqués tristement réels, le projet du poète n'avait pas reçu, à l'époque, l'indispensable visa de censure. La guigne s'acharnant sur le sort des enfants perdus, Marcel Carné ne put mettre en boîte qu'une petite demi-heure lors du tournage effectué en Bretagne d'avril à juillet 1947. Si Moguy accepte de reprendre le film en main, il lui appartiendra donc de mettre en scène de nombreuses séquences manquantes et de rappeler des comédiens (Serge Reggiani, Arletty, Carette…) retenus par divers engagements. Rien ne se concrétisera et *La Fleur de l'âge* demeurera à jamais un film maudit. Il est probable que la poursuite du film par Moguy n'a été que très brièvement envisagée : Anouk Aimée, dont ce devait être le premier rôle à l'écran, n'en a aucun souvenir. Moguy évoquera-t-il ce sujet avec le metteur en scène des *Enfants du paradis* quand, en 1975, il lui remettra les insignes d'officier de la Légion d'honneur ? Nul ne le sait.

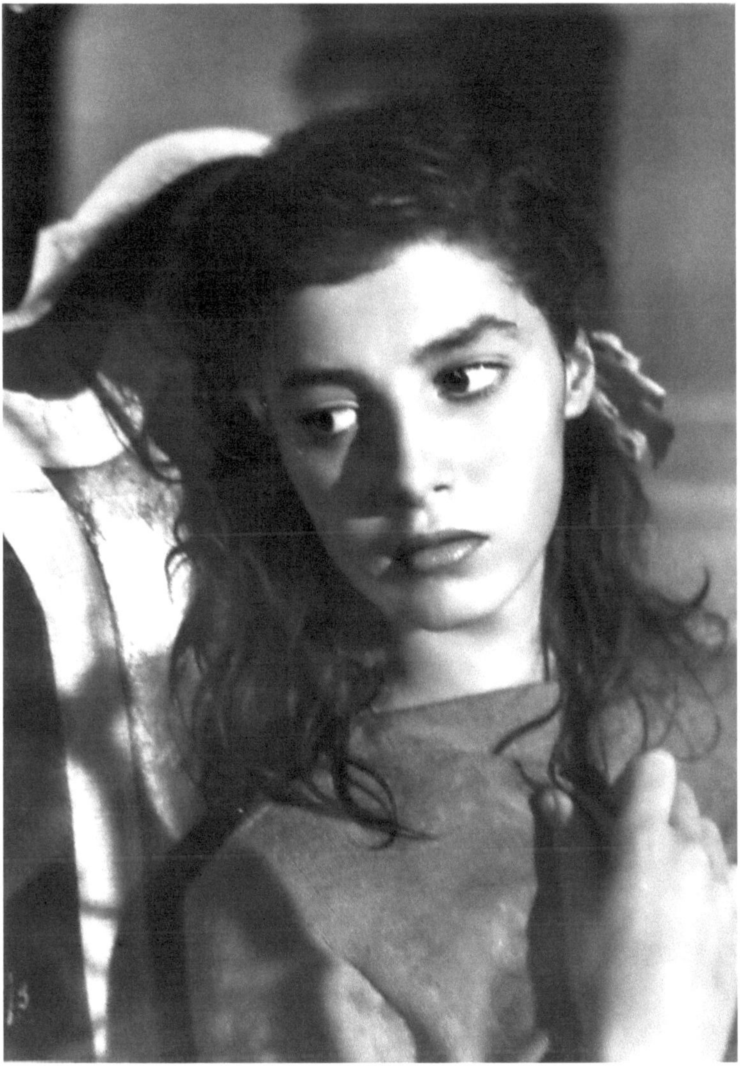

Pier Angeli dans *Demain il sera trop tard* © 1951 Filmsonor / Éditions René Chateau (photo Osvaldo Civirani)

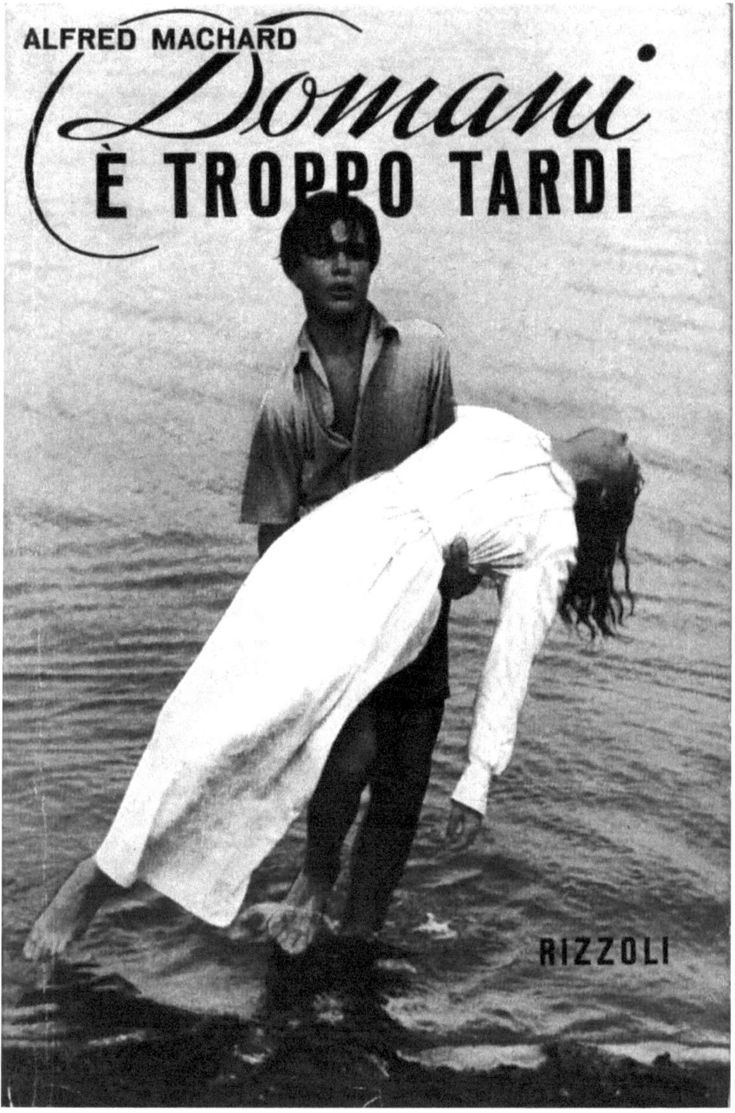

Pier Angeli dans *Demain il sera trop tard*
© 1951 Filmsonor / Éditions René Chateau

XIV.
DEMAIN, IL SERA TROP TARD

Lors des nombreux colloques auxquels Léonide Moguy a pu assister depuis l'élaboration de *Prison sans barreaux*, le cinéaste a pu longuement disserter avec des psychologues et éducateurs sur les causes de la délinquance juvénile, et notamment ses facteurs sociaux. La question de l'éducation sexuelle a été parfois évoquée pendant ces rencontres : le manque d'information des enfants et des adolescents en la matière contribuant à un certain déterminisme : naissance d'enfants non désirés au sein de milieux déjà frappés par une grande précarité, difficultés matérielles des jeunes parents pour élever leur progéniture, mères célibataires nombreuses et rejetées par la société, avortements clandestins, corruption d'une jeunesse d'autant plus vulnérable qu'elle est ignorante… Le mystère dont on entoure à l'époque la sexualité, aussi bien au sein des familles qu'à l'école, est souvent dommageable pour la construction psychologique du jeune individu, désemparé devant un sujet présenté comme tabou, répréhensible et effrayant.

Alerté par les dangers d'une telle situation, Moguy s'inquiète : « Hier, on s'obstinait à tout cacher à l'enfant, au lieu de lui faire connaître la noblesse de cette loi qui règle la génération. Les enfants d'aujourd'hui découvrent dès le commencement de leur vie les images les plus vulgaires sur la sexualité qui de nos jours remplissent librement certains bouquins, les affiches murales, le cinéma, la radio et jusqu'à la publicité commerciale. Les siècles changent mais les éducateurs, parents ou maîtres d'école s'en tiennent aux systèmes d'il y a 200 ans. Nous ne pouvons rien changer à la vie d'aujourd'hui, nous ne pouvons qu'armer ces jeunes afin qu'ils puissent l'affronter honnêtement et sereinement. Pour nous, gens du cinéma, la plus noble des taches est d'éduquer le public. [125]»

Conscient de l'absolue nécessité d'une éducation sexuelle et de son incidence positive sur la société, Moguy a très tôt voulu éveiller les esprits, en utilisant les moyens à sa portée pour véhiculer son message. Dès la fin des années 30, le metteur en scène a présenté à des producteurs stupéfaits le projet d'un film sur cette délicate thématique, volontairement ignorée par les pouvoirs publics. Il fut pris pour un fou, un plaisantin, personne n'osant prendre au sérieux sa proposition, jugée trop avant-gardiste et spécieuse.

Pendant son exil aux États-Unis, son idée fut soumise au Conseil de l'éducation de Californie. Malgré l'attention de ses auditeurs et un intérêt plus marqué qu'en Europe pour ce type de préoccupations éducatives (un documentaire sur l'éducation sexuelle en 16 mm avait d'ailleurs été conçu et diffusé dans les écoles en Oregon), il n'obtint pas davantage de résultats. Le cinéma américain, régi par le Code Hays et la censure, ne risquait pas de valider un projet aussi audacieux ! Persévérant, Moguy profita de ses tractations avec la firme belge Nova Belgica Film Industrie, lors des préparatifs de la biographie avortée du premier gouverneur de New York, pour soumettre de nouveau son intention : le projet fut alors placé en bonne position sur le programme de la nouvelle compagnie, qui prévoyait deux sorties par an.

Fort de cet accord, Moguy commença alors à travailler à l'élaboration d'un scénario basé sur *L'Épopée au faubourg*, une série de nouvelles réunies dans les années 1910 par Alfred Machard qu'il avait découvertes lors de son arrivée en France. Abordant dans une langue très verte l'initiation sexuelle de petits poulbots, effrontés mais attachants, ces truculents romans, souvent assimilés à une version citadine de *La Guerre des boutons* de Louis Pergaud, ont, dès leur parution, défrayé la chronique en raison de leur audace. Intitulés *Bout de Bibi*, *Printemps sexuels*, ou encore *La Guerre des mômes*, ces petits ouvrages inoffensifs mais jugés en leur temps « obscènes et sacrilèges [126] » avaient choqué les esprits bien-pensants, ulcérés par « les polissonneries sans nom que se permettent une bonne douzaine de gamins et de gamines précocement vicieux ». Ils semblent à présent constituer une trame idoine pour véhiculer les conceptions de Moguy, tant Alfred Machard partage le même intérêt pour la psychologie enfantine.

L'auteur, que Moguy a souvent croisé dans les années 30 lors de cocktails mondains et autres concours de beauté, et qui dès l'ère muette s'est essayé au cinéma en écrivant les scénarios de *Popaul et Virginie* ou du *Syndicat des fessées*, est invité à participer à l'adaptation cinématographique de ses récits. En s'inspirant également d'épisodes personnels de son enfance, Moguy désire « transporter à l'écran, sans les déformer, sans en faire des fantoches conventionnels, ces gosses inquiets, troublés et troublants, ces petits d'hommes qui ne sont pas des hommes en miniature, mais un petit peuple avec ses lois, ses traditions et ses coutumes, que nous, les adultes, nous avons oubliées [127] », tout en précisant : « Si la réussite d'un film est fonction des affinités entre l'écrivain et le metteur en scène, je crois pouvoir affirmer que ce sera un beau film car cette collaboration s'effectue dans un total esprit de compréhension. » En fait, la réalité est un peu différente. Désireux de donner du sang neuf à l'adaptation un peu vieillotte et dépassée de Machard, Moguy engage le très jeune journaliste Jean-Charles Tacchella pour moderniser le scénario. Convié tous les matins à l'hôtel California, près des Champs-Élysées, où Moguy occupe une suite, le scénariste en herbe retravaille chaque scène sous l'étroite surveillance du cinéaste qui se débat au téléphone avec les producteurs parisiens. Pratique courante à l'époque, sa participation restera anonyme.

Tout en se penchant avec tendresse sur le quotidien des garnements d'un milieu populaire, le scénario conçu par Moguy et Machard et revu par Tacchella se focalise sur l'éveil des sentiments de Franco et Mirella, deux jeunes collégiens en colonie de vacances, surpris dans une chapelle abandonnée où ils s'étaient réfugiés toute une nuit pendant un orage. Les adolescents sont sévèrement réprimandés par la rigide et pudibonde directrice de l'établissement, qui a déjà renvoyé une enseignante dont les méthodes d'éducation avant-gardistes la dérangeaient. Se croyant déshonorée et perdue alors qu'elle n'a accordé qu'un chaste baiser à son jeune camarade, la jeune fille tentera de se suicider. Elle sera heureusement sauvée de la noyade par son petit fiancé.

Malgré les promesses du scénario et les coûteuses démarches déjà entreprises, la firme belge de René Gordon, dont la crédibilité a déjà été rudement écornée par l'abandon de *Pierre Minuit*, préfère renoncer à *L'Épopée du faubourg*, entreprise jugée trop périlleuse. Les tractations menées en France s'enlisent, tant le sujet apparaît trop complexe et subversif aux investisseurs. En dépit d'un soudain intérêt des pouvoirs publics pour une thématique ignorée depuis longtemps (le ministère de l'Éducation nationale vient à peine de créer un comité chargé d'étudier dans quelle mesure et sous quelle forme l'éducation sexuelle peut être donnée dans l'enseignement), les compagnies de cinéma françaises, pusillanimes et fragilisées par la crise, ne veulent pas prendre le moindre risque. D'autres, en revanche, ne trouvent pas le film suffisamment corsé pour appâter le spectateur : « Il ne se passe rien dans votre film. Ajoutez au moins une scène dans un lit ! Ou alors faites déshabiller la fille ! »

Déçu, Moguy accepte une invitation des organisateurs de la Biennale de Venise, où *Prison sans barreaux* avait fait forte impression dix ans auparavant. Il est fortement impressionné par la qualité de la programmation et surtout par *Sciuscià*, de Vittorio De Sica, magnifique œuvre néoréaliste sur le sort tragique de gamins abandonnés, incarcérés dans un pénitencier pour mineurs où ils subissent les brimades des geôliers. Il est littéralement saisi par le réalisme poignant de ce film qui lui rappelle certaines productions russes du cinéma muet. Cette conception d'un cinéma-vérité qui expose et interroge, combinant un souci de réalisme avec une narration sobre et dépouillée, fait écho à ses propres aspirations de cinéaste : il adhère aux postulats de cette nouvelle école et notamment au recours à des acteurs non professionnels, sincères et justes, pas encore gâtés par les tics et techniques du métier.

Lors des cocktails suivant les projections, Moguy est approché par Giuseppe Amato, ancien assistant de Rex Ingram, devenu producteur de grands succès d'Alessandro Blasetti (*Quatre pas dans les nuages*) ou Mario Camerini. Perspicace, le cinéaste napolitain a non seulement permis de voir le jour à *Sciuscià*, mais aussi à d'autres œuvres phare du néoréalisme. Il a révélé les talents de metteur en scène de Vittorio De Sica : le gentleman charismatique de la comédie italienne a démontré son talent considérable de l'autre côté de la caméra. Moguy profite de cette rencontre pour soumettre à l'œil avisé d'Amato son scénario de *L'Épopée du faubourg*, rebaptisé à présent *Jeunesse innocente*. L'attrait du producteur pour les sujets réalistes et forts explique son immédiat intérêt pour le projet et sa dimension sociale. Il prend contact avec Angelo Rizzoli, éditeur à succès de revues féminines à gros tirage comme *L'Europeo*, *Novella 2000* ou *Annabella*.

Cet autodidacte de soixante ans, fils de cordonnier, s'est taillé à la force du poignet la première place dans le domaine de l'imprimerie en Italie, après avoir connu la misère et l'orphelinat. Dès 1934, l'homme de presse a judicieusement investi une partie de ses capitaux dans l'industrie cinématographique en finançant des œuvres comme *La Dame de tout le monde* d'Ophuls ou encore *Les Roses écarlates* de De Sica. Séduit par le potentiel médiatique de *L'Épopée du faubourg*, le très perspicace tycoon italien accepte de financer le projet – et il ne regrettera nullement. L'aventure peut alors véritablement commencer.

Léonide Moguy s'empresse de s'entourer d'une équipe de scénaristes italiens, chargés de traduire et d'adapter aux mœurs et spécificités italiennes le récit de *Jeunesse innocente*, devenu sous leurs plumes *Domani è troppo tardi (Demain il sera trop tard)*. Prudemment, il joint les autorités ecclésiastiques pour leur présenter clairement son projet et s'assurer de leur soutien : non, son film ne sera pas un prétexte pour exposer des scènes graveleuses et polissonnes, mais « l'œuvre brûlante de passion et de pureté d'une jeunesse que la vie moderne met devant des périls qui, par ignorance, gâchent toute une existence ». Avec sa faconde habituelle, il n'a pas de mal à persuader les plus rétifs que ses intentions sont louables et que son projet, pétri d'humanité, ne contrevient nullement à la morale chrétienne. Rassuré par la bienveillante attitude de l'Église, il peut enfin constituer une troupe de jeunes comédiens en repérant, parmi les mille quatre cents enfants et adolescents présents aux auditions, les plus doués.

Beaucoup de jeunes filles convoitent le rôle de Mirella, l'héroïne du film. Parmi elles figure une gamine de onze ans : la future Marina Vlady ne sera pas retenue car trop petite et manquant de poitrine. Déçue, la jolie blonde aux yeux clairs suppliera par courrier le cinéaste « d'attendre un peu et que cela viendra [128] ! ». Plus chanceuse, Monique Van Vooren, pétulante Belge de vingt-deux ans aux courbes généreuses (1,05 m de tour de poitrine !) en villégiature dans la Ville éternelle, sera remarquée par Moguy dans une rue touristique. Il lui confiera le petit rôle d'une affriolante voisine de Franco. Ce sera la première étape d'une longue carrière de sex-symbol que la provocante blonde mènera jusqu'à Hollywood. Tour à tour Miss Soudeurs, Miss Torse et Miss Patrouille de nuit, la bonne amie d'Elvis Presley, Rex Harrison, Yul Brynner et Jack Lemmon deviendra une égérie d'Andy Warhol.

Pour tenir le rôle d'une enseignante menacée de renvoi pour avoir tenté d'imposer de nouvelles méthodes éducatives, Moguy songe à son ancienne découverte Corinne Luchaire, dont le nom lui a été soufflé par Jean-Charles Tacchella. Le jeune journaliste a retrouvé par hasard l'ancienne gloire déchue dans un petit restaurant de la porte d'Orléans et souhaiterait lui venir en aide. Son intention est aussi louable que courageuse, étant donné que la vedette de *Prison sans barreaux* a été condamnée en 1946 à dix ans d'indignité nationale pour des motifs d'ordre moral, bien qu'aucun acte de collaboration n'ait été constaté à son encontre. Cette peine infamante la prive notamment du droit de vote et de la possibilité d'exercer certains métiers.

La vedette honnie paie ainsi chèrement son attitude désinvolte pendant l'occupation et surtout le fait de porter un nom aussi méprisé. Les distributeurs français ont refusé qu'elle figure aux côtés de José Noguero dans *Le Chevalier à la croix d'or,* un film espagnol en versions trilingues, pour lequel elle avait été pressentie[129]. Atteinte d'une tuberculose que son incarcération a aggravée, l'insouciante noctambule de jadis n'est plus que l'ombre d'elle-même. Bouleversée par la mort de son père, elle survit avec sa fille Brigitte dans un vétuste et minuscule appartement où elle a rédigé des Mémoires lacunaires sur sa « drôle de vie ».

Abandonnée par ses anciens amis qui fuient une compagnie aussi compromettante, l'actrice est si faible qu'elle prend la plupart de ses repas alitée. Ému aux larmes par la situation tragique de son ancienne découverte, Moguy entreprend de la réhabiliter, alors que personne en France ne veut se risquer à promouvoir une actrice à ce point associée à la sombre période de l'occupation allemande. Mais pour la pauvre

Corinne, il est déjà trop tard. Invitée à se rendre à Rome pour discuter de son futur contrat, la vedette amaigrie et méconnaissable fait la une de la revue italienne *Oggi*. Elle décédera, quelques jours après son retour, dans un taxi la conduisant dans une clinique, emportée à vingt-neuf ans par sa terrible maladie. Moguy sera contraint de la remplacer au débotté par la blonde Lois Maxwell, une actrice canadienne peu connue, dont la filmographie se borne alors à quelques séries B américaines.

Il reste encore à dénicher la fragile colombe qui incarnera Mirella, l'héroïne du film. Alors qu'il loge à Rome avec sa famille dans le luxueux logis de son amie la comtesse Rina de Liguoro, ancienne vedette de péplums muets, Moguy est littéralement subjugué par la visite d'Anna Maria Pierangeli, une jeune connaissance de son hôte. Étudiante en arts plastiques, cette brune élancée de seize ans aux grands yeux candides l'éblouit par son charme et son ingénuité. La dévisageant avec insistance, il s'écrit : « C'est exactement la jeune fille qu'il me faut, c'est Mirella ! », avant de lui demander d'ôter ses chaussures à hauts talons et son manteau pour mieux juger de sa démarche. Autant dire que l'adolescente, qui ne comprend pas le français ni les intentions du cinéaste, est non seulement déroutée mais offensée.

Quand Moguy lui tend un texte à lire, elle se révèle incapable de l'énoncer et s'effondre en larmes, à la grande fureur de sa mère, redoutant que sa fille passe à côté d'une opportunité exceptionnelle. Il semble pourtant qu'une étoile veille sur le destin de la jolie Sarde, puisqu'à quelques jours d'intervalle, par un étrange concours de circonstances, Anna Maria est remarquée cette fois-ci par le grand Vittorio De Sica, alors qu'elle se promène via Veneto. Suivant la ravissante brunette jusque dans une galerie d'art exposant des œuvres de Giorgio De Chirico, le célèbre comédien lui propose un engagement, qu'elle refuse cette fois-ci en arguant : « Je ne sais pas, je pense que mon père n'apprécierait pas ! »

Mais Moguy, pugnace, persévère en invitant chez lui la timide adolescente, afin qu'elle rencontre sa femme et sa fille Katia. Il lui présente le sujet de son prochain film, et parvient finalement à l'amadouer. Soumise à un bout d'essai comme vingt-cinq autres postulantes, Anna Maria est d'abord effrayée, malgré les fleurs et cadeaux entreposés dans sa loge. Complexée et convaincue qu'elle n'a aucun talent, l'adolescente doute fort de ses chances. Heureusement, une fois les projecteurs allumés, portée par un feu intérieur, la jeune fille dépasse ses craintes et réussit haut la main son test. Jugée « sensationnelle », Moguy devine en elle « une future Katharine Hepburn ». Mais il devra déployer toute sa diplomatie et faire preuve de patience pour obtenir l'autorisation du père de la jolie demoiselle, autoritaire ingénieur des travaux publics : ce dernier refuse que sa fille fasse une carrière dans le monde dépravé du cinéma et se compromette dans une œuvre au sujet aussi sulfureux.

C'est pourquoi, pendant quelque temps, l'engagement de la nouvelle découverte reste secret ; Anna Maria vient quotidiennement en cachette chez les Moguy pour répéter en toute discrétion, accompagnée de sa sœur jumelle. Cette dernière se révèle d'ailleurs souvent plus douée, même si son physique plus mûr ne correspond pas au personnage recherché. (Elle deviendra plus tard une star de cinéma sous le nom de Marisa Pavan et l'épouse de Jean-Pierre Aumont). Studieuse et appliquée, combattant ses angoisses et ses démons, Anna Maria apprend à réciter ses répliques avec la conviction nécessaire en suivant attentivement les conseils de son mentor et de la toute jeune Katia qui, à quatre ans, lui enseigne comment dire « T'amo » avec cœur : « Mais non, Anna-Maria, pas comme ça. Je t'aime, je t'aime. C'est si facile ! »

Malgré le solide appui financier de Rizzoli et le soutien de Giuseppe Amato, les préparatifs sont longs et souvent décourageants, car mille embûches s'accumulent au fil des semaines, au point que le cinéaste excédé envisage de jeter l'éponge. Parmi les difficultés majeures figure la direction des enfants. Ces derniers ne parviennent pas à comprendre les consignes que le metteur en scène leur livre dans un italien rudimentaire et difficilement intelligible. Certains gosses s'expriment par ailleurs avec un terrible accent sicilien ou napolitain. Mais une heureuse surprise va enfin rendre à Moguy sa combativité et sa motivation : le grand Vittorio De Sica, qui depuis le succès mondial de son chef-d'œuvre, *Le Voleur de bicyclette*, a abandonné la comédie pour la mise en scène, accepte de paraître de nouveau devant la caméra, par amitié pour le cinéaste odéssite et par intérêt pour le projet. Captivé par le découpage que son ami d'Amato lui a fait lire, il s'engage non seulement à interpréter le rôle du pédagogue raisonnable et réservé, mais aussi à aider et assister Léonide lors du tournage des scènes avec les enfants.

En rejoignant le plateau de tournage où lui sont présentés les jeunes comédiens en herbe, De Sica est stupéfait de reconnaître la mystérieuse brunette aux yeux verts qu'il avait remarquée via Veneto. Moguy et De Sica, tous deux persuadés d'avoir découvert la jeune fille en premier, en viennent presque à se quereller. Selon la biographie consacrée à Pier Angeli par Jane Allen[130], et le témoignage de Marisa Pavan, le chemin de l'actrice aurait d'abord croisé celui de Vittorio De Sica. Mais d'après un article de J.V. Cottom paru en 1950 dans *Ciné-Revue*[131] et surtout une interview accordée en 1964 par la principale intéressée à la télévision française[132], Moguy serait le premier à l'avoir repérée, quelques jours avant De Sica. En tout état de cause, il est évident que l'adolescente au regard expressif devait bénéficier d'un potentiel extraordinaire et d'une chance insolente pour avoir su capter l'attention de ces grands messieurs du cinéma. Et reconnaissons à Moguy le fait d'avoir été le plus persévérant des deux !

Le tournage débute dans une ambiance très cordiale : entreprenant, le sémillant Vittorio de Sica prend part de façon très active aux opérations, en proposant des suggestions toujours bienvenues. Avec sa tendresse et sincérité coutumières, il assiste Moguy en dirigeant les enfants dans un style pouvant s'apparenter au néoréalisme, mais dépourvu de son côté sombre et désespéré. Les prises de vues se poursuivent ensuite dans un château situé à quatre-vingts kilomètres de Rome et bordé par une forêt. De nombreuses complications surviennent alors et retardent le planning du tournage. De vives dissensions s'immiscent également au sein de l'équipe. Bien que très obéissante et travailleuse, la prude Anna Maria manifeste de vives résistances à tourner la scène clef du baiser échangé par les deux adolescents réfugiés dans une chapelle. Pendant deux jours, elle se rétracte et refuse de jouer. Très embarrassée, la jeune fille finit par exaspérer l'équipe en exigeant notamment que Moguy et son opérateur tournent leur dos pendant qu'elle embrasse son jeune partenaire Gino Leurini, ce qui est bien sûr inconcevable. Cédant sous les supplications du metteur en scène, la timide actrice finit par s'exécuter... avant de s'évanouir.

Il faudra également plus de dix-huit heures d'affilée de travail acharné pour achever la scène finale de la noyade, laquelle nécessite d'innombrables reprises. Moguy en vient même à se demander s'il ne va pas être obligé de finir le tournage avec une doublure, tant la pauvre Anna Maria est épuisée nerveusement par les longues heures passées dans l'eau. Téméraire, elle parviendra tout de même à en venir à bout en s'écriant : « Je finirai le film, même si je dois en mourir de fatigue ! »

Lors de sa présentation aux journalistes du fruit de son labeur, Moguy insiste sur la dimension sociale de son sujet et sa mission de metteur en scène. « Dans chacun de mes films, j'ai essayé de dégager une idée claire susceptible d'intéresser tous les hommes pour qui les idées comptent encore[133]. » Le metteur en scène se défend pourtant, une fois de plus, d'avoir voulu réaliser une œuvre à thèse ou un documentaire : « Ce film nous aidera à retrouver le pays perdu de notre enfance. Il faut que les cloisons étanches qui séparent les générations soient battues en brèche. » Face à certains spectateurs puritains, choqués par le sujet, il assure qu'il n'y aura « rien de scandaleux. Mon film sera pur… Je veux que mon film soit vu par tous et dans tous les pays ». Par un habile retournement de situation, il affirme même proposer une œuvre saine et salutaire, répondant à une mission sociale : « Je veux prendre au cinéma un bain moral, je veux y trouver des idées nouvelles », et fustige un cinéma commercial malsain et abêtissant dont il entend se démarquer : « Je veux prouver aussi que le cinéma doit s'écarter du morbide et fuir cette amoralité où trop de metteurs en scène se complaisent actuellement… Le public est avec nous, il va moins au cinéma car il est las d'ingurgiter des bêtises. »

Toujours un peu démagogue, il flatte le bon sens du public tout en stigmatisant les producteurs et une certaine intelligentsia : « Si le cinéma en particulier américain est en train de mourir, c'est qu'il sous-estime son public. Or spirituellement, le public a dix ans d'avance sur les producteurs. Le cinéma est devenu comme une maison de couture. On fabrique des robes et des films sans demander l'avis du public. Et il y a encore des gens, des intellectuels qui vivent dans les livres et non dans la vie, qui veulent imposer leurs goûts au public… C'est fini, l'époque des cinéastes avec des gants blancs. Les metteurs en scène doivent aider les hommes à vivre heureux. À bas les films noirs et ceux des faux esthètes[134]. » En résumé, il estime que « le film doit revenir à sa fonction sociale. Il doit se dégager du côté commercial qu'on lui a trop souvent imposé ».

Il est pourtant amusant de constater que les publicitaires opèrent une curieuse sélection des clichés du film pour assurer sa promotion, en présentant de façon proéminente sur les matériaux d'exploitation l'image d'un couple allongé, s'embrassant avec ardeur : or il ne s'agit pas du chaste duo formé par Anna Maria Pierangeli et son jeune partenaire, mais d'une reproduction de l'affiche du *Baiser qui tue* qui, dans l'intrigue du film, attise l'imagination des écolières.

Dédiée à « l'enfant, cet inconnu, et aux adultes qui ont oublié leur enfance », l'œuvre de Moguy ne manque pas de charme. Avec sensibilité mais aussi humour, elle explore les préoccupations d'enfants et d'adolescents dont les saines interrogations sur la maternité sont balayées par des parents embarrassés et incapables de s'exprimer sur la question. Une mère de famille soupire que « c'est triste d'avoir une fille, car on ne sait jamais comment faire avec », tandis qu'un père ne parvient pas davantage à trouver ses mots pour aborder les choses de la vie avec son fils. Les comédiens en herbe qui épluchent un chou dans l'espoir d'y découvrir un bébé ou se demandent pourquoi leur mère prend du poids avant l'arrivée d'un petit frère sont absolument adorables. Ce regard des enfants, à la fois innocent, pur et sincère, donne au film une bonne partie de son attrait. L'amusant passage de la fête scolaire, où les gamins répètent et jouent une pièce de théâtre, révèle un Moguy à son meilleur niveau, soucieux des petits détails cocasses et des trouvailles de mise en scène qui donnent à la fois un résultat fluide et réjouissant. La gentille romance des deux adolescents, également présentée avec beaucoup de tact et de tendresse, bénéficie grandement de l'excellente prestation d'Anna Maria Pierangeli, sensible et habitée, toujours juste.

La seconde partie du film est moins réussie. Le personnage de la revêche et puritaine directrice de la colonie de vacances, joué par Gabrielle Dorziat, semble bien caricatural et peu crédible. Avec des positions aussi étriquées que les siennes, on ne comprend pas pourquoi son centre de loisirs est mixte ! Les interventions des deux sympathiques professeurs, chargés de livrer la bonne parole en tant qu'émissaires du cinéaste, se révèlent, pour leur part, trop démonstratives et redondantes. Il est toujours ardu de bâtir un film à thèse en lui sauvegardant une certaine fluidité. Moguy parvient à interpeller chaque spectateur en le touchant par la délicate émotion qui se dégage de l'interprétation des adolescents dans certaines scènes, mais il l'encombre de discours et messages venant maladroitement déséquilibrer le résultat.

Sur le plan formel, le film est inégal. Certains passages photographiés avec maestria par G. R. Aldo, qui assista jadis Moguy sur *L'Empreinte du dieu* et imposa sa griffe sur des films aussi marquants que *L'Éternel retour*, *La Belle et la Bête* ou *La terre tremble*, retiennent l'attention, et notamment sa belle maîtrise du clair-obscur pendant la prenante et mémorable séquence finale où tous les enfants courent à la rescousse de Mirella, virginal fantôme blanc sauvé des eaux, en restant suspendus à son souffle et sa vie menacée.

En voyant ce film après des années, certains aspects de son sujet semblent dépassés, chose inévitable compte tenu de sa thématique. Sociologiquement, le film dresse un constat des plus intéressants sur la vie sexuelle des adolescents à une époque, pourtant pas si lointaine, où les jeunes filles étaient surveillées de près et sévèrement grondées pour avoir discuté avec un garçon dans la rue. Si la nécessité d'assurer une éducation sexuelle aux mineurs, dans un cadre scolaire et familial, louable revendication du film, ne fait même plus question, les arguments émis par Moguy et Machard pour la justifier, via le personnage de la jeune femme professeur, sont plus contestables.

Plutôt que d'analyser cet apprentissage comme un vecteur pour que l'adolescent puisse mieux affirmer sa personnalité, trouver son équilibre et s'intégrer à la société, lors de la phase critique et parfois déstabilisante de l'adolescence, ils le dressent en véritable rempart contre le vice. Dans sa longue diatribe, l'enseignante « progressiste » incarnée par Lois Maxwell clame qu'elle se doit de répondre aux questions des élèves « avant que ne se créent dans leur esprit des complexes qui risquent de les dévoyer », ajoutant que « de nos jours, ils ouvrent les yeux sur une société licencieuse et corrompue. Nous devons tout faire pour contrôler les réactions de leurs esprits et les protéger contre toute profanation ». Un tel discours apparaît aujourd'hui, d'une certaine façon, aussi puritain et anachronique que celui de la rigide directrice.

Mais en faisant abstraction de ces arguments parfois maladroits, la délicatesse avec laquelle sont présentés les émois et interrogations des adolescents, et le courage même de l'entreprise, à une époque où le sexe était tabou, force le respect. Qu'il s'agisse de l'admirable interprétation des gamins, de la fiévreuse incarnation d'Anna Maria Pierangeli, tout vient directement du cœur et cela ne trompe pas.

À sa sortie, le film connaît en Italie un succès extraordinaire, en battant haut la main tous les records d'entrées : ses recettes dans la péninsule culmineront à plus de 1,1 milliard de lires ! Angelo Rizzoli peut se frotter les mains : avec la fortune amassée grâce à cet excellent investissement, qui ne lui a coûté que 100 millions de lires, et au très lucratif *Petit Monde de Don Camillo*, sorti peu après (2 milliards et demi de lires !), il pourra produire une série de chefs-d'œuvre du 7e art comme le magnifique *Umberto D.* de De Sica ou l'inoubliable *Dolce Vita* de Fellini. Cette intense activité cinématographique permettra au magnat de la presse milanais d'élargir son empire médiatique. Très satisfait de sa réussite, ce flamboyant noceur, réputé pour ses gigantesques réceptions données à bord de son yacht ou de sa somptueuse villa d'Ischia, se flattera d'avoir bâti « un empire si fort et si vaste qu'il faudra au moins trois générations pour le détruire ». Le sort en décidera pourtant autrement, et soixante ans suffiront pour que ses héritiers dilapident l'immense fortune de celui qu'on surnommait « Il Commenda ».

L'impact de *Demain il sera trop tard* ne se résume pas à un succès commercial : de nombreux comités éclosent dans les villes et bourgades d'Italie pour discuter de l'éducation des enfants et des solutions préconisées par le film. Léonide Moguy est nommé chevalier de l'ordre du Mérite par le gouvernement italien pour le récompenser d'une œuvre qui « a contribué à la défense du cinéma constructif et à la transmission des messages humains ». Peu après, son film est gratifié du Grand Prix de la présidence du Conseil d'Italie à la Biennale de Venise, tandis qu'Anna Maria Pierangeli reçoit le trophée récompensant la meilleure performance féminine. Moguy et De Sica, émus aux larmes comme leur jeune interprète, partagent ce grand moment d'émotion. Les embrassades appuyées de toute l'équipe ne manqueront pas d'étonner Marisa Pavan, témoin des fortes tensions qui régnaient pendant le tournage.

Particulièrement encensée pour sa sensible création « d'une fraîcheur et d'une pureté totale », lui valant comme autrefois à Corinne Luchaire de très flatteuses comparaisons avec la divine Garbo, la douce Anna Maria Pierangeli est remarquée, lors des projections, par un émissaire de la MGM. L'agent lui propose de jouer le rôle-titre de *Teresa* dans un film de guerre de Fred Zinnemann. Vivement encouragée par Moguy, la ravissante brunette saisit au vol cette rare opportunité. Rebaptisée Pier Angeli par les publicitaires de la firme au lion, l'actrice italienne récoltera des critiques exceptionnelles pour sa vibrante prestation dans ce très beau film américain, et s'imposera pour quelques années dans le monde très clos du star-system hollywoodien.

Moguy lui-même devient une personnalité fêtée et vénérée en Italie : une véritable star. Quand des policiers le reconnaissant au volant de sa voiture, ils interrompent le trafic pour laisser passer en priorité « il direttore ».

Alors qu'il est déjà pourvu de cinq récompenses internationales, *Demain il sera trop tard* est enfin projeté en France, au festival de Vichy, sous les ovations de la foule, où il remporte le prix du Meilleur Film étranger. En signe de remerciement, Moguy agite ses deux mains liées au-dessus de sa tête, comme un cycliste vainqueur d'une étape. Étranglé par l'émotion, il est incapable de prononcer le moindre mot. En dépit de l'absence de vedette renommée, en dehors de Vittorio De Sica, *Demain il sera trop tard* obtient le même triomphe en France, où il enregistre plus de quatre millions d'entrées !

Des séances spéciales sont organisées sous le patronage du ministère de l'Éducation nationale, en présence des plus hautes personnalités de l'Unesco et des milieux enseignants. Elles sont suivies de débats animés par des moralistes et éducateurs, unanimes pour saluer l'intérêt du film. Le Comité international du cinéma d'enseignement et de la culture (CIDALC) lui décerne d'ailleurs une médaille que Moguy exhibe fièrement à Roberto Rossellini, lors de la réception donnée à la Tour d'Argent pour la première des *Onze Fioretti de saint François d'Assise*. Avec un sourire en coin, il explique aux journalistes qu'il connaît bien le maître du néoréalisme, qu'il a rencontré autrefois « en d'agréables circonstances », sans plus d'explications. Le soir même, il est informé par téléphone que son film a également été couronné du Grand Prix du festival de Punta del Este, en Uruguay. Cette prestigieuse manifestation réunissait le gratin du cinéma mondial, de Gérard Philipe à Joan Fontaine en passant par Silvana Mangano, Patricia Neal et Ricardo Montalban. Enfin, les lecteurs de *Cinémonde* désignent *Demain il sera trop tard* comme meilleur film étranger.

La critique française applaudit elle aussi à « un film excellent sur le plan artistique », en émettant toutefois quelques réserves sur sa portée philosophique, « ses insuffisances et ses puérilités » ou encore « ses travers propres aux films à thèse [135] ». *Droit et Liberté* regrette que « cet excellent film italien » laisse un peu en retrait le plan social (misère, chômage, influence de l'Église, morale bourgeoise, etc.) sans lequel on ne saurait comprendre qu'à moitié pourquoi les enfants de nos pays peuvent être conduits jusqu'au suicide [136] ».

Le journal *Combat* émet une analyse très pertinente en cernant en quelques lignes les qualités du réalisateur et son emprise sur les spectateurs : « Léonide Moguy semble se débattre contre une culpabilité originelle que son œuvre entière s'acharne à nier et combattre. Remarquable meneur de jeu, raconteur d'histoire, son art le plus grand est la conduite des interprètes sensibles à l'excès. Il connaît cette adresse quelque peu démagogique qui transforme une foule en autant d'individualités que de spectateurs. Il cache cette redoutable arme de masse qui s'appelle public pour attaquer chacun dans ses retranchements les plus intimes ; c'est pourquoi la portée de son œuvre va au-delà de qualités purement cinématographiques. Avec lui, le film social prend cette voie directe et active où chacun voulut s'engager mais qu'il perdit en route sur des chemins de traverse. Léonide Moguy ne répugne pas aux concessions, mais il les choisit toujours à l'intérieur du sujet[137]. »

Sur un plan formel, chacun s'accorde à saluer « une réalisation adroite, souvent remarquable dans les scènes néoréalistes du début [138] », au point que certains spécialistes comme Charensol remarquent que « certains passages tranchent si fortement avec le reste qu'on a peine à croire qu'ils sont de la même main [139] ».

Avec Giuseppe Amato, Moguy se rend aux États-Unis pour promouvoir le film, et constate avec bonheur qu'il bénéficie d'un lancement de la même ampleur que les productions américaines : finies les obscures salles d'art et d'essai réservées jusqu'alors aux productions européennes. Grâce à l'énergie déployée par le distributeur Joseph Burstyn, le film est, malgré ses sous-titres, projeté en première au Loew's State Theatre, grand cinéma de Broadway, ainsi que dans 53 établissements new-yorkais et 400 salles américaines ! Le triomphe européen, l'originalité du sujet, mais également la récente popularité de Pier Angeli auprès du public américain, enthousiasmé par sa prestation dans *Teresa*, expliquent-ils ce traitement de faveur ? Bosley Crowther du *New York Times* reste dubitatif devant le dispositif mis en place pour « ce petit drame attendrissant mais étrangement démodé et parfois même très naïf… qui n'a ni le réalisme mordant des plus populaires films italiens d'après-guerre ni l'impitoyable franchise qui les rendait si brillamment justes [140] ».

Une somptueuse réception est donnée en l'honneur des hôtes français à la Hampshire House de New York, par la Motion Picture Association of America, qui représente les six grands studios américains. Pendant la soirée, Moguy reçoit un diplôme d'honneur de *Parent's Magazine*, une revue à gros tirage, pour « avoir présenté une idée pour l'amélioration des relations humaines en langage universel ». La plupart des journalistes s'accordent pour célébrer « une importation majeure », « traitée de façon franche et sensible », « riche en humour et en tension dramatique », et « la mise en scène magistrale de Léonide Moguy [141] ». À l'instar de la très influente Louella Parsons, Leo Mishkin recommande hautement ce film, « dirigé avec une rare compréhension de son sujet [142] », non seulement aux adolescents mais aussi à leurs parents, amis et professeurs. Des mères enthousiastes prennent la plume pour remercier le cinéaste d'avoir révolutionné les conceptions pédagogiques.

De grandes stars comme Anne Baxter ou Kirk Douglas s'empressent de le saluer. La ravissante Virginia Mayo appose ces quelques mots sur un portrait qu'elle dédicace « à Rune et Léonide, deux si adorables personnes. Quelle joie de vous connaître ! » La somptueuse Linda Darnell, inoubliable *Ambre*, qui avait beaucoup sympathisé avec Mme Moguy pendant la guerre, s'enflamme pour ce « merveilleux film, sur un sujet que Hollywood n'aurait pas osé aborder ». Un riche mécène offre à Moguy de financer le tournage d'un film aux États-Unis. Enchaînant les conférences à la radio et les interviews, Moguy savoure sa réussite.

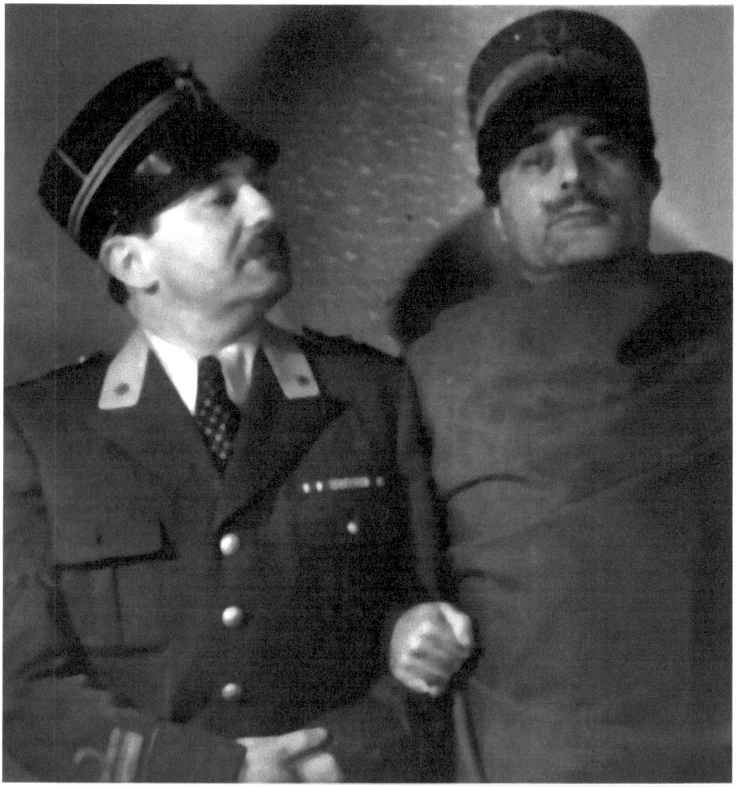

Léonide Moguy et Guiseppe Amato (collection Katia Moguy)

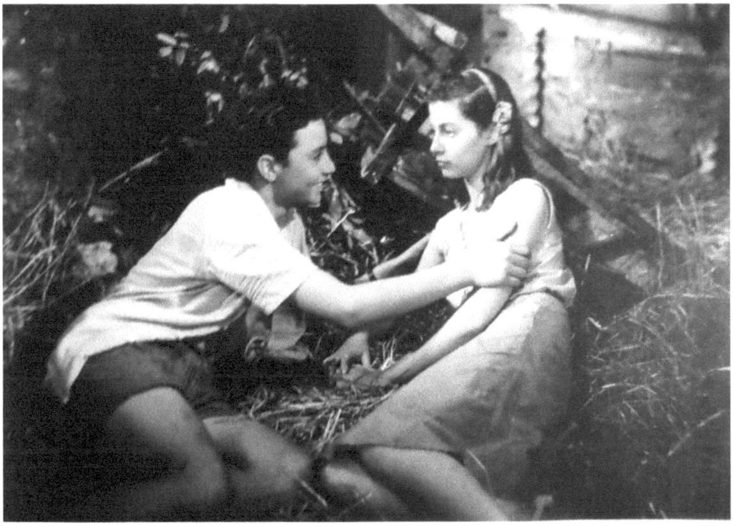

Gino Leurini et Pier Angeli dans *Demain il sera trop tard* © *1951* Filmsonor / Éditions René Chateau – photo Osvaldo Civirani

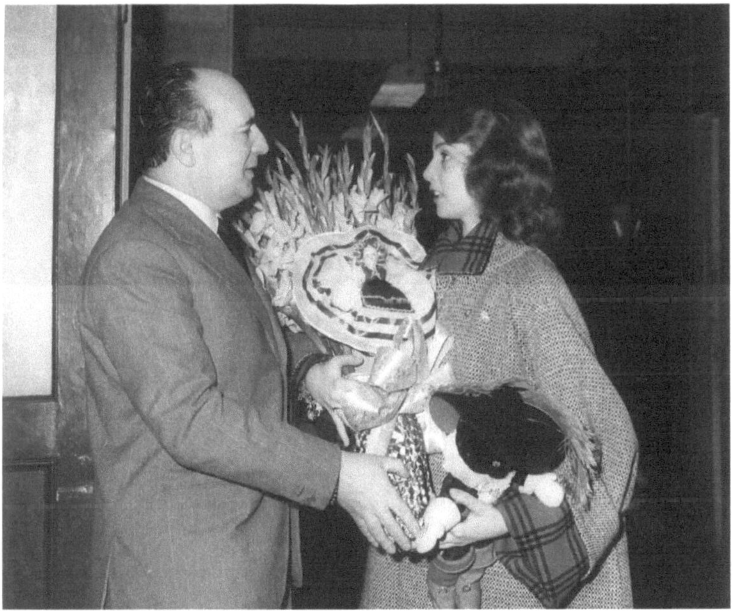

Léonide Moguy et Pier Angeli

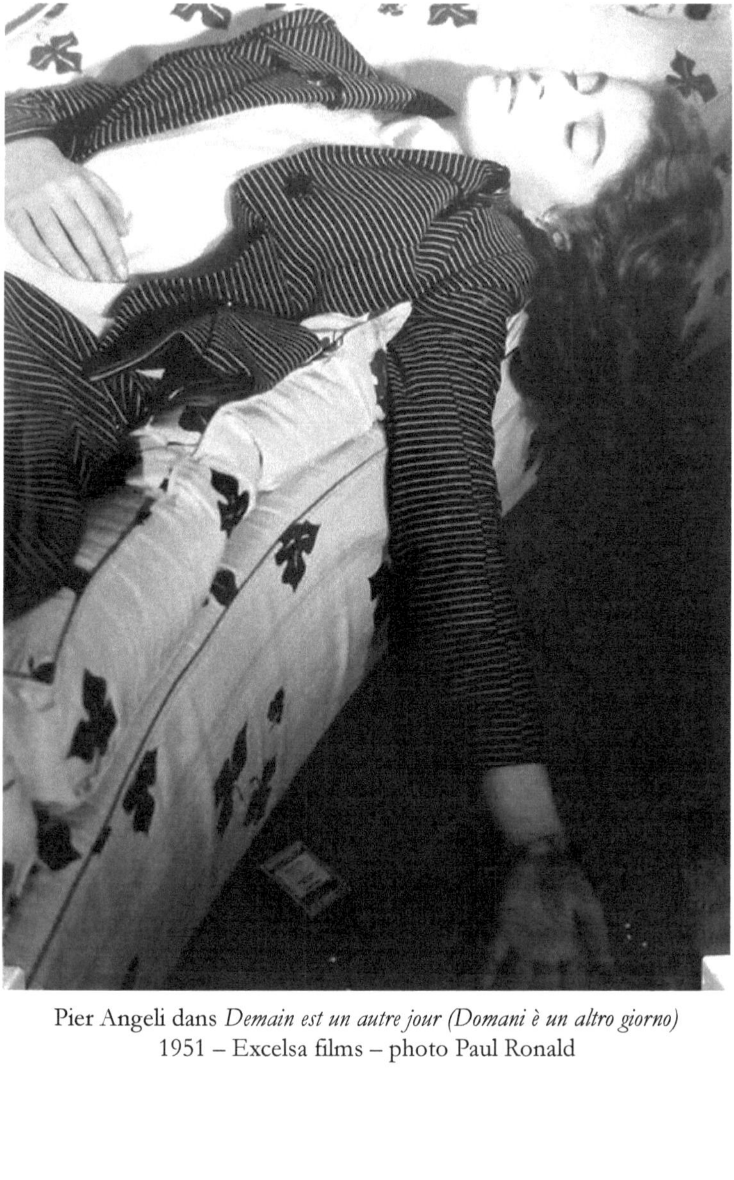

Pier Angeli dans *Demain est un autre jour (Domani è un altro giorno)*
1951 – Excelsa films – photo Paul Ronald

XV.
DEMAIN EST UN AUTRE JOUR

Fort du succès aussi bien critique que commercial de *Demain il sera trop tard*, Léonide Moguy est confiant. Comme l'a dit Alfred Machard, le cinéaste a peiné durant des mois, affronté toutes sortes de difficultés et de désillusions, et refusé d'alléchantes propositions de l'étranger pour venir à bout de son entreprise. Sa persévérance a fini par payer, dans tous les sens du terme, quoique l'opération eût pu être beaucoup plus fructueuse pour lui. Il était en effet prévu à l'origine que le metteur en scène toucherait un pourcentage sur les recettes du film. Par prudence, le cinéaste a préféré se contenter de huit millions de lires comptant… et ainsi perdu 60 millions de lires ! Cette perte sera quelque peu compensée par un cadeau de Rizzoli, en signe de reconnaissance : une superbe Lancia Aurelia rouge, capable d'atteindre une vitesse de deux cents kilomètres à l'heure.

Avec ses revenus confortables, Léonide loue au prince de Bismarck une somptueuse et immense demeure dans Rome, au 22 via della Dataria, où il peut recevoir ses amis et collègues du monde du cinéma. Lors d'une réception à laquelle sont conviés l'ambassadeur de France et Michèle Morgan, sa fillette, revêtue d'un petit tablier, s'amuse à demander un pourboire à chaque invité de marque venu confier son manteau : les fonds récoltés seront reversés à un refuge pour les plus démunis. Chez les Moguy, la générosité franchit les générations ! À présent qu'il a amplement regagné son prestige d'avant-guerre, Léonide entend désormais respecter ses propres règles de conduite : être au service d'un cinéma constructif, à vocation sociale, dont l'objectif dépassera le simple divertissement. Mû par des sentiments simples et nobles, il voudrait proposer aux spectateurs des « histoires valables, des films optimistes, ceux qui l'encouragent à vivre, qui l'aident à acquérir une foi rationnelle en sa dignité, en sa valeur, et qui lui donnent le respect de sa liberté ».

Lors de l'élaboration de son précédent film, en analysant les rapports fournis par éducateurs et journaux, Moguy a été particulièrement marqué par les témoignages concernant les suicides d'adolescents. Comme la fragile Mirella, héroïne de *Demain il sera trop tard*, trop de jeunes gens, désemparés par la misère matérielle et morale, les tracas familiaux ou sentimentaux, peinant à trouver leur place dans la société, ou souffrant d'un manque de communication, en viennent à cette tragique solution. En Italie, pas moins de cinq suicides sont dénombrés chaque jour. L'idéaliste Moguy souhaiterait utiliser les modestes armes qu'il a en sa possession, sa caméra et son talent, pour adresser à chacun un message d'amour et lui redonner espoir. Pour lui « le meilleur moyen de combattre le suicide est de lutter contre l'égoïsme, qui rend la vie si aride et mauvaise ». Il souhaiterait provoquer « un rappel direct à la cordialité et à la solidarité », tout en se défendant, une nouvelle fois, de vouloir faire un film à thèse ou de chercher la controverse.

Si statistiquement les hommes sont bien plus nombreux à attenter à leurs jours, et surtout à parvenir à leurs fins, l'intérêt de Moguy pour la psychologie féminine le pousse à axer son nouveau film sur le pathétique destin de trois femmes : une jeune fille du peuple se défenestre après avoir été violée puis victime d'un chantage ; une inconsolable veuve met fin à ses jours en découvrant que ses voisins ont empoisonné son chien, seul compagnon de son triste quotidien ; une mère célibataire, issue d'une riche famille, perd le goût de vivre après qu'on lui a fait croire que son bébé était mort. Ces portraits de femmes désespérées sont présentés par un médecin à une épouse infidèle tentée par le suicide, afin de la dissuader de mettre à exécution son funeste projet. La construction du scénario s'apparente à ceux des films à sketches, genre très en vogue en Angleterre, en France et en Italie depuis la fin de la guerre. Afin d'avancer rapidement sur la rédaction des différentes chroniques, Moguy ne réunit pas moins de six scénaristes transalpins autour de lui.

Pour incarner le premier personnage, il engage Anna Maria Ferrero, une toute jeune comédienne de seize ans déjà remarquée dans *Le ciel est rouge*, de Claudio Gora, et chez laquelle il devine une aptitude à traduire les sentiments les plus vifs. Lors des bouts d'essai, pour lesquels l'adolescente est venue accompagnée de sa tante, Moguy est frappé par les yeux tristes de la postulante, contrastant de façon stupéfiante avec son radieux sourire. Son choix s'avère excellent. Vibrante et habitée, l'adolescente va fournir une performance d'une grande intensité dans le meilleur épisode du film, qu'elle éclaire de sa forte sensibilité. Il est clair que Moguy a su tirer le meilleur de cette élève, particulièrement réceptive et douée. Elle confirmera son talent en jouant par la suite pour les plus grands (Michelangelo Antonioni, Ettore Scola, Vittorio Gassman, dont elle sera la compagne pendant plusieurs années, et même l'écrivain Malaparte pour son unique essai au cinéma), avant d'épouser le séduisant acteur Jean Sorel et d'abandonner l'univers de l'écran.

Moguy confie le rôle de la veuve esseulée à Rina de Liguoro, si déterminante dans la découverte de Pier Angeli. Il voudrait redonner sa chance à l'ultime grande diva des années folles. La vedette internationale des versions muettes de *Quo vadis ?* et des *Derniers Jours de Pompéi* a beaucoup perdu de sa gloire d'antan, depuis qu'elle tenta sa chance à Hollywood et n'y récolta pas grand-chose sinon l'admiration de Scott Fitzgerald (elle figura dans *Madame Satan*, l'extravagant film de Cecil B. DeMille, et donna la réplique à Garbo et Laurel et Hardy). Profondément marquée par le décès de sa fille Regina en 1948, la comtesse vit désormais en recluse. Mais Moguy est convaincu que la vamp d'autrefois saura utiliser son charisme personnel et la tragédie qu'elle a traversée pour incarner avec vérité ce personnage de femme lasse et abandonnée. Très digne, elle fournira une prestation pleine de retenue tout à fait convenable, mais beaucoup moins impressionnante que celle que donnera, dans un rôle similaire, l'année suivante Carlo Battisti dans le magnifique *Umberto D.* de Vittorio De Sica.

Pour le dernier sketch, Moguy tient absolument à confier le rôle de la jeune fille du monde, délaissée par sa mère, à sa glorieuse découverte Anna Maria Pierangeli, rentrée tout juste des États-Unis après le tournage de *Teresa.* Si l'avenir professionnel de la comédienne en vogue, présentée comme la recrue la plus intéressante faite par Hollywood depuis le sommeil de la Divine, s'annonce sous les meilleurs auspices, celle-ci vit pourtant un drame personnel. Les prises de vues seront interrompues pour qu'Anna Maria puisse se rendre le plus possible au chevet de son père, gravement malade.

Pour lui donner la réplique Moguy a embauché Rossana Podesta, une simple dactylo, repérée alors qu'elle participait à une compétition de water-polo, à laquelle il a promis d'emblée d'intercaler une scène dans son film déjà entamé. Envisageant des études de médecine, la jolie brunette n'était nullement intéressée par une quelconque expérience cinématographique, mais avait poliment accepté de se présenter à un bout d'essai auquel assistait Georges Lautner, le fils de Renée Saint-Cyr. Envahie par le trac, la débutante s'était révélée nerveuse et fort mauvaise, ce qui n'avait pourtant pas rebuté Moguy. Sans faire vraiment d'étincelles, dans un rôle pourtant conçu pour elle, la jolie Latine révèle un charmant minois et une jolie présence. Le flair de Moguy lui faisant rarement défaut, elle s'imposera en peu de temps comme une des plus belles étoiles du cinéma italien : *Le Filet (La Red)*, œuvre mexicaine d'Emilio Fernandez, fera d'elle un des principaux sex-symbols du grand écran des années 50.

Malgré les drames évoqués dans les différents récits qu'il aborde, Moguy souhaiterait inviter chacun à « réfléchir sur ce que chaque jour nouveau peut apporter de beau et de bon, pour trouver une raison d'espérer et d'avoir confiance ». C'est la raison pour laquelle il intitule son nouvel ouvrage *Domani è un altro giorno (Demain est un autre jour)*, en référence à la dernière réplique d'*Autant en emporte le vent* et à *Demain il sera trop tard*. La dernière concoction de Moguy atteint les écrans italiens en 1951, avec l'épigraphe suivante : « Si ce film réussit à sauver une seule vie humaine, l'objectif de son auteur sera atteint. » Moguy est-il parvenu à réaliser sa noble intention ?… La noirceur des cas exposés n'invite pourtant guère à l'optimisme ou à l'espérance. Il affirmera pourtant avoir reçu le courrier d'un couple de spectateurs le remerciant de l'avoir convaincu, par le seul pouvoir de son film, à renoncer au geste désespéré qu'il projetait. Au-delà de cette satisfaction personnelle, l'auteur peut s'enorgueillir d'avoir proposé une œuvre sincère et souvent émouvante, malgré ses défauts et son aspect décousu. Sans provoquer le poignant et perturbant émoi des films néoréalistes, Moguy brosse avec sensibilité quelques jolis portraits de femmes qui bénéficient de l'indéniable force d'interprétation de ses comédiennes, Anna Maria Ferrero en tête.

Détestant les écoles purement stylistiques, il se défend de participer à la vague néoréaliste, dont il ne souhaite pas adopter les codes, en vitupérant : « Qu'est-ce que c'est que ça, le néoréalisme ? Connais pas ! Je ne connais qu'un genre cinématographique, celui que j'ai toujours suivi depuis mon premier film. J'estime que le cinéma, en raison de sa vaste crédibilité, ne doit pas oublier sa fonction sociale. »

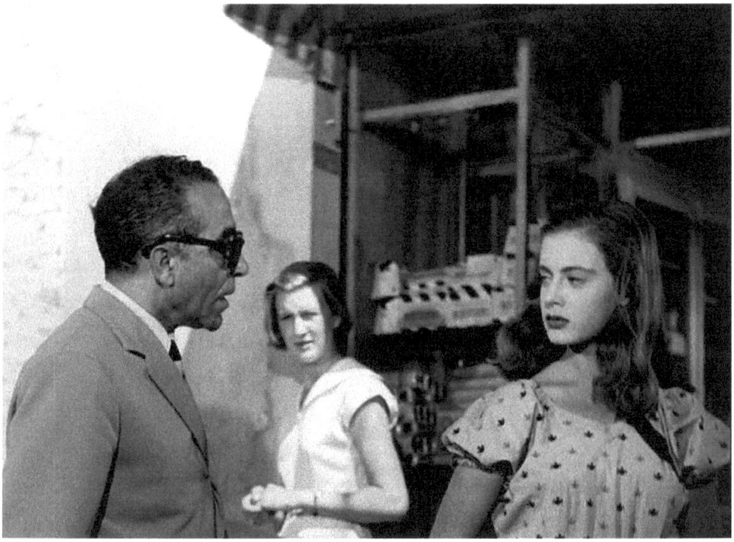

L.Sorrentino et Anna Maria Ferrero dans *Demain est un autre jour* (1951-Excelsa films) – photo Paul Ronald

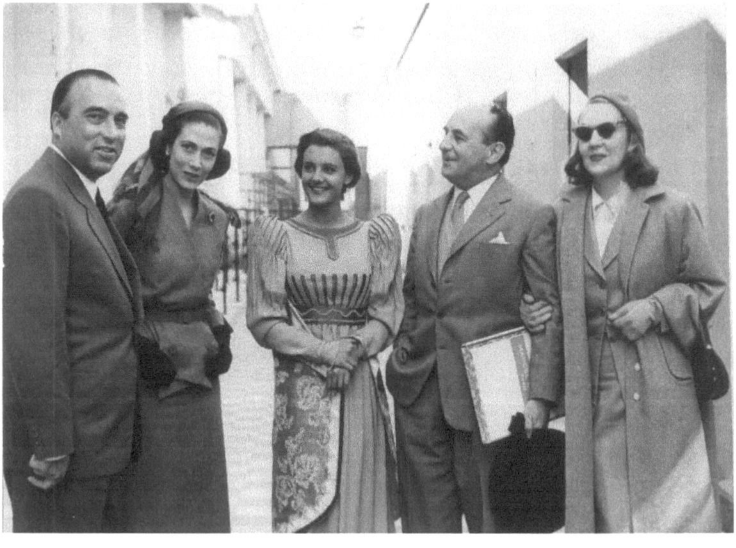

Marcel et Hélène Rochas, Rossana Podesta, Léonide et Rune Moguy pendant le tournage de *Demain est un autre jour* (collection Katia Moguy)

Même s'il peine parfois à éviter les pièges de la rhétorique, Moguy compose un univers qu'il maîtrise bien. La forme narrative, schématisant les ressorts dramatiques, est fortement marquée d'un style mélodramatique prégnant dans le cinéma italien de l'époque. Ce dernier regorge de *Mensonge d'une mère*, *Bannie du foyer* et autres tires-larmes de Matarazzo, appréciés d'un public populaire partageant les souffrances de ses héroïnes. Tout en respectant les codes de ce genre de production, et notamment un accompagnement musical assourdissant censé intensifier les passages les plus poignants, le film garde néanmoins une dignité qui le démarque des pleurnicheries de style roman-photo. Il bénéficie également de la belle photographie de G. R. Aldo, scrutant et sculptant le visage d'héroïnes éperdues avec une sensibilité à fleur de peau.

Sans atteindre le phénoménal triomphe de *Demain il sera trop tard*, ce nouvel opus de Léonide Moguy rencontre à sa sortie, en janvier 1951 au Capitol de Milan, un bel accueil (en récoltant plus de 280 millions de lires). Très sensibles aux louables intentions de son metteur en scène, les journalistes transalpins ne savent plus quel surnom flatteur lui attribuer pour lui faire honneur. Pour Arturo Lanocita, il est « le dominicain du cinéma rédempteur » : « Son film ne raconte pas, il se bat. Pas contre quelqu'un mais pour quelqu'un. » Pour *Il Gazzettino de Venezia*, le réalisateur français devient « le propagateur du bien, le réformiste actif qui combat pour ses idées. » Le journal *Studio* de Bologne voit en lui « l'Elia Kazan français du cinéma, en plus littéraire et doctrinal ».

À Hollywood, Mary Pickford, la légendaire petite fiancée des Américains et du cinéma muet est si impressionnée par le film qu'elle en organise une projection privée pour ses amis les plus chers, Gregory Peck, Constance Bennett et Douglas Fairbanks Jr. La presse étrangère, tout en saluant les convictions de l'artiste et le talent des interprètes féminines, émet davantage de réserves sur « un film destiné à un public qui privilégie l'aspect sentimental sur d'autres valeurs purement cinématographiques », et incrimine son ton mélodramatique et « trop de concessions à un impressionnisme facile ». Pour le magazine madrilène *ABC*, la narration manque de force et cède la place à la sensiblerie, la description des caractères est exagérée, manichéenne. Desservi par un doublage très insuffisant, le film, dont le sujet trop sombre est moins fédérateur que les amours adolescentes, échouera au box-office lors de sa sortie en France en avril 1952, en enregistrant moins de 700 000 entrées.

Pier Angeli, sa vedette, poursuivra une belle carrière aux États-Unis dans les années 50. Parmi ses films les plus marquants, on distinguera *Marqué par la haine (Somebody Up There Likes Me)* de Robert Wise ou encore *Sodome et Gomorrhe* de Robert Aldrich. Sensible et fragile, la jeune découverte de Moguy connaîtra de nombreuses déceptions sentimentales. Ses liaisons tourmentées avec Kirk Douglas ou James Dean tourneront court. En 1954, la belle convolera avec le crooner Vic Damone, plus par raison que par passion. Dès son retour en Europe, dans les années 60, la comédienne renouera contact avec son mentor, culpabilisant de ne pouvoir mieux protéger, professionnellement ou personnellement, celle qu'il considère comme une seconde fille. Pier Angeli succombera en 1971 dans sa demeure de Beverley Hills, après avoir absorbé un trop puissant sédatif prescrit, sans les précautions d'usage, par un médecin négligent. Pour Léonide Moguy, qui avait déjeuné avec l'actrice peu avant sa disparition, le choc sera terrible : la vedette paraissait alors radieuse et enthousiaste (elle était pressentie pour jouer dans *Le Parrain (Il Padrino)* de Francis Ford Coppola). Bouleversé, il prononcera son éloge funèbre lors de ses obsèques à Rueil-Malmaison.

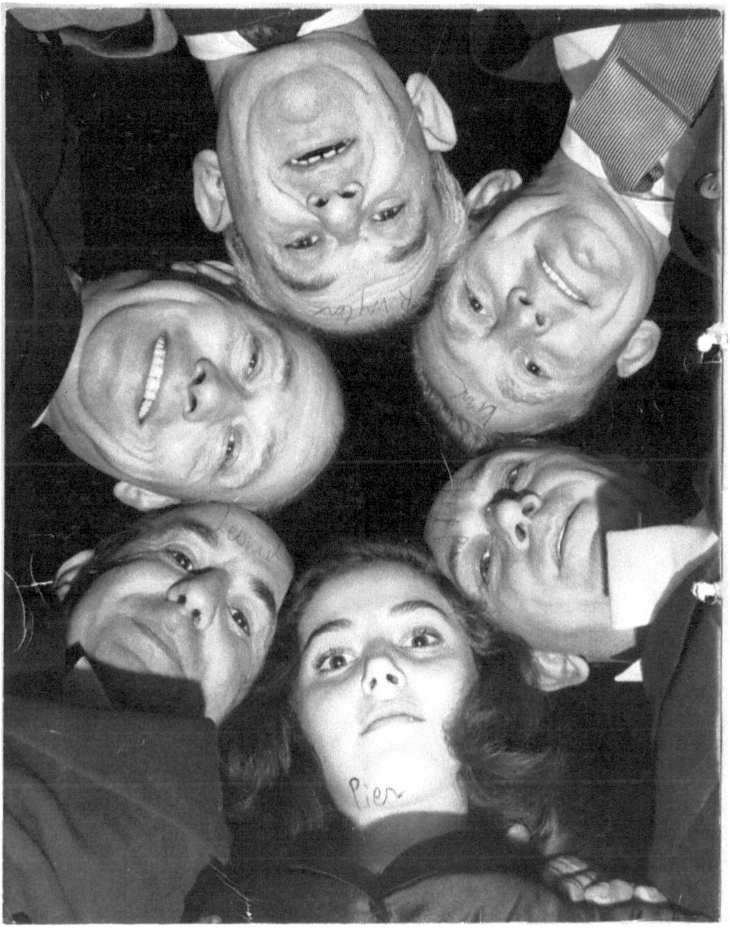

Léonide Moguy avec Pier Angeli, George Raft, Kirk Douglas, Robert Wyler et Giuseppe Amato (collection Katia Mo uy)

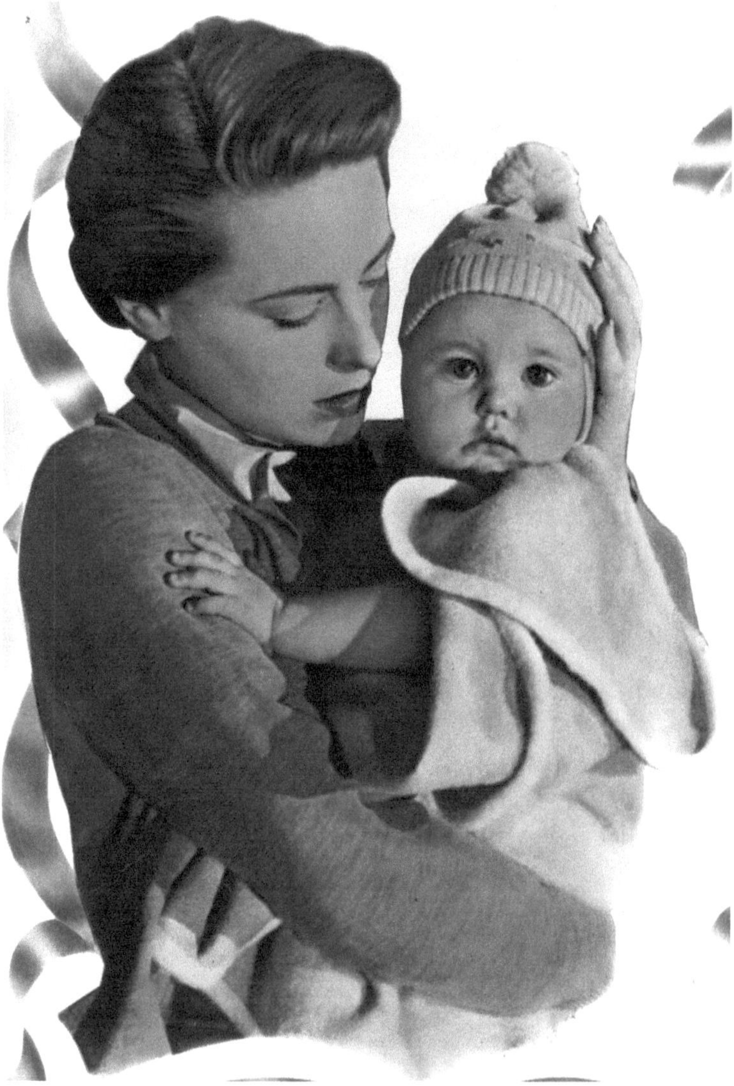

Lia Amanda et le petit Augusto *dans L'Enfant d'une autre (Cento piccole mamme)* de Giulio Morelli et Léonide Moguy (1952-Columbia) photo Osvaldo Civirani

XVI.
L'ENFANT D'UNE AUTRE

Grâce au succès américain de *Demain il sera trop tard*, Moguy signe un contrat avec la firme américaine Columbia aux termes duquel cette dernière s'engage à financer et distribuer plusieurs films que le cinéaste doit produire en Europe. Mais un seul long-métrage sera mis en chantier dans le cadre de cet accord : un remake italien du *Mioche*, son premier film, pour lequel il garde une tendresse particulière. Le gros succès d'avant-guerre a déjà fait l'objet de deux remakes étrangers, dont l'un (particulièrement réussi) de Busby Berkeley. Apprenant que des producteurs italiens songent à réutiliser cette formule gagnante, Moguy a préféré couper court à leurs prospectives en montant lui-même une nouvelle mouture de son premier grand succès commercial.

Son sujet, sentimental à souhait, a tout pour ravir le public transalpin, particulièrement sensible et fleur bleue. La mise en scène de cette adaptation transalpine, *Cento piccole mamme*, est confiée à Giulio Morelli dont Moguy se contente de superviser le travail. Peu connu, ce metteur en scène a collaboré pendant la guerre avec Mario Camerini sur quelques films importants. William Tubbs, un acteur américain lancé par Rossellini, a la lourde tâche de succéder à Lucien Baroux, tandis que Lia Amanda, une jeune recrue remarquée par Moguy lors de la remise du prix Straga[143], reprend le rôle de la pauvre mère délaissée, jadis tenu par Madeleine Robinson.

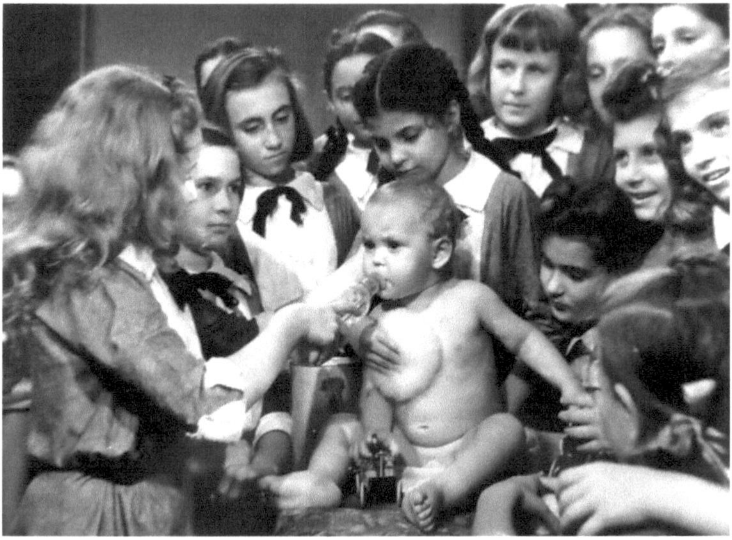

Le petit Augusto dans *L'Enfant d'une autre* de Giulio Morelli et Léonide Moguy (1952-Columbia) – photo Osvaldo Civirani

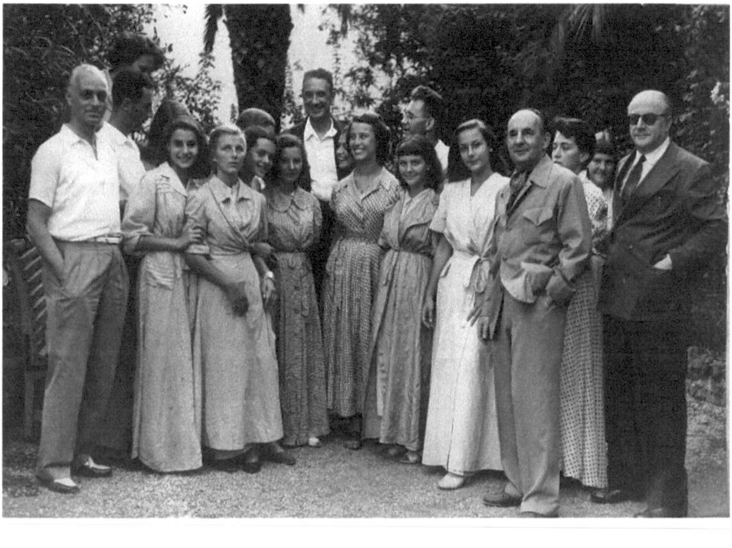

Léonide, Giulio Morelli et leurs jeunes recrues de *L'Enfant d'une autre* (1952-Columbia)

Le bébé est joué par Augusto Penello, qui ressemble beaucoup au petit Philippe de la version d'origine, bien que plus dégourdi. Il causera d'ailleurs quelques frayeurs en disparaissant pendant le tournage dans le parc de la villa Lante, où il sera retrouvé, par un William Tubbs affolé, assis tranquillement près d'un buisson en train de contempler une vipère.

Alors que la presse de l'époque promet quelques rafraîchissements par rapport à la version d'origine, les innovations apportées par Moguy à l'argument sont rares mais reflètent bien ses aspirations du moment. Ainsi le professeur, joué par Williams Tubbs, est vivement réprimandé par sa hiérarchie qui lui reproche d'employer des méthodes éducatives d'avant-garde (il explique à ses élèves les relations sentimentales des personnages de la *Divine Comédie* de Dante). Quelques propos sentencieux et didactiques ont également été rajoutés aux dialogues : « La plupart des délinquants précoces ont eu une enfance douloureuse. Le rôle de la mère dans l'éducation est primordial… » Sans vraiment démériter, William Tubbs ne possède pas la flamme de l'excellent Lucien Baroux qui parvenait à transcender son personnage. Les petites écolières, dont les piaillements aigus irritent l'oreille, sont en revanche, pour la plupart, insupportables. L'une d'entre elles, Giao Lombardini, deviendra à l'âge adulte une vedette de telenovelas très populaire au Venezuela… Nouvelle preuve de l'indéniable flair de Moguy pour repérer les talents en herbe !

Malgré les précautions prises par le cinéaste pour assurer le maximum de publicité à son film (il convie à un banquet 40 journalistes de 12 nationalités), ce dernier reçoit à sa sortie quelques camouflets, hélas mérités. Pour Massimo Scaglione de la revue *Hollywood* : « Même s'il porte la signature de Giulio Morelli, c'est sans nul doute une production moguyesque, qui en tant que telle présente tous les défauts intrinsèques à ce registre. Une certaine hypocrisie dans le ton ouvertement pédagogique, indispensable prétexte de chacun de ses films, une recherche forcée de thèmes pathétiques, de l'émotion à outrance agacent franchement. Un travail médiocre et absolument inutile[144]... » Conformément au contrat signé avec la Columbia, le décevant remake du *Mioche* sera exploité en France sous le titre *L'Enfant d'une autre*, et engrangera aussi peu d'entrées dans l'hexagone que *Demain est un autre jour*.

Lia Amanda, vedette principale de *L'Enfant d'une autre*, décrochera tout de suite un rôle dans *Histoires interdites (Tre storie proibite)* d'Augusto Genina. Applaudie jusqu'en Russie et comparée elle aussi à Garbo, la brune actrice s'illustrera dans quelques films dont une version du *Comte de Monte-Cristo* avec Jean Marais. Refusant une alléchante proposition des studios britanniques de la Rank, elle préférera convoler avec un millionnaire brésilien rencontré lors du festival de São Paulo : une union qui dure depuis plus de 60 ans.

En dépit de la brièveté de sa carrière, son mentor Léonide peut encore se flatter d'avoir découvert une nouvelle étoile de l'écran. Elle ne sera pas la seule, en cette période particulièrement prolifique. Lors des différentes auditions qu'il organise en Italie et en France, le metteur en scène de *Conflit* détecte immédiatement les postulantes dotées de la photogénie et de la personnalité nécessaires pour briller devant la caméra. Ne pouvant pas toujours insérer au générique de ses films ces prometteuses nouvelles venues, dont le tempérament ne cadre pas forcément avec les personnages des projets à l'étude, il s'ingénie à les recommander auprès de ses amis producteurs pour leur donner la chance qu'elles méritent.

Moguy contribue ainsi au lancement de Myriam Bru, magnifique pin-up titulaire de plusieurs prix de beauté, dont celui de Miss Côte d'Azur. La ravissante Parisienne, dont l'enfance a été bercée par la magie des films d'aventures d'Alessandro Blasetti (*La Couronne de fer*), rêve de faire du cinéma comme son actrice favorite, Alida Valli. Élève du cours Simon, la belle a déjà joué en vedette dans un film de Maurice Cam, *Une fille dans le soleil.* Mais elle ne rêve que du cinéma italien, qui depuis l'avènement du néoréalisme a pris une place considérable sur le plan international.

Alors que Moguy s'échine à lui décrocher un rôle dans *Le fruit défendu*, de Henri Verneuil, produit par son ami d'Agyar (où elle sera finalement remplacée par Françoise Arnoul), l'élégante brunette préfère céder aux sirènes de Cinecittà, et aux propositions de Carlo Ponti et Dino De Laurentiis, producteurs très prolifiques. Moguy la poursuit jusqu'à la gare de Lyon avec d'Agyar pour essayer de dissuader la jeune femme têtue de quitter la France. Suivant ses conseils, elle accepte avec réticence de signer un contrat avec le producteur Angelo Rizzoli, mais provoque la colère de ce dernier en refusant de jouer dans le premier film qu'il lui propose. « Il Commenda » l'imposera finalement dans un grand nombre de mélodrames et films en costumes, fort prisés du public populaire, mais à l'opposé de ses aspirations artistiques. Longtemps boudés par les intellectuels, ces romans photos sur pellicule méritent pour certains d'être redécouverts : la majestueuse brune aux yeux clairs y révèle une indiscutable photogénie et l'allure altière d'une déesse.

Persuadé que la belle n'a pas encore atteint le niveau de popularité qu'elle mérite, malgré son enviable notoriété en Italie, Moguy envisagera de la diriger dans un film musical afin de mettre en valeur ses talents de danseuse, sans obtenir l'assentiment de Rizzoli. En dépit de sa retraite cinématographique précoce, liée à son mariage avec le magnifique acteur allemand Horst Buchholz et à sa volonté de mener une vraie vie de famille, la splendide Myriam restera une des plus fidèles amies des Moguy. Elle deviendra, à partir des années 80, un agent artistique très avisé, qui comptera parmi ses clients des artistes aussi remarquables que Giulietta Masina, Jacqueline Maillan ou Marisa Berenson, et lancera la carrière de la plupart des vedettes françaises de la fin du XXe siècle : Mathilda May, Maruschka Detmers, Hélène de Fougerolles, Mélanie Thierry, Zoé Félix, Valérie Kaprisky, Anne Brochet, Maïwenn, Julie Delpy, Guillaume Gallienne, Olivier Martinez, Muriel Robin… Devant cette énumération impressionnante qui laisse rêveur, il est permis de se demander si ce cher Léonide n'a pas laissé en héritage à la belle Myriam la formule secrète pour déceler les talents.

De toutes les étoiles que Moguy a contribué à installer au firmament cinématographique durant sa parenthèse italienne, la plus éblouissante et la plus mythique demeure Sophia Loren. Avant sa rencontre avec le cinéaste français, la jeune Romaine de dix-huit ans, titulaire d'un prix d'élégance, a déjà posé pour quelques magazines de romans-photos. Elle a également décroché des figurations ou rôles peu consistants dans des bandes un peu coquines où elle exhibait son opulente poitrine. La débutante porte déjà le pseudonyme qui fera sa gloire et de jolis maillots de bain dans *Sous les mers d'Afrique*, un film d'aventures à petit budget. Dans une trattoria, la sculpturale brune est remarquée par Rune Moguy, installée à une table voisine, avec son mari et George Raft, en vacances dans la Ville éternelle. Elle signale aussitôt à ses comparses la présence de cette jeune femme à la beauté peu commune.

Séduit par la chevelure magnifique de la belle Sophia « et ses yeux scintillants comme des diamants », le cinéaste aborde la comédienne, qui lui avoue très humblement ses difficultés pour obtenir des engagements. Lui promettant de tout mettre en œuvre pour l'imposer à l'écran, Moguy prend contact avec ses nombreux amis producteurs pour leur présenter la plantureuse Romaine. À son grand étonnement, sa « découverte », jugée trop grande ou trop imposante, ne suscite guère leur enthousiasme.

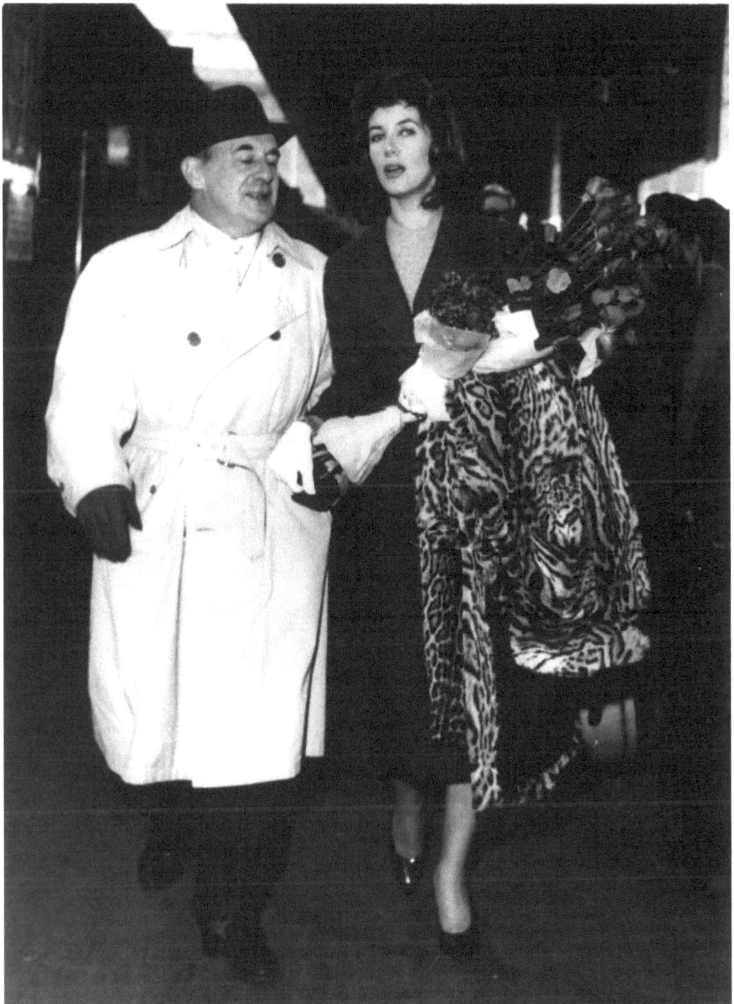

Léonide Moguy et Myriam Bru vers 1953 (collection Katia Moguy)

Alors qu'Angelo Rizzoli reste insensible au charisme et au potentiel de Sophia, Myriam Bru, beaucoup plus avisée, lui assure que celle-ci connaîtra une renommée internationale. Il Commenda, qui ne partage ni son enthousiasme ni sa clairvoyance, lui répond que « des poils lui pousseront sur les mains » si la dernière découverte de Moguy devient un jour une star. Ce à quoi la spirituelle Myriam lui rétorque avec humour : « Surveillez vos mains ! »

Invitée un soir chez Moguy en même temps que Sophia Loren, Myriam Bru se souvient encore comment son hôte a décroché son téléphone pour tenter d'imposer la future étoile auprès de Carlo Ponti : « Un jour Sophia deviendra une très grande star. Il faut absolument que tu l'engages. Tu dois procéder à de nouveaux essais ! » Moguy, Sophia et Myriam poursuivent alors la soirée chez Alfredo, « l'empereur des fettucine ». Le restaurateur propose à ses hôtes des couverts dorés, depuis que les célébrissimes Douglas Fairbanks et son épouse Mary Pickford ont offert ces précieux présents au précédent propriétaire.

Affublée d'une peau de renard et d'une jupe tape-à-l'œil, la future interprète de *La Ciociara* ne fait pas preuve de beaucoup de goût ni de classe en matière vestimentaire… Ce point faible ne l'empêche pas d'attirer l'attention des badauds qui la croisent près de la fontaine de Trevi ou la dévisagent dans le restaurant. Quelle n'est pas la surprise de Moguy, Sophia et Myriam, en apercevant à une table voisine Lia Amanda, qui avait pourtant prétexté un malaise pour ne pas se rendre au rendez-vous donné par Léonide. Attablée avec son futur mari, l'héroïne de *Cento piccole mamme* préférait sans doute la discrétion. Il est clair que la compagnie d'aussi affriolantes créatures, polarisant l'attention de la clientèle masculine, n'était pas le meilleur moyen de passer inaperçu !

Pour donner toutes ses chances à sa nouvelle Galatée, Moguy la convie à passer une semaine chez lui, pour lui apprendre à réciter, à s'habiller, à soigner sa démarche, à évoluer dans le grand monde. Studieuse, Sophia apprend vite. Moguy tente de joindre ses amis journalistes, italiens ou français, pour aider sa protégée. François Chalais se souviendra de sa méfiance quand Léonide lui téléphona pour « lui présenter la huitième merveille du monde » : « J'aime beaucoup Léonide Moguy, un des derniers enthousiastes égarés dans ce métier du cinéma, où désormais le cynisme et le scepticisme sont la règle, mais je me méfie parfois de ses brusques emballements[145] ». Il sera pourtant immédiatement conquis par la future star.

Découvrant que son ami Gregor Rabinovitch, coproducteur de *Prison sans barreaux*, prépare à Cinecittà une version filmée d'*Aïda*, le célèbre opéra de Verdi, Moguy tente immédiatement de placer sa dernière protégée et de lui faire attribuer le rôle-titre de l'esclave éthiopienne amoureuse d'un officier égyptien. Mais il peine à convaincre cet homme souvent croisé à Paris à la fin des années 30 et partageant les mêmes origines ukrainiennes (la première épouse du père de Léonide était une Rabinovitch) : les deux bouts d'essai déjà accordés à la jeune femme se sont révélés peu concluants. Moguy l'enjoint de procéder à un troisième test. Le producteur de *Quai des brumes* et du *Casanova* de Volkoff aurait préféré Gina Lollobrigida, mais la gironde vedette de *Fanfan la Tulipe* ne supporte pas l'idée d'être doublée vocalement par la cantatrice Renata Tebaldi. Moins fière, Sophia ne craint pas de se contenter d'être belle et de remuer les lèvres avec émotion.

Sorti en 1953, le film fera de la belle Romaine une grande vedette de cinéma et Carlo Ponti acceptera enfin de lui signer un contrat : il fera d'elle sa compagne, puis sa femme, et bien évidemment un des plus grands mythes de l'histoire du cinéma. Reconnaissante, la belle Sophia restera, malgré son emploi du temps de ministre, en contact avec son mentor, en le joignant par téléphone des États-Unis. Il pourra alors constater à quel point son élève a pu progresser, notamment dans la langue anglaise. De passage à Paris avec Carlo Ponti et sa famille, la star passera souvent les fêtes de fin d'année au domicile des Moguy pour réveillonner dans une ambiance festive et familiale. Tandis que le réalisateur mitonne une dinde aux marrons, la belle assure le service. La star italienne n'a pas sa pareille pour cuisiner et agrémenter de délicieuses pâtes ! Le metteur en scène Pierre Gaspard-Huit, qui travailla avec Moguy à Paris au cours des années 50, témoignera encore en 2016, quelques mois avant son décès, des visites impromptues de la divine Italienne chez Léonide. Cette dernière semble pourtant l'avoir oublié aujourd'hui. Elle n'a pas mentionné le nom du réalisateur dans ses Mémoires, ni son intervention lors du tournage d'*Aïda*, signalant seulement que Doris Duranti, star de l'époque mussolinienne, lui avait gentiment parlé du rôle.

Le flair inné de Moguy pour déceler les talents ne lui a jamais fait défaut. En 1952, le jeune Roger Vadim, alors assistant de Marc Allégret, lui présente Brigitte Bardot, sa charmante fiancée, qu'il souhaiterait lancer dans le monde du cinéma. Subjugué par la sensualité ravageuse et l'incroyable photogénie de la jolie danseuse, il déclare tout net à Vadim, dans un éclair prémonitoire, que sa protégée deviendra sous peu le plus grand phénomène du cinéma français. Pourtant, malgré son immense potentiel, il avoue ne pas savoir comment la distribuer dans ses prochaines productions et se contente de prendre contact avec quelques collègues pour essayer de faire connaître la prometteuse nouvelle venue. Quatre ans plus tard, avec *Et Dieu créa la femme*, Brigitte Bardot confirmera ses présages en devenant une étoile de dimension internationale ainsi qu'un symbole de la libération des mœurs.

Des phénomènes aussi sensationnels que Bardot ou Sophia Loren ne se rencontrent pas à toute séance d'essais, loin s'en faut. Aussi, quand les jeunes postulantes ne semblent pas posséder les qualités indispensables pour s'imposer dans la jungle du cinéma, Moguy dispose d'une autre solution pour leur assurer un avenir confortable : leur dénicher un riche mari. Jouant les cupidons, il présentera ainsi bon nombre de ses découvertes à des amis banquiers ou industriels. La fortune n'est certes pas un gage de bonheur absolu et tranquille, mais certaines protégées du cinéaste auront ainsi la chance de bâtir une histoire d'amour solide et durable tout en restant à l'abri du besoin.

La capacité de Moguy à découvrir et lancer les futures vedettes de cinéma a très vite été reconnue dans son milieu professionnel puis dans la presse spécialisée. Dès la fin des années 30, de nombreuses candidates à la gloire se ruaient déjà aux auditions qu'il organisait en espérant secrètement devenir la nouvelle Corinne Luchaire. Le fait que le palmarès de Moguy soit chaque année consolidé par de nouvelles recrues, le plus souvent promises à de brillantes carrières, n'a fait que renforcer son image et son attrait auprès des aspirantes au vedettariat. Elles l'assaillent de courrier, le suivent dans la rue, dorment devant la porte de sa maison ou se jettent devant son véhicule. Ces essaims de jeunes filles audacieuses amusent et flattent Moguy. Ne refusant jamais de poser sur la plage près des starlettes en maillot, il escorte certaines d'entre elles pour un souper, profitant de ce charmant décorum qui symbolise en quelque sorte sa réussite. Patiemment, il prête l'oreille aux interrogations des jouvencelles et leur livre au passage quelques conseils. Charitable, il lui arrive d'héberger sous son toit les colombes égarées rencontrant des difficultés passagères. Il est fréquent que son épouse Rune, apitoyée par ces oiseaux tombés du nid, leur cède un manteau ou un peu d'argent.

L'intérêt de Moguy pour ce jeune et charmant entourage provoque évidemment quelques sarcasmes de la part des échotiers. Avec ironie, les *Cahiers du cinéma* dressent un truculent portrait du cinéaste et de ses jolies protégées :

« Monsieur Léonide Moguy a une nombreuse famille. Une famille qui ne cesse de s'accroître tant qu'on peut compter des starlettes à une lieue à la ronde. Il ne souffre guère de les voir s'égarer trop loin de lui. Il les hèle, il s'époumone, il hausse le ton, il les gourmande, il se fait paternel, grand-paternel, puis il se fait donner un gros baiser sur la joue, il en prend une à chaque bras, et cela finit par une photo, une interview ou une séquence d'actualité. Il est le Harpagon des starlettes[146]. » Il est tentant de railler celui qui se considère comme un « missionnaire du cinéma[147] », et défend avec acharnement la morale et la vertu des adolescentes dans de multiples conférences, mais que l'on peut croiser dans les restaurants, au bras de souriantes et vaporeuses blondes en robe de soirée.

La gentillesse, dont il couve ses chères petites protégées se limite pourtant à un sentiment paternel et protecteur. Les nombreuses actrices lancées par Moguy, dont certaines sont connues pour leur franc-parler, s'accordent d'ailleurs pour affirmer n'avoir jamais été importunées par le cinéaste. Galant et prévenant, celui-ci a toujours fait preuve d'une extrême correction à leur endroit, contrairement à d'autres personnages influents et bien moins intentionnés de l'univers cinématographique qu'elles pourront croiser par la suite. Le grand amour de Léonide demeure son épouse Rune, « sa princesse danoise », dont la classe presque impériale supplante à ses yeux le charme de la plupart des jeunes comédiennes. En déplacement, il lui adresse toujours de tendres courriers, qu'il conclut par cette adorable formule : « Je t'embrasse mon grand amour. Ton Léonide. »

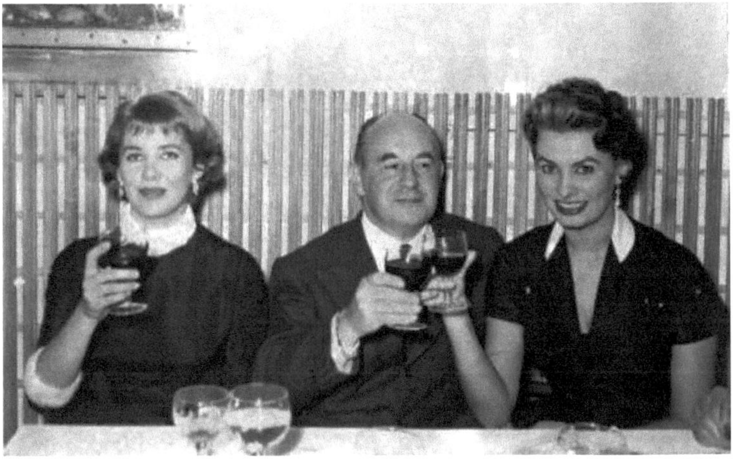

A Rome, Léonide trinque avec Myriam Bru et Sophia Loren

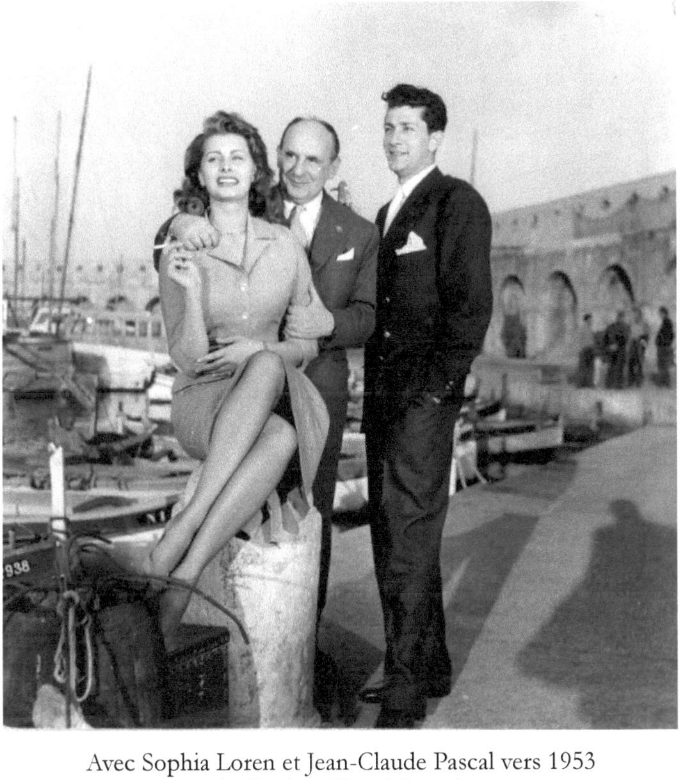

Avec Sophia Loren et Jean-Claude Pascal vers 1953
(collection Katia Moguy)

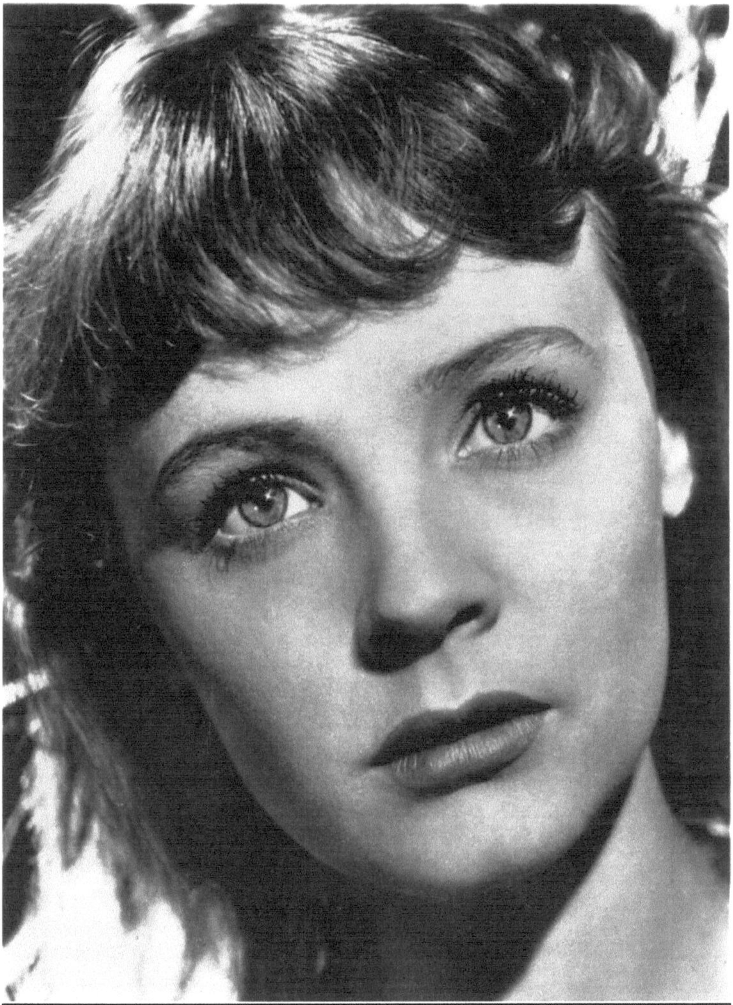

Etchika Choureau, fragile héroïne des *Enfants de l'amour* © 1953 Gray-Film / Éditions René Chateau – photo Roger Corbeau

XVII.
LES ENFANTS DE L'AMOUR

A Rome, le cinéaste de la bonté, au sommet de sa gloire, ne manque pas de sollicitations et d'inspiration. Il étudie avec attention *Trop jeune*, un scénario que lui a confié son ami Jacques Rémy sur les tracas rencontrés par un couple d'amoureux affrontant les préjugés de leurs familles respectives. Moguy rachète également à Julien Duvivier les droits de *Tarendol*, roman d'amour de Barjavel situé pendant l'occupation allemande. Le projet restera lettre morte et ne donnera lieu à un téléfilm que trente ans plus tard, avec Jacques Penot et Daniel Gélin, sous la direction de Louis Grospierre.

Les préoccupations sociales du cinéaste et son désir impérieux de s'impliquer personnellement en abordant un sujet de société fort lui font préférer *Ventres maudits*, un ouvrage de la journaliste Maryse Querlin. Initialement paru en 1928 aux Éditions de France avec comme sous-titre « Les Filles mères », il s'agit d'une enquête sur les mères célibataires visant à une amélioration des conditions de vie matérielle et morale de jeunes femmes rejetées par leurs familles et la société. La journaliste, après avoir entre-temps diligenté des enquêtes de fond sur des thématiques aussi délicates que la drogue, l'alcoolisme, le jeu ou l'homosexualité, a actualisé en 1948 son précédent essai sur les mères célibataires afin de tenir compte de l'évolution des mœurs, des avancées sociales nées du Front populaire, et de mesures prises au lendemain de la Libération pour accorder des aides aux personnes élevant seules leurs enfants.

Intéressé par ce douloureux sujet de société, déjà abordé dans *L'Empreinte du dieu* et toujours prégnant (en 1951, 56 000 enfants sont nés de pères non dénommés) à une époque où les moyens de contraception restent très rudimentaires, Moguy achète les droits d'adaptation de l'essai de Maryse Querlin, en confiant à cette dernière le soin d'élaborer un scénario. Cet ouvrage lui donne l'occasion de poursuivre son cycle de films consacrés aux problèmes de l'adolescence, en se focalisant plus particulièrement sur le contrôle des naissances, essentiel à ses yeux pour lutter contre la précarité et la criminalité : « Les États, soit qu'ils encouragent la population par une politique sociale qui marque nettement un certain progrès, soit qu'au contraire ils laissent l'individu manquer des nécessités vitales élémentaires, se trouvent devant un dramatique excès de naissances qui apporte fatalement le chômage et affole la misère. Il est donc nécessaire que les États protègent efficacement l'individu et particulièrement les enfants, en donnant à tous la possibilité d'une vie matérielle et morale heureuse. »

Pour Moguy, la maternité ne doit plus être une fatalité mais un choix : les « enfants de l'amour » doivent avoir été désirés. Cette politique implique une meilleure information et la mise en place d'une éducation sentimentale, morale et sexuelle dans un cadre scolaire, indispensable pour éviter des situations malheureuses. Le cinéaste entend ainsi lutter pour les droits de l'enfant et des femmes, en insistant sur la responsabilité des parents : « Ce n'est pas tout de donner la vie, encore faut-il savoir et pouvoir faire de son fils un homme. » Pour autant, malgré sa force et sa modernité, son discours n'admet pas l'interruption volontaire de grossesse, acte encore tabou, délictueux et interdit jusqu'en 1966 par le serment d'Hippocrate : « Des méthodes peu connues approuvées par les autorités morales et religieuses établissent scientifiquement le contrôle des naissances par une judicieuse application des lois de reproductivité. Ces méthodes s'opposent à celles qui impliquent des manœuvres abortives ou chirurgicales et les condamnent énergiquement. Car quand l'enfant est créé, en aucun cas il ne doit être supprimé avant sa naissance et abandonné après[148]. » Le cinéaste voudrait diffuser un message de compassion et de compréhension auprès des jeunes femmes rejetées par la morale bien-pensante et l'hypocrisie bourgeoise. Courageusement, il proclame « qu'il n'y a pas de filles mères mais simplement des mères ».

Aux journalistes français, Moguy, très inspiré, affirme de nouveau les dogmes de sa mission de cinéaste, avec passion et ferveur : « Le cinéma est un moyen formidable d'éducation sentimentale et morale, tout en restant un moyen de délassement agréable… Nous ne sommes pas des moralistes professionnels, mais pouvons-nous oublier que le cinéma, art populaire entre tous, rejoint les masses de tous pays, et que si l'on ne va pas à l'Église on va au cinéma ? Quelle responsabilité pour nous, qui pouvons faire le mal ou le bien immense ! »

Pour diffuser la bonne parole, il est impératif de retravailler de fond en comble le laborieux scénario, maladroitement troussé par Maryse Querlin, pâtissant de son manque de connaissances cinématographiques. De surcroît, les préceptes et idées diffusés dans son pensum diffèrent parfois radicalement des opinions du metteur en scène. Le journaliste Jean-Charles Tacchella, après avoir aidé anonymement Moguy sur *Demain il sera trop tard*, est donc invité à Rome pour remanier le texte initial. Décorum oblige, quand le binôme se rend à la villa pour travailler, deux jolies starlettes prennent place à leurs côtés dans la voiture. Mais le programme n'a rien de graveleux. Pendant que les jolies demoiselles s'ébrouent joyeusement dans la piscine, Moguy et son jeune acolyte travaillent studieusement dans la villa et rédigent plus de 1 800 pages. Les deux acolytes sont obligés de modifier l'intrigue, de supprimer des personnages, de couper des scènes afin de ne pas risquer d'affoler la censure. La tâche est lourde, souvent décourageante, mais ô combien passionnante !

Moguy et Tacchella ne partagent pas nécessairement la même vision du sujet : le premier insiste pour des répliques soient écrites à l'attention de certains personnages porte-parole afin d'exprimer concrètement les messages qu'il souhaite diffuser dans son œuvre alors que son collaborateur juge cette démarche superflue et lourdement démonstrative.

Pour envisager tous les cas de figure, l'argument bâti par Moguy réunit dans un refuge maternel pour femmes enceintes sans maris une galerie de personnages aux origines sociales et caractères très différents, tous plus ou moins inspirés par des cas réels que Maryse Querlin a pu croiser lors de ses recherches : une jeune fille de la haute bourgeoisie placée dans l'institution pour éviter le scandale, une mère peu scrupuleuse prête à vendre son enfant, une paysanne malintentionnée qui multiplie les grossesses afin de bénéficier des allocations familiales, ou encore une malheureuse demoiselle accusée d'infanticide. La palette est si large et les situations si extrêmes que l'histoire perd parfois toute crédibilité.

Malgré les vifs succès commerciaux remportés par les derniers films de Moguy, les producteurs italiens craignent d'affoler la censure en abordant un thème aussi épineux et souhaitent que le projet soit approuvé par l'Eglise avant de s'engager sur un terrain tortueux : un padre, proche du pape Pie XII est commissionné pour surveiller de près l'évolution du scénario et donner son avis. A la surprise générale, le souverain pontife donne son accord pour la réalisation du film, estimant que le scénario soulève des questions d'une grande utilité pour la société !

Malgré ce sésame, les financiers italiens effrayés par le scandale que risque de poser le film préfèrent capituler. En France, Ayres d'Agyar, le fidèle associé des débuts, discerne au contraire tout l'intérêt commercial d'un thème aussi accrocheur et polémique et propose à Moguy de venir le réaliser en France.

Après ses quelques années passées en Italie, Léonide Moguy caressait depuis longtemps l'espoir de pouvoir retrouver une activité cinématographique en France. Il se réjouit du succès de cinéastes de gauche comme Louis Daquin, Jean-Paul Le Chanois ou Robert Menegoz, consacrant comme lui leur talent au traitement de sujets sociaux. André Cayatte est parvenu, avec *Justice est faite* et *Nous sommes tous des assassins*, à mener un vibrant plaidoyer contre la peine de mort tout en critiquant les imperfections de l'appareil judiciaire. Ses œuvres, primées dans les plus grands festivals, autant applaudies par l'intelligentsia que le public populaire, ont eu le mérite, outre leurs qualités cinématographiques intrinsèques, d'ouvrir des débats, de poser des problèmes. Moguy est parfaitement légitime à intégrer ce mouvement progressiste et ce cinéma militant et constructif. D'ailleurs, n'en a-t-il pas été le précurseur ?

En dépit des agréments de la vie romaine, le metteur en scène de *Prison sans barreaux* regrette aussi de ne pas avoir pu davantage profiter de la présence de son demi-frère Alexandre, décédé en novembre 1951, en raison de son exil professionnel. Aussi, cette main tendue depuis la France lui paraît-elle providentielle.

Pourtant, dans l'hexagone, Moguy est rapidement confronté aux mêmes réalités et aux exigences des pouvoirs publics, très sourcilleux sur les questions morales abordées dans le film. Gêné par le comité de censure qui exige la coupure de nombreux passages et l'oblige à faire réécrire entièrement certaines scènes par Jacques Viot et Pierre Gaspard-Huit, il ne peut donner à son travail la dimension souhaitée à l'origine, ni traiter le sujet aussi sérieusement qu'il l'aurait mérité : « Il n'est pas toujours facile de porter à l'écran des sujets qui fassent avancer l'ordre social. Cayatte, moi-même et bien d'autres, nous nous heurtons parfois à une intransigeante censure... Il a fallu couper quelques détails trop en avant pour certains. »

Moguy distribue les rôles avec un soin tout particulier. Jean-Claude Pascal, coqueluche des spectatrices des années 50, est chargé d'endosser celui du médecin accoucheur, directeur de la maternité, que Vittorio De Sica, trop occupé, a été contraint de refuser : une montée en grade pour celui qui n'était qu'étudiant en médecine dans *Un grand patron*, d'Yves Ciampi, son premier gros succès. Défenseur de la cause soutenue par les auteurs, son personnage, d'une belle humanité, est le porte-parole des théories malthusiennes de Moguy. Pour interpréter son alter ego, la douce et sensible assistante sociale, le réalisateur engage le mannequin Lise Bourdin, qu'il connaît depuis cinq ans et avec laquelle il a noué de solides relations amicales.

Brune élancée au regard candide et à la silhouette exceptionnelle, la cover-girl la plus demandée d'après-guerre a très souvent figuré en première page de la revue *Noir et Blanc* et de bon nombre de magazines de mode. Dès 1947, l'élégante jeune femme a signé un contrat avec David O. Selznick, le producteur d'*Autant en emporte le vent*, pour mener une carrière à Hollywood ; cependant, après quelques mois passés dans le sérail des stars, la jolie Française, rebutée par les cours d'anglais, a préféré retrouver son cher pays pour entamer une carrière au théâtre, avec Pierre Bertin puis Marcel Herrand. Après avoir tenté sa chance à l'écran dans une peu reluisante comédie au titre adéquat *(Les Mémoires de la vache Yolande)*, le mannequin vedette, à la fois sauvage et mondain, détient enfin le ticket gagnant pour la gloire cinématographique.

C'est au cours René Simon, fameuse école d'art dramatique, que Moguy vient s'approvisionner en jeunes et prometteurs talents, pendant que le maître des lieux, très honoré, multiplie les courbettes. En effet, adoptant les principes d'un cinéma-vérité, le cinéaste préfère engager de vraies natures plutôt que des comédiennes chevronnées : « Non, mademoiselle, ne m'énumérez pas vos triomphes professionnels, ne me "passez" pas une scène classique. Et quant à la façon dont vous concevez tel rôle célèbre, je m'en moque comme d'une guigne ! Mais, dites-moi, en avez-vous bavé [149] ? »

Le rôle principal est confié à Etchika Choureau, ravissante ingénue de vingt-quatre ans dont le sourire semble étrangement intensifier le regard malheureux. Meilleure élève du cours Simon, la jeune fille est parvenue sans mal à surclasser les nombreuses postulantes convoitant le rôle principal. Et pourtant, son accession au vedettariat n'a été qu'une longue suite de hasards pour cette ancienne apicultrice qui a emprunté son pseudonyme au sauvage îlot corse d'Eccica. Remarquée par Alain Cuny, la jolie blonde s'est déjà illustrée dans *Les Vaincus,* un des premiers films d'Antonioni, et *L'Envers du paradis* de Greville, mais ces deux films n'ont pas encore été projetés sur les écrans français. Le premier, consacré à une jeunesse désœuvrée d'après-guerre, a tout bonnement été interdit dans l'hexagone en raison de son contenu subversif et violent, après avoir semé la controverse à la Mostra de Venise.

À peine son contrat signé, celle que ses collègues surnomment gentiment Étiquette doit d'abord se rendre en Indochine, pour satisfaire à une obligation contractuelle avec un producteur italien. Le tournage de *La Grande Muraille,* interrompu par des problèmes budgétaires, prend des allures cauchemardesques : sans passeport ni argent, séquestrée par le metteur en scène Renzo Merusi, la jeune actrice est prise de panique. Léonide Moguy et d'Agyar acceptent de la tirer de ce guet-apens en lui adressant un billet de retour afin qu'elle puisse rejoindre à temps l'équipe du tournage. Par la suite, Etchika dépensera presque tout son salaire pour rémunérer des avocats chargés de la représenter lors du procès qui l'opposera aux réalisateur et producteurs italiens. Moguy ne regrettera pas son choix : « Elle a une sensibilité étonnante. Quand nous devons faire pleurer vingt fois quelqu'un au cinéma, nous distribuons quelques gifles. Avec elle, inutile, au contraire. On ne sait comment faire pour l'arrêter. C'est épatant de travailler avec des gens comme ça ! » Si ses capacités lacrymales avérées ne nécessitent aucune stimulation, la jolie Etchika n'échappera pourtant pas à une bonne trempe de la part de Marcel Pérès, qui tient le rôle de son méchant papa et maîtrise mal sa force : elle se souviendra longtemps de sa paire de claques magistrale !

Pour incarner la prostituée prête à céder son enfant à une matrone avant de s'éveiller finalement à l'amour maternel, Moguy songe d'abord à Jacqueline Pierreux, abonnée aux personnages de belles pépées des films noirs. La mère de Jean-Pierre Léaud s'enflamme pour « le rôle qu'une actrice ne rencontre qu'une seule fois dans sa vie ! » Pourtant, Joëlle Bernard, une figurante chaudement recommandée par Jean-Claude Pascal et particulièrement traqueuse, lui sera préférée. Anxieuse, la débutante échoue lors des trois bouts d'essai qui lui sont proposés. Consternée d'avoir donné une aussi mauvaise impression, l'apprentie comédienne finit par exploser en sanglots. Bouleversé par l'émotion, non feinte, qu'elle dégage alors, Moguy lui signe un contrat. Ses fêlures personnelles et son manque d'assurance lui permettront d'apporter l'émotion la plus vive à son rôle de garce, dans la droite lignée de ceux que Moguy confiait naguère à Ginette Leclerc.

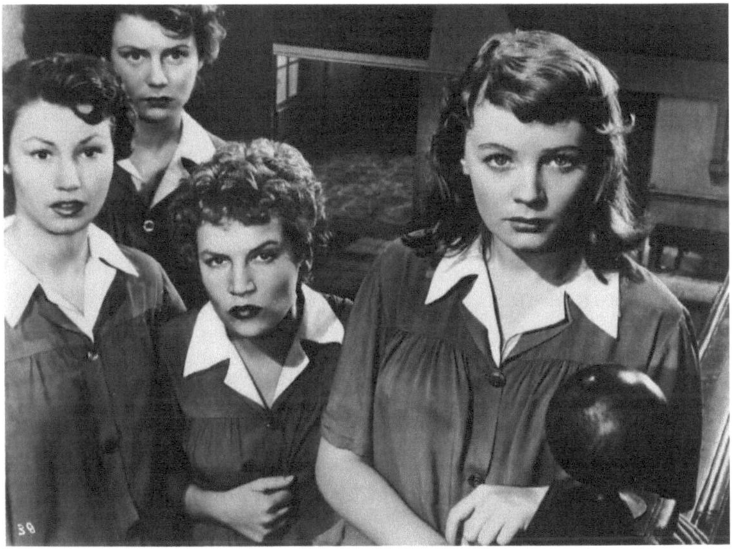

Nadine Tallier, Joëlle Bernard et Etchika Choureau dans *Les enfants de l'amour © 1953 Gray-Film / Éditions René Chateau* – photo Roger Corbeau

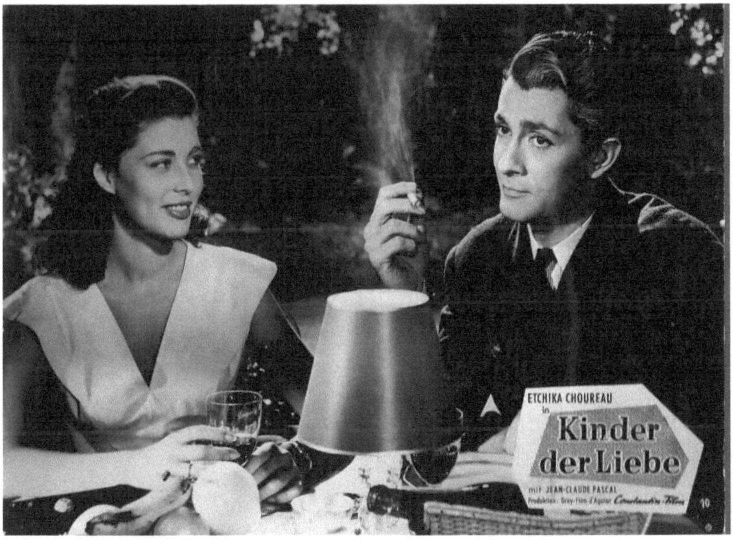

Lise Bourdin et Jean-Claude Pascal dans *Les enfants de l'amour © 1953 Gray-Film / Éditions René Chateau* (photo Roger Corbeau)

Le rôle de la jeune fille de bonne famille enceinte, terrorisée par son odieuse mère qui l'oblige à abandonner son nourrisson, est attribué à Marie-Hélène (future Mylène) Demongeot, autre disciple du cours Simon. Moguy l'a rencontrée et repérée auparavant chez son amie Lise Bourdin, sœur aînée du fiancé de la débutante. Issue d'un milieu aisé, cette sage adolescente suit studieusement des cours de piano chez Marguerite Long. Malgré sa discrétion (elle se cache au fond de la salle), elle est sélectionnée à son grand étonnement. À son arrivée au studio de Saint-Maurice après deux heures pénibles de transport en métro, elle sera d'abord refoulée par le portier du studio, refusant de croire qu'elle puisse être comédienne, et devra faire appel à un assistant pour attester la véracité de ses affirmations.

Dans son autobiographie, Mylène détaillera avec malice les difficiles conditions du tournage de la première scène de sa carrière : celle d'un accouchement, une séquence particulièrement compliquée à concevoir et à jouer pour une apprentie comédienne dépourvue d'expérience cinématographique : « un assistant m'a conduite au maquillage, c'est-à-dire qu'on m'a tartiné une grosse couche de fond de teint ocre… puis on m'a affublée d'un énorme gros ventre en caoutchouc… je me suis trouvée hideuse… j'en aurais pleuré et l'assistant m'a emmenée sur le plateau pour tourner ma première scène (la toute première de ma vie…) ». Cramoisie de se trouver alitée, les jambes écartées face à une partie de l'équipe technique et à Jean-Claude Pascal qui la regarde avec une répugnance non dissimulée, la lycéenne n'est pas à son aise.

Avec son paternalisme habituel, Léonide tente de rassurer l'adolescente en l'embrassant sur les deux joues et en lui donnant des consignes : « Allez, on tourne ! Moteur ! Toi, mon petit chou, tu pousses très fort… Et tu as mal, tu souffres… [150]. » Paniquée, la débutante tente de faire front : « je me suis rappelée que toutes les amies de maman parlaient de l'atroce douleur de l'accouchement, alors j'y suis allée à fond dans les hurlements ». Embarrassée par cette posture humiliante, le visage en larmes, la jeune actrice parvient à donner une prestation criante de vérité, tandis que Jean-Claude Pascal sectionne, avec attention, les chipolatas qui font office de cordon ombilical : « Bravo, petite, on dirait que tu as fait ça toute ta vie ! » Morte de honte, Mylène rentrera chez elle dépitée et plus trop emballée à l'idée de faire du cinéma. Elle ignore pourtant que la qualité de sa prestation ne fait qu'inaugurer une trajectoire aussi longue que brillante.

Remarquée dans la rue par Moguy alors qu'elle attendait l'autobus, la rousse Nadine Tallier se voit d'abord confier une simple figuration dans le film, dont le tournage vient déjà d'être entamé aux studios de Saint-Maurice. Modèle pour Jean-Gabriel Domergue et doublure nue de Martine Carol dans *Caroline Chérie*, elle possède une silhouette irréprochable. Sur le plateau, l'audacieuse jeune femme n'hésite pas à montrer quelques échantillons de son impeccable plastique : « Quand on a un joli décolleté, pourquoi le cacher ? » Perpétuellement joviale, la jeune recrue séduit son entourage par son optimisme et sa gaieté. Entraîné par ce pétillant tourbillon de bonne humeur, Moguy décide d'étoffer son rôle, en l'adaptant à la personnalité de la jeune femme. L'idée est excellente. Nadine, gaie comme un pinson, pépie, chantonne la vie en rose, et amène une dose d'humour fort bienvenue aux intrigues mélodramatiques qui couvent dans la maternité. Très sensible au côté solaire et positif qu'elle dégage, Moguy imposera sa découverte dans ses deux films suivants. Piquante soubrette, elle ne parviendra pas à s'extirper des rôles de composition dans des films de seconde zone, mais épousera en 1963 le richissime baron de Rothschild, avant de devenir une romancière à succès, prêtresse des bonnes manières.

Parmi les autres pensionnaires du refuge maternel sont retenues Dominique Page, amusante comédienne qui donnera plus tard la réplique à Louis de Funès dans *Oscar*, Jacqueline Corot, petite-nièce du célèbre peintre, et Monique Aïssata, danseuse de cabaret d'origine martiniquaise. Les cinéphiles reconnaîtront aussi la douce Isabelle Pia, encore brune, et Dorothée Blanck, future égérie d'Agnès Varda.

Pour ajouter une touche de véracité à sa mise en scène, le cinéaste intègre quelques actrices véritablement enceintes à la distribution. Pendant les prises de vues, il laisse quartier libre à son premier assistant Pierre Gaspard-Huit pour prendre en main la direction technique ou choisir la place de la caméra : ces préoccupations matérielles n'intéressent plus du tout le cinéaste. Celui-ci souhaite uniquement se concentrer sur le jeu des comédiennes et le message social qu'il veut diffuser auprès du public.

Ne cachant pas à ses proches son peu d'intérêt pour l'aspect purement formel, il affirme qu'il ne faut pas « s'attacher uniquement à la technique. Assez de faux esthétisme. S'exprimer avec le cœur. À nous de réaliser des films constructifs et attachants ». Ary Arcady et Philippe Collin, jeune étudiant stagiaire de l'IDHEC, essaient de prêter main-forte au futur metteur en scène du *Capitaine Fracasse*, que certains détracteurs acides surnomment Gaspard-Zéro. Les difficultés sont multiples, et notamment les raccords, très compliqués à opérer en raison des nombreuses actrices présentes dans presque toutes les séquences.

Si une pancarte indique à l'entrée des studios que « chaque minute perdue coûte 3 000 francs à la production », l'ambiance du tournage, ponctué de petits incidents cocasses, est excellente et comparable à celle d'une colonie de vacances. La très nature Joëlle Bernard fournit souvent l'occasion, bien involontaire, de faire rire ses camarades : lors d'une scène où l'actrice doit pousser un « Merde alors ! » bien gaulois, Moguy lui demande de détourner un peu son visage pour que les mouvements de ses lèvres soient moins visibles, afin qu'on puisse aisément la doubler par un mot un peu atténué pour le public canadien, très pointilleux sur la bonne tenue des dialogues. Coopérative, Joëlle lui répond : « Mais si ça vous gêne, monsieur Moguy, je peux supprimer un mot et dire merde tout court ! »

Chacun s'ingénie à trouver un stratagème efficace pour simuler le ventre des futures mamans. En tant que débutant, Philippe Collin se voit confier la rude tâche de gonfler, avec des pompes à bicyclette, des poches en caoutchouc à placer sous la robe des actrices, ce qui déclenche l'hilarité et les commentaires égrillards de certains techniciens. Pour éviter ces épuisantes séances de gonflage, et les fuites d'air intempestives accompagnées d'un pschitt disgracieux, des sacs remplis de coton sont substitués aux poches à air. Les actrices à la poitrine menue sont également forcées de porter des faux seins pour être plus crédibles. Les malheureuses figurantes, déjà indisposées par la chaleur des projecteurs, sont vite incommodées par les lourds fardeaux qu'elles portent sous leurs blouses.

Moguy, toujours attentif, console et berce les nouveau-nés qui interrompent par leurs pleurs certaines prises de vues. La scène finale, où la plupart des pensionnaires accouchent en même temps, donne lieu à des trucages peu ragoûtants, à l'origine de quelques frayeurs. Un bébé prématuré, enduit de vaseline et de sirop d'hémoglobine, échappe des mains glissantes de Jean-Claude Pascal, avant d'être récupéré de justesse par une scripte aussi affolée que dégoûtée ! Si cette dernière jure qu'elle ne fera jamais plus l'amour, Moguy a réussi sa prise.

Lors de la première du film, Philippe Collin, le plus jeune membre de l'équipe, ouvre le bal avec Janine Darcey, tandis que Jean-Claude Pascal entonne, de sa belle voix mâle, *La Chasse aux papillons*, le dernier succès de Georges Brassens, en raclant dans les graves. Cet essai réussi l'incitera à tenter une belle carrière de chanteur de variétés au début des années 60. Ne négligeant aucun effort pour lancer son film avec le maximum de retentissement, Moguy multiplie les apparitions aux premières dans les quatre coins de la France, escorté par ses ravissantes interprètes. Les demoiselles se partagent les soirées de gala au bénéfice de l'Unicef et autres festivités : Etchika au Mans et à Lille, Lise Bourdin et Maryse Martin à Marseille, Mylène dans les Ardennes… Pétulant et loquace, Moguy enchaîne les interviews et les cocktails, répondant aux salves de questions des émissaires de la presse avec une énergie incroyable.

Le film crée la polémique et connaît d'emblée un beau succès commercial ; il se classe dix-septième au box-office de 1953, avec plus de 3,6 millions d'entrées. Sa dimension sociale, voire politique, dérange certains esprits rétrogrades, trouvant inacceptable que « l'écran serve de tribune à une propagande contraire aux lois en vigueur [151] ». Les allusions aux assistées profitant des allocations familiales (pourtant retouchées et atténuées à la demande expresse de la commission de censure) irritent la presse communiste, jugeant « inadmissibles les attaques contre la Sécurité sociale, les primes qui encouragent la natalité et toutes les conquêtes sociales qui, selon les auteurs, font supporter à l'État le poids d'erreur et d'inconscience de femmes coupables [152] ».

Cependant, la majorité des journalistes se révèlent sensibles aux intentions méritoires du cinéaste. Ainsi, *Le Parisien libéré* approuve sans réserve l'effet moral de ce genre de production « qui contribue incontestablement à l'évolution des mœurs dans un sens bénéfique », déplorant « que le ministre de la Santé publique et de la Population se soit, paraît-il, ému des théories invoquées dans le film [153]». Le Centre catholique du cinéma applaudit à « un film d'une puissance moralisatrice brutale mais poignante, qui demande aux hommes de prendre conscience de ce grand devoir et de cette grande responsabilité qu'est le respect de la vie de l'enfant même né d'un amour illégitime ». *Eaux vives* salue pour sa part « un film courageux [...] qui heurte de front des préjugés solidement ancrés. Il s'attaque à trop de complaisances coupables [154] ».

Si, globalement, la plupart des spécialistes ne contestent pas la sincérité du cinéaste, son audace et le choix de son sujet, ils émettent beaucoup plus de réserves quant au traitement cinématographique de sa thématique et se déchaînent contre « la plus mélodramatique des ratatouilles ».

Le Parisien libéré regrette que « Léonide Moguy n'ait reculé devant aucune convention mélodramatique que le sujet lui offrait. Aucune fille n'est antipathique alors que les pharisiens sont aussi bêtes et méchants que les traîtres des mélos. Léonide Moguy ne s'est refusé aucun effet fût-ce au prix d'une des plus colossales invraisemblances : à la fin, toutes les filles accouchent en chœur ! ». Pour *Libération,* plus caustique, « rien ne nous sera épargné de tous les poncifs du genre, ni la marchande d'enfants à naître, ni la mauvaise fille, sale tête mais bon cœur. [...] Tout cela finira par une dégelée de nouveau-nés [155] ». Le journal ose une comparaison amusante avec *Miracle au village*, farce de Preston Sturges dans lequel la bondissante Betty Hutton donnait naissance à des sextuplés. Enfin, selon *Combat*, Léonide Moguy « cultive la romance sentimentale comme Berthe Sylva, avec quelques plans médicaux portant leur livre de chair [156] ».

Défiant le mépris affiché par une presse parisianiste sur la forme choisie pour présenter ses sujets, le réalisateur de *L'Empreinte du dieu* confirme son goût marqué pour les situations extrêmes et les épisodes hautement dramatiques, dans un choix parfaitement assumé : « S'il faut, pour toucher le public, recourir au mélodrame, pourquoi condamner ce genre ? » Sa sensibilité et son tempérament slave l'ont toujours porté vers le sentimentalisme. Indifférent aux réactions des « intellectuels et dix mille snobs des Champs-Élysées », le cinéaste préfère toucher le cœur des petites gens, reconnaissant travailler avant tout pour « la masse, les ouvriers, les employés ».

Et peu lui importe si *Les Enfants de l'amour* se classent d'emblée dans la catégorie des mélos pour attendrir les âmes sensibles, avec *Les Deux Gamines* ou *La nuit s'achève.* Ce genre fédère encore en France un large public, essentiellement féminin, qui s'émeut de ces spectacles en dépit de leur qualité discutable sur un plan esthétique ou cinématographique. Extrêmement populaires, ces œuvrettes représentent un moyen non négligeable pour diffuser des messages sociétaux et humanistes.

Comme le signale justement Georges Sadoul, les chroniqueurs indignés commettent parfois l'erreur d'assimiler systématiquement le sujet des filles mères aux romans et drames du siècle dernier, considérant que rien n'est plus « boulevard du Crime » qu'une jeune femme qui se trouve abandonnée et enceinte, et « cette super censure utilise habilement l'argument du démodé et du ridicule pour détourner les auteurs d'une question mettant trop naturellement en cause les fondements de la société et sa morale [157] ». Au moins Sadoul reconnaît-il à Moguy le courage d'aborder un sujet méprisé, rejeté, ce qui est déjà fort méritoire, même s'il aurait davantage dû « trancher dans le vif » au lieu de « reculer devant tous les interdits, ce qu'on s'est gardé prudemment de faire dans *Les Enfants de l'amour* ».

Car, malgré les saillies de la presse parisienne et notamment de *Libération* qui estime que « les filles mères et fils naturels […] appartiennent, quoi qu'en pense le chaleureux et gentil Moguy, à un bric-à-brac poussiéreux [158] », le sort des mères célibataires demeure un problème de société à l'époque. La plupart, rejetées par leur famille, subissent encore l'opprobre d'une société bien-pensante, et leur progéniture est insultée dans les cours de récréation.

Pour sa part, René Quinson reproche à Moguy « d'avoir été plus préoccupé de faire passer ses idées que de faire du vrai cinéma [159] » et de n'avoir qu'effleuré son sujet en voulant « s'attaquer à des problèmes qui ne se résolvent pas en trois phrases et dix images. Pour résoudre tous ces problèmes un seul remède : l'éducation. Mais où, quand, comment ? Trop tard, le film s'arrête où il devrait commencer ! »

Face à ces remarques, il convient de rappeler que Léonide Moguy n'a jamais eu d'autres prétentions que d'ouvrir le débat, en abordant courageusement un sujet généralement passé sous silence. Il avoue en effet que « le cinéma doit [...] se contenter d'exposer et de situer un fait ». « Il ne nous appartient pas de résoudre [les problèmes], mais bien de les apporter au public qui, lui, jugera en connaissance de cause[160]. »

Doit-on également rappeler que son film a pâti de nombreuses coupes imposées par la censure ? Après une projection devant une commission parlementaire au ministère de l'Information, il a été notamment contraint d'escamoter le discours sur le contrôle des naissances, une scène de nu et une partie de l'accouchement de la jeune fille jouée par Etchika Choureau (jugé trop réaliste) ? Parmi les dialogues passés à la trappe figurent les réflexions du docteur sur l'interruption de grossesse : « Le nombre d'avortements ne fait que croître depuis qu'il est sévèrement puni. En France, une femme sur trois y a recours au moins une fois dans sa vie et le plus souvent dans des conditions d'hygiène déplorable. » Impensable de dresser un tel constat dans un film de 1953 !

Il est certes regrettable que les convictions du cinéaste ressortent parfois de façon simpliste, sentencieuse et même contradictoire (après quelques bonnes paroles et l'affirmation que « tous les enfants sont naturels », le personnage joué par Jean-Claude Pascal rappelle la nécessaire présence d'un père pour assurer l'équilibre de l'enfant, rejoignant ainsi par moments les positions de la bourgeoisie collet monté). Néanmoins, il importe de replacer le film dans son contexte et son époque pour l'analyser sur un plan sociologique. Il n'était pas alors concevable de faire preuve de plus de hardiesse. Le parti pris de Moguy pour le droit et la protection des femmes et des enfants est donc déjà admirable.

Si, dans le monde manichéen qu'il présente, il n'est point de demi-mesures (le directeur de la maternité et son alliée, porteurs de la bonne parole, sont d'une beauté physique reflétant leur bonté intérieure), les performances des comédiennes, presque toutes excellentes, emportent l'adhésion et parviennent à faire vivre et souffrir leurs différents personnages. Bénéficiant de leur naturel, et du talent du metteur en scène pour construire une succession d'histoires prenantes et river l'attention du spectateur, le film constitue un bon vecteur pour propager des idées progressistes, même si elles restent schématiques et embryonnaires : grâce au film, l'expression péjorative et insultante de fille mère sera progressivement bannie du vocabulaire. N'est-ce pas déjà là une grande victoire et la plus belle des récompenses ?

Les Enfants de l'amour reçoivent la médaille du CIDALC et le prix Femina, avec mention spéciale décernée au « sens humanitaire du film ». Ses interprètes sont également gratifiés de quelques récompenses : Jean-Claude Pascal décroche la Victoire du meilleur acteur tandis qu'Etchika Choureau, « petite fille très méritante [161] » selon Moguy, remporte le prix Suzanne Bianchetti, attribué au meilleur espoir féminin. La jeune biche au regard malicieux et charmeur, souvent comparée à Danièle Delorme en raison de son air ingénu teinté d'un soupçon de perversité, connaît alors une gloire fulgurante qui lui vaut la couverture de tous les magazines de spectacle. Sa renommée la mènera jusqu'à Hollywood où elle tournera deux films pour le vétéran du 7e art William Wellman, dont l'excellent *Lafayette Escadrille*.

La splendide Lise Bourdin poursuivra, quant à elle, une belle carrière internationale. Celle qui partagera longtemps la vie de Raymond Marcellin, ministre de l'Intérieur sous de Gaulle et Pompidou, donnera notamment la réplique à Sophia Loren dans *La Fille du fleuve (La donna del fiume)* et à Gary Cooper dans *Ariane (Love in the Afternoon)* de Billy Wilder. Ses apparitions dans ce film seront si largement coupées par une production soucieuse de ne pas faire d'ombre à Audrey Hepburn qu'il est presque difficile d'y discerner son charmant visage. Intègre et lucide, l'actrice préférera se retirer après avoir joué dans un film de guerre américain avec Van Johnson.

Parmi les nombreuses jeunes femmes propulsées au firmament des stars grâce au film de Moguy, Mylène Demongeot réussira la carrière la plus éclatante et la plus longue. Transfigurée en sex-symbol, cette rivale de Brigitte Bardot à laquelle les photographes réclament à tue-tête sa célèbre « moue » continuera d'affirmer son abattage et son talent dans de nombreuses comédies, qui marqueront plusieurs générations de cinéphiles et de téléspectateurs (dont la célèbre série des *Fantômas*).

Efficacement promus par ses ravissantes protagonistes, *Les Enfants de l'amour* rencontrent un succès international. La censure tatillonne sévissant aux États-Unis, toujours dirigée par le très rigide Joseph Breen, s'oppose à l'exploitation d'un film aussi subversif sur le sol américain. Il devra attendre 1957 pour être diffusé, sous les titres *Children of Love* puis *Wasted Lives*, dans un réseau de salles de cinéma réservé aux films coquins et autres curiosités au budget de misère, avec en première partie un documentaire en couleurs sur la naissance de jumelles. L'affiche, un brin racoleuse, promet un film franc, courageux et osé, où rien n'est caché. Elle figurera en toile de fond dans une séquence du film biographique consacré par Tim Burton à Ed Wood, considéré en son temps comme le plus mauvais cinéaste de tous les temps. Pas sûr que Moguy aurait apprécié !

À une époque où les cassettes vidéo et DVD n'existent pas encore, les spectateurs qui ont adoré un film n'ont d'autres choix que de retourner le voir dans une salle obscure ou alors de feuilleter des magazines proposant des résumés. Capitalisant sur cette demande du public, Moguy prend l'initiative d'écrire et de faire publier des romans tirés de ses films. Le grand succès du livre d'Alfred Machard basé sur *Demain il sera trop tard* inaugure ce nouveau principe. Désormais, chaque nouvelle production de Moguy sera assortie de sa version littéraire, rédigée avec soin par le cinéaste : une source de revenus non négligeable qui viendra s'additionner aux recettes de ses films. Ainsi, la manchette du roman *Les Enfants de l'amour*, paru chez Gallimard, comporte une photo d'Etchika Choureau et précise qu'il s'agit du « dernier film du réalisateur de *Demain il sera trop tard* ».

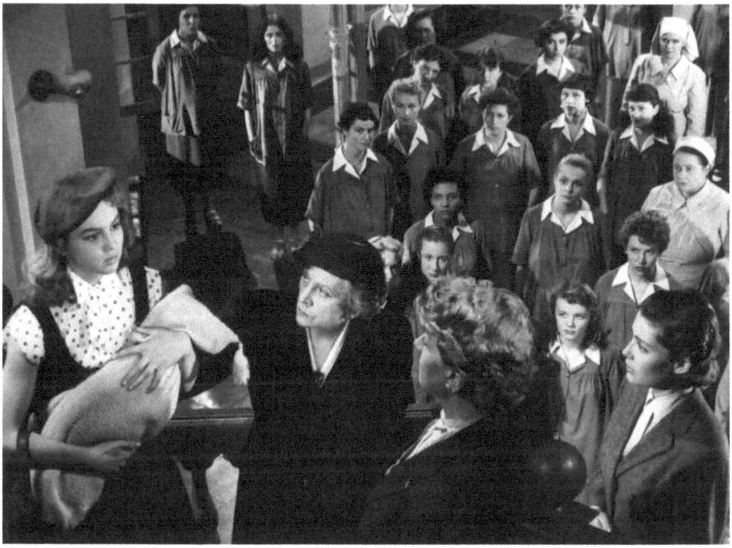

Mylène Demongeaot, Germaine Dermoz, Valentine Teissier, Etchika Choureau, Joëlle Bernard et Lise Bourdin dans *Les enfants de l'amour* © 1953 Gray-Film / Éditions René Chateau – photo Roger Corbeau

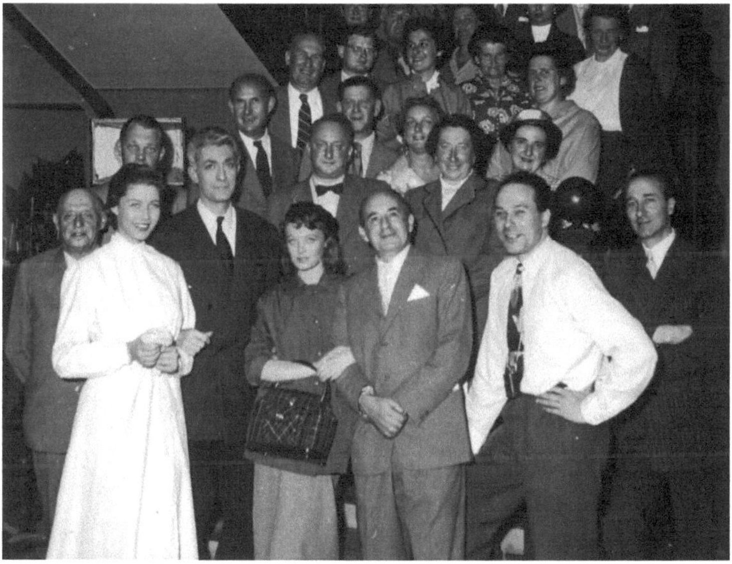

Lise Bourdin, Jean-Claude Pascal, Etchika Choureau, Léonide Moguy et Ayres d'Agyar lors de la première des *Enfants de l'amour* © 1953 Gray-Film / Éditions René Chateau

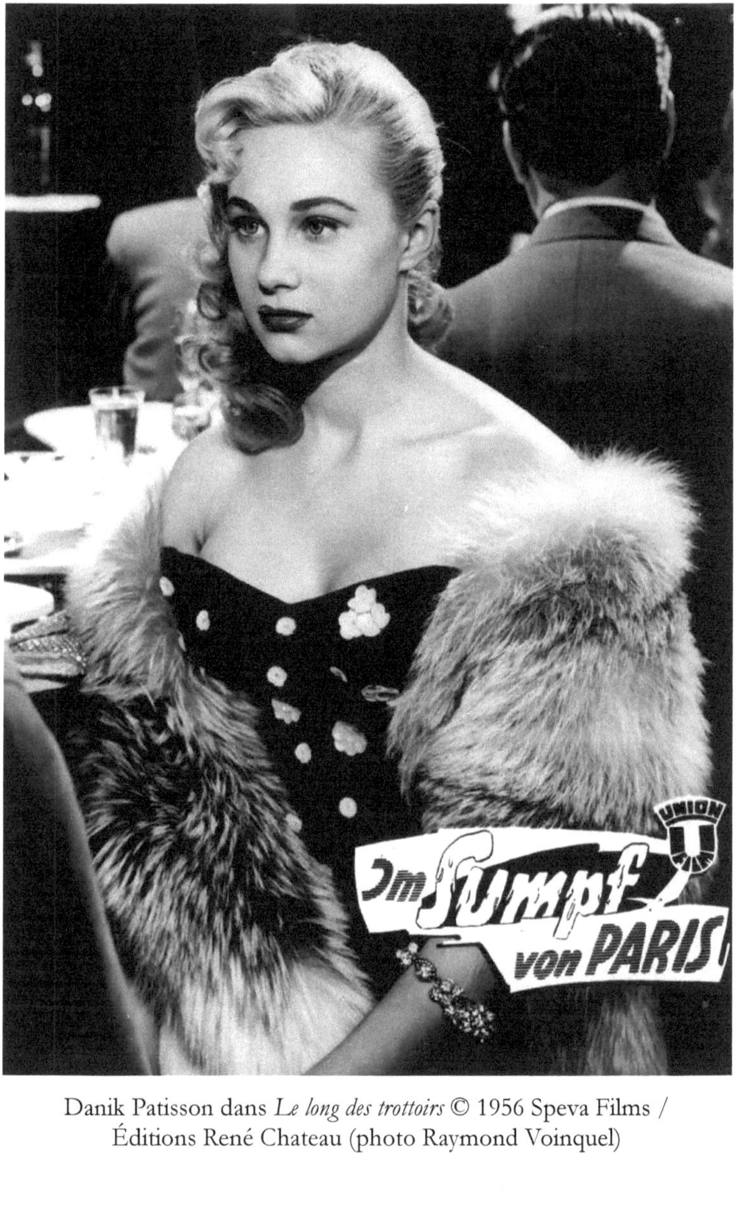

Danik Patisson dans *Le long des trottoirs* © 1956 Speva Films / Éditions René Chateau (photo Raymond Voinquel)

XVIII.
LE LONG DES TROTTOIRS

Poursuivant avec conviction son rôle d'apôtre du cinéma social, Moguy fourmille d'intentions cinématographiques. Il envisage en premier lieu de concrétiser son idée de film sur un député dont les vies privée et publique sont en désaccord : alors qu'il défend avec acharnement des idées progressistes, le parlementaire fait preuve dans sa famille de l'esprit le plus rétrograde[162]. Jean-Charles Tacchella avait déjà élaboré en Italie une ébauche de scénario satirique sur ce thème et Aldo Fabrizzi accepté de tenir le rôle-titre avant que les tribuns romains ne s'émeuvent et que le projet soit ajourné. Malheureusement, en France, le cinéaste se heurte à la même frilosité tant de la part des producteurs que du gouvernement.

Moguy souhaiterait consacrer de nouveau un film au milieu carcéral. En s'inspirant de l'histoire d'un camarade d'enfance, il planche sur un scénario centré sur un jeune homme emprisonné pour une peccadille et qui, pris dans l'engrenage périmé des institutions pénitentiaires, devient une parfaite ordure. Il analyse avec intérêt une proposition de Paul Graetz. Le producteur du *Diable au corps* souhaiterait adapter *Les Hommes en blanc*, le roman d'André Soubiran. En raison d'un désaccord financier, ce grand succès littéraire, rendant un juste hommage au dévouement des médecins de campagne, sera finalement confié à Ralf Habib. Dans un genre tout différent, il est vaguement question d'un film biographique sur Eva Perón, l'épouse récemment disparue du dictateur argentin, qui serait tourné à Buenos Aires.

L'attention de Moguy se fixe finalement sur un film abordant l'univers de la prostitution. Armé de la seule idée « d'aider les hommes à devenir meilleurs et à surmonter les difficultés de la vie [163]», le cinéaste rassure immédiatement François Chalais quant à ses intentions : « Le public me connaît et sait que je ne ferai jamais quelque chose de sale, de déshonorant pour le cinéma. Je veux faire un film constructif, profondément humain, où je tâcherai de prouver que les sentiments nobles, malgré ce qu'on peut raconter, existent toujours[164]. » Se défendant de préparer un film à thèse ou un exposé sur la prostitution, il souhaite « faire le procès de cette bourgeoisie bien-pensante qui neuf fois sur dix est à l'origine de la prostitution » et montrer « les merveilleuses méthodes mises au point par des personnes de cœur pour remettre dans le droit chemin les pauvres filles égarées ».

Refusant comme certains de ses confrères de dresser un tableau complaisant et folklorique du milieu des souteneurs et des filles de joie, nimbé d'une atmosphère faussement romanesque avec accordéons, fumée des cigarettes et lumière crue des dancings, Léonide Moguy préfère évoquer le lourd travail des services sociaux chargés de l'assistance et de la réadaptation des prostituées. Malgré la promulgation en 1946 de la loi Marthe Richard interdisant le racolage et le proxénétisme et imposant la fermeture des maisons de tolérance, le nombre de péripatéticiennes n'a fait que croître à Paris, pour atteindre le chiffre approximatif de 50 000 en 1953. Les politiques publiques n'ont pas encore prévu beaucoup de structures ou de moyens pour permettre aux femmes en difficulté de recouvrer leur autonomie personnelle et sociale. Pour véhiculer son message de bonté et de compréhension, Moguy entreprend, avec l'aide de Raymond Caillava, de rédiger un « poème dramatique », une

« tranche d'existence » autour du personnage fictif de Christine, une pauvre orpheline qui se retrouve à la rue après le décès de sa grand-mère.

Abusée par un proxénète, l'innocente va connaître bien des malheurs. Une assistante sociale la sortira du monde interlope dans lequel elle a sombré. La vulnérable jeune fille sera alors déchirée entre la gratitude qu'elle voue à sa généreuse bienfaitrice et l'amour qu'elle ressent pour le fiancé de cette dernière. À la lecture du scénario, assez édifiant, que Moguy a écrit avec Raymond Caillava, le producteur Michel Safra se montre d'abord perplexe : « L'histoire telle qu'elle est écrite ne me plaît pas du tout. C'est un mélo. » Finalement, avec le soutien d'Angelo Rizzoli, il accepte de mettre sur pied *Le Long des trottoirs*.

Apprenant que Léonide Moguy prépare un nouveau film, Danik Patisson, jeune danseuse de quinze ans et demi qui a déjà figuré très brièvement dans quelques films, et plus longuement dans une adaptation filmée du succès radiophonique *La Famille Duraton*, tente un curieux stratagème pour essayer d'éveiller l'attention du cinéaste. Elle fait les cent pas devant l'immeuble où se situent les bureaux du réalisateur, en espérant que le fameux « lanceur d'étoiles » finira par la croiser et la remarquer. Après plusieurs journées d'allées et venues inutiles sur le macadam, un ami de la blonde jeune fille lui propose de lui présenter le cinéaste.

Frappé par la beauté de l'adolescente, il lui confie d'abord quelques petits travaux de secrétariat, tout en testant ses capacités dramatiques. Les méthodes usitées sont assez étranges. En regardant par la fenêtre, Moguy feint d'avoir vu la mère de Danik s'être fait renverser par une voiture dans la rue, pour scruter ensuite les réactions de frayeur sur le visage de la débutante. Le cinéaste est persuadé d'avoir trouvé sa tendre héroïne, digne héritière de Corinne Luchaire, Blanchette Brunoy et Etchika Choureau au panthéon des fragiles victimes de son univers cinématographique.

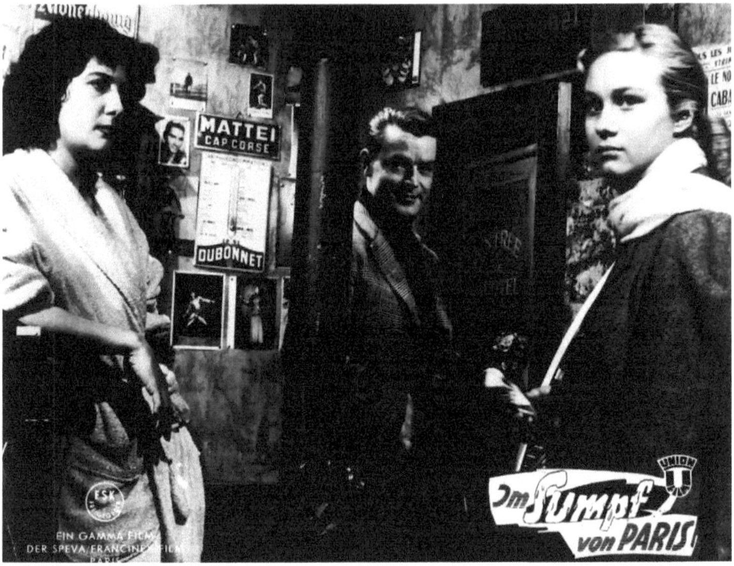

Pierre Fromont et Danik Patisson dans *Le long des trottoirs*
© 1956 Speva Films / Éditions René Chateau (photo Raymond Voinquel)

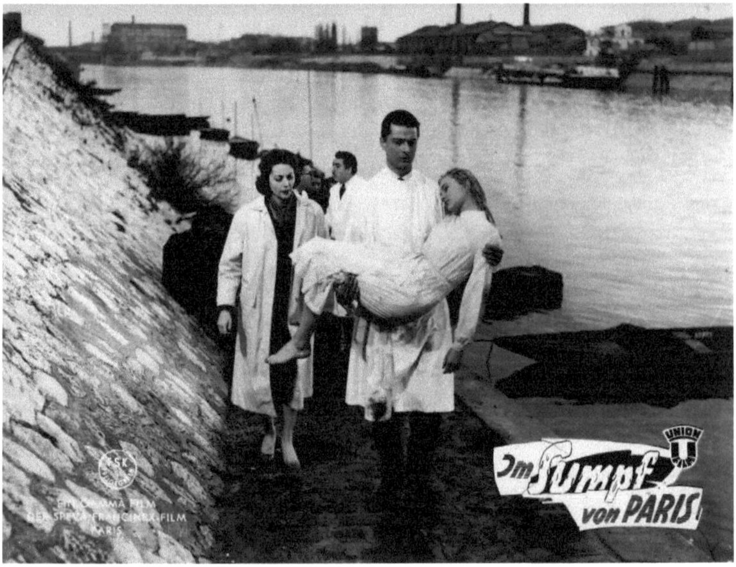

Anne Vernon, François Guérin et Danik Patisson dans *Le long des trottoirs* © 1956 Speva Films / Éditions René Chateau (photo Raymond Voinquel)

Et peu importent les manigances menées par le rancunier Jean-Jacques Vital, éconduit par la jeune actrice pendant le tournage des *Duraton*, pour l'en dissuader. La veille de Noël, alors que la fiévreuse Danik soigne une otite, Moguy se rend dans le très modeste appartement que l'adolescente occupe avec sa mère, au sixième étage d'un immeuble sans ascenseur. Il l'informe qu'il a décidé de l'engager pour son film, malgré l'objection de son producteur. Néanmoins, pour assurer un lancement publicitaire de bon aloi, des simulacres d'auditions sont mis en place, lors desquels sont, évidemment, recalées Nicole Berger, Simone Bach, Anouk Ferjac, Véga Vinci, Brigitte Barbier et Régine Deforges, futur auteur de *La Bicyclette bleue*.

Finalement, le Tout-Paris est informé du choix de Moguy, qu'il explique d'abord laconiquement : « Je prends Danik Patisson car tout le monde la trouve très mauvaise [165] » avant de se justifier : « J'ai engagé la petite Danik Patisson parce que je désire avant tout que le public croie que mon héroïne est une toute petite gosse naïve et pure. Si j'avais pris une comédienne connue, le public dirait "elle a bien joué" mais il croirait beaucoup moins à la vérité du personnage. » Narguant les plus incrédules, il s'engage à faire d'elle une grande vedette de l'écran. Les blondes sexy comme la légendaire Marilyn Monroe ou l'Anglaise Diana Dors tiennent à cette époque le haut du pavé. Celui que l'adolescente surnomme gentiment « Petit papa Moguy » pense avoir décelé une artiste possédant le même délicat alliage de séduction insolente et de fragilité pour faire une très grande star de l'écran.

Assisté par Pierre Gaspard Huit, son fidèle acolyte des *Enfants de l'amour*, Moguy entame la réalisation du *Long des trottoirs*. D'après le témoignage du premier, et celui de la plupart des comédiens, Moguy n'accorde plus aucune attention à l'aspect technique, ni même à la direction de la plupart des acteurs, qui récitent leur texte sans avoir reçu la moindre consigne : il consacre tout son temps à sa découverte dont il compte bien tirer la meilleure performance. Couvant du regard ses moindres faits et gestes, choisissant la position de son visage qu'il place avec sa main, Moguy joue chaque scène avec elle. La démarche, les expressions, la coiffure et les tenues de la nouvelle recrue sont examinées à la loupe : pour être encore plus sexy, celle-ci est sommée de ne pas porter de soutien-gorge.

Les répétitions ne sont pas de tout repos : Pierre Fromont, interprète fort crédible de l'odieux souteneur, blesse la pauvre Danik en la giflant violemment, lors d'une prise plus vraie que nature. Alors qu'il avait ôté sa chevalière pour éviter de porter un coup à sa partenaire, le comédien l'a nonchalamment remise à son doigt en jouant au quatre cent vingt et un entre deux prises ! Une escalope de veau permettra de soigner la malheureuse actrice dont la peau a été arrachée.

Lors de la sortie du film, interdit aux moins de seize ans en France et aux mineurs dans certains pays étrangers, Danik Patisson, pourtant âgée de tout juste dix-sept ans, se voit parfois interdire l'entrée de certaines salles de projection et contrainte de suivre le film, assise sur une chaise pliante, dans les coulisses. Une situation hypocrite et totalement aberrante pour une actrice qui tient le rôle principal du film et y paraît même furtivement nue ! Cette curieuse impression est largement compensée par l'accueil extraordinaire que lui réservent certains pays. Lors de la présentation du film en Belgique, l'humble Danik est priée de prendre place près du roi Baudouin ! Après que la fanfare a joué l'hymne belge, les drapeaux pointés sur Sa Majesté, cette dernière demande à la jeune étoile de se lever en premier, pour respecter le protocole. *La Marseillaise* retentit alors, en hommage à la jolie Française qui jamais n'aurait pensé pleurer un jour en entendant l'hymne national.

Le long des trottoirs génère des avis très partagés. Beaucoup saluent un film « honnête et sain », à la « mise en scène soignée ». D'autres se plaignent des « bons sentiments » d'un « film rose sur un sujet noir », à l'« histoire médiocre, aux péripéties de mélodrame », et comparent Moguy au « Jean Nohain du cinéma [166] ». Dans *Les Lettres françaises*, Jean Thévenot estime que le cinéaste a « oublié son habileté technique et artistique sur le macadam [167] ».

La pire salve provient d'un reporter de *Radio Ciné Télé*. Il s'insurge contre un film « trop poli pour être honnête », présenté comme une œuvre de bienfaisance destinée à éduquer les jeunes filles, à les prémunir contre de graves dangers. Il voit en Léonide Moguy « un commerçant avisé, une sorte de Willy Rozier [metteur en scène de quelques productions « osées » comme *L'Épave* et *Manina, la fille sans voiles*, avec respectivement Françoise Arnoul et Brigitte Bardot] qui saurait faire un film et y mettre les formes. Point d'étalage compromettant chez lui. Quelques plans suggestifs placés intelligemment et rapides [...]. Et tous les bons sentiments qui font se moucher les spectateurs. Il serait vraiment dommage que certains d'entre eux, non avertis, prennent des vessies pour des lanternes et s'imaginent que Moguy est un bon apôtre[168]. »

Ces soupçons, partagés par certains confrères du journaliste, sont pourtant totalement infondés, ainsi qu'ont pu le confirmer certains proches de l'artiste et notamment Jean-Charles Tacchella. Idéaliste, Moguy n'aurait jamais été capable d'une aussi basse manipulation. Tous ceux qui l'ont entendu défendre avec fougue et acharnement ses idées humanitaires, ou se révolter contre les failles de la société avec une candeur presque ingénue, sont convaincus de sa bonne foi. Il serait injuste de comparer l'œuvre de Moguy aux films de « mauvaises » mœurs si populaires dans le cinéma allemand, qui sous couvert de mettre en garde la jeunesse contre les risques de la drogue, de la traite des

Blanches, étalaient pernicieusement devant la caméra nombre de scènes scabreuses ou déshabillées pour attirer un public concupiscent. Il est vrai que le matériel d'exploitation encadrant la sortie du *Long des trottoirs* fait elle aussi la part belle aux photos présentant des scènes de strip-tease ou Danik Patisson en décolleté pigeonnant, et qu'une scène de cinq secondes montre l'héroïne de seize ans entièrement nue (mais, selon les dires de la comédienne, « harnachée de tous les côtés » pour qu'on en voie le moins possible). Le cinéaste semble parfois être tiraillé entre sa part d'ombre, ses obsessions, et ses aspirations les plus nobles. Mais il serait hâtif et trompeur d'imaginer dans les intentions de l'auteur les manigances d'un habile roi du cinéma trou de serrure. Le discours courageux et humanitaire de Moguy dans *Le Long des trottoirs* ne présente à ce titre aucune ambivalence.

Outre la générosité dont il vibre, le film reprend comme autant de leitmotive les thèmes chers au cinéaste : la vulnérabilité de la jeune fille au regard apeuré, victime des machinations et de la cruauté des hommes. Le viol de Christine par son proxénète, filmé en contre-plongée, évoque celui de Karelina dans *L'Empreinte du dieu.* Le dévouement avec lequel l'assistante sociale couve la malheureuse Christine ne lui sera guère profitable, puisque sa protégée prendra sa place dans le cœur de son fiancé : cette situation, teintée de culpabilité et de sacrifice, est très semblable aux drames présentés dans *Prison sans barreaux* et *L'Empreinte du dieu.* Enfin, l'émouvante scène finale présentant Christine, en blouse immaculée, sauvée de la noyade par son gentil docteur, renvoie directement aux dernières minutes de *Demain il sera trop tard.* Ces éléments mélodramatiques, souvent excessifs, évoquent également les *rumberas*, mélodrames musicaux mexicains, fort populaires dans les années 50 et présentant au gré de rocambolesques péripéties la triste trajectoire de timides jeunes filles devenues entraîneuses de cabarets.

Malgré ses outrances, le film porte incontestablement la signature de son auteur et atteint sa cible grâce à sa sincérité. Les invraisemblances (la riche famille de l'assistante sociale, caricaturale à souhait, semble tout droit sortie d'une comédie de boulevard ; Danik, avec sa chevelure blonde et crantée et sa plastique de pin-up, ressemble plus à une vamp qu'à une assistante de médecin) sont largement rattrapées par une très habile construction, un imparable enchaînement des séquences, et surtout une sensibilité qui convainc par la force de sa sincérité. Enfin, sur un plan plastique, Moguy et son assistant Pierre Gaspard-Huit ont livré un travail particulièrement soigné, magnifié par une photographie lumineuse, avec une vision du vieux Paris à la fois juste et poétique.

Comme toujours, l'interprétation reste le point fort du film. Dans le rôle d'une digne veuve honteuse de venir quémander l'aide des services sociaux pour pouvoir subsister, Françoise Rosay, monstre sacré du cinéma des années 30, démontre en cinq minutes extrêmement émouvantes la grandeur de son immense talent. Sa prestation extraordinaire résume en une seule séquence, et par le génie de son interprète, la précarité et l'humiliation d'une femme démunie. Anne Vernon, parfaite dans son rôle d'assistante sociale, est également très complimentée. Sa performance extrêmement juste est d'autant plus louable qu'elle n'a pas beaucoup été aiguillée par son metteur en scène. Il est fort probable que Moguy ait tout simplement compris que la comédienne, très intuitive, n'avait pas besoin de directives superflues !

Dans un rôle difficile à plusieurs facettes, et une composition passant sans transition de la vulnérable ingénue aux mines de vierge effarouchée à une coquine patentée, Danik Patisson fait moins l'unanimité. Pour Simone Dubreuil, elle ne dit pas encore très juste, mais son visage est intéressant, son jeu émouvant et simple. Pour Jean Thévenot, « elle n'est pas au point, il s'en faut même de beaucoup ». Cet avis est bien sévère et injuste. Il est patent que Moguy a beaucoup puisé dans la prestation de Blanchette Brunoy dans *L'Empreinte du dieu* pour faire de Danik la timide victime des hommes et de la société. Très curieusement, la comédienne se révèle plus crédible et franchement remarquable dans les passages où son personnage s'est mué en entraîneuse aguerrie et aguichante.

Nadine Tallier apporte sa bonne humeur et son piquant, toujours bienvenus. Exhibant à ses camarades de l'institution religieuse ses superbes jambes, elle leur déclare : « Aime ton prochain, d'accord, mais l'prochain, il faudra qu'il casque. Quand on n'a que ça comme capital, faut bien que ça rapporte des intérêts ! » Joëlle Bernard est de nouveau très émouvante dans son personnage de prostituée. Cette actrice fragile et sensible, aux fêlures perceptibles, avait le potentiel pour mener une carrière sur les traces d'Annie Girardot. Elle se suicidera en 1977. Quant à Sylviane Humair, jeune débutante incarnant avec son rire si caractéristique l'insouciante fille de famille, elle deviendra une critique d'art reconnue : Moguy, toujours désireux d'assurer l'avenir de ses petites découvertes, aurait été fier d'elle !

Malgré son interdiction aux moins de seize ans, le film rencontre un beau succès populaire, et enregistrant près de 2 300 000 entrées en France. Ce triomphe se matérialise par un premier prix au 7e référendum de Vichy, manifestation ayant la particularité de laisser aux spectateurs non professionnels le droit de vote. À l'issue de la séance, une spectatrice émue se jette dans les bras du cinéaste pour le remercier : « J'ai trois filles et je tiens à vous remercier de ce que vous faites pour nos enfants. »

Bouleversé par le tragique destin de la pauvre Christine, un public très crédule adresse à Danik Patisson des colis chargés de lainages, de jambons et de souliers. Elle recevra même un courrier d'une mère de huit enfants se proposant de l'adopter : « Un de plus, ça ne compte pas à table ! »

Malheureusement, le succès du film profitera peu à la jeune comédienne, dont la carrière stagnera un an en raison d'un contrat d'exclusivité signé avec Michel Safra : cet engagement comporte bien des restrictions (interdiction de se couper les cheveux) et fort peu d'avantages. Compte tenu des subsides très élevés réclamés par le producteur pour prêter sa blonde vedette, les cinéastes préféreront recourir aux talents de Françoise Arnoul, Nicole Courcel et autres actrices plus chevronnées et moins coûteuses.

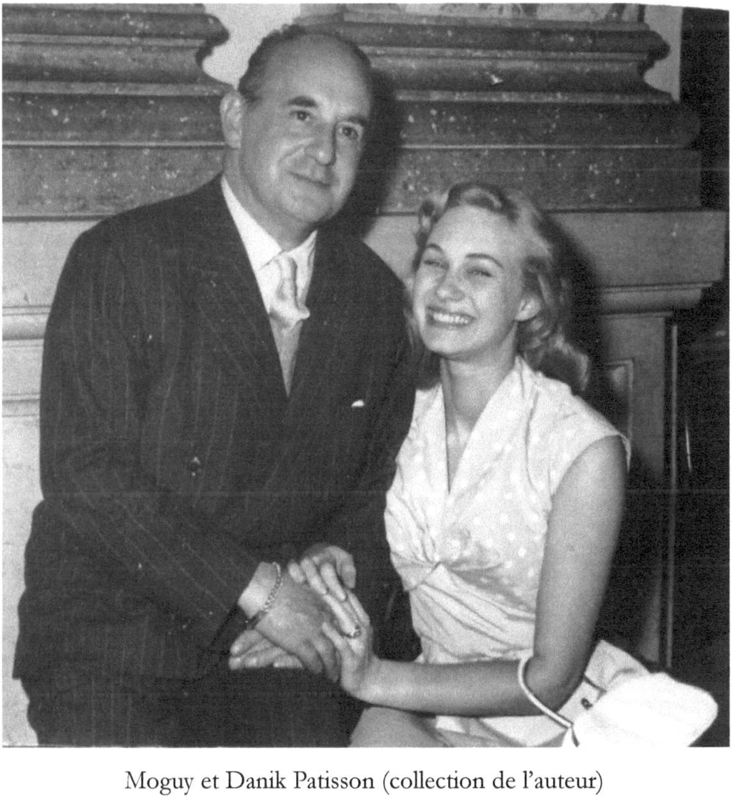

Moguy et Danik Patisson (collection de l'auteur)

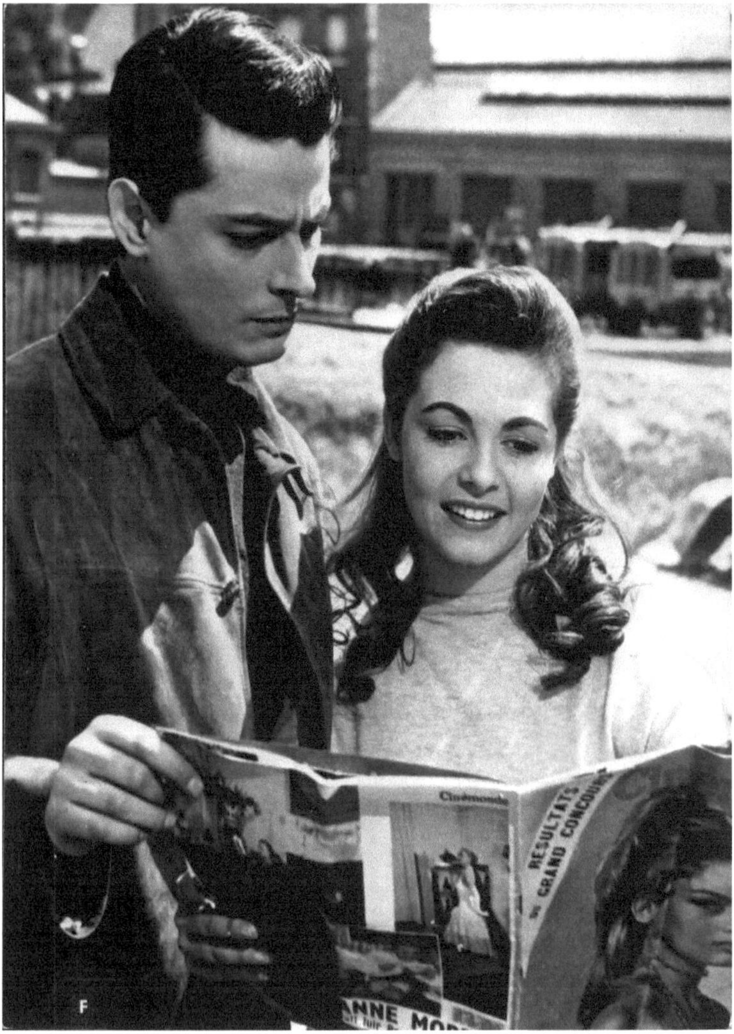

François Guérin et Michèle Mercier dans *Donnez moi ma chanc*
(1956 Roitfeld) photo Raymond Heil

XIX.
DONNEZ-MOI MA CHANCE

Cinq ans après avoir fait l'objet des plus respectueux hommages lors du triomphe à Venise de *Demain il sera trop tard*, Moguy ne jouit plus de la même considération auprès des exégètes du cinéma, malgré le succès enregistré encore au box-office. Son travail est le plus souvent méprisé et les spécialistes réfractaires aux films didactiques ne cachent pas leur aversion face à son approche trop démonstrative des sujets qu'il expose. Si André Cayatte, son concurrent direct, qui a entamé sa carrière et son combat pour un cinéma social bien après Moguy, subit également de virulentes attaques de la part des jeunes critiques, les comparaisons opérées entre le travail des deux cinéastes se tournent souvent au bénéfice du réalisateur de *Justice est faite*.

Pour *Ciné Miroir*, « Moguy est un libéral et réformateur qui travaille en douceur », tandis que Cayatte se présente comme « un idéaliste, un épurateur qui travaille en force et pose durement le problème devant la conscience du spectateur ». Selon Jean Fayard, « quand André Cayatte fait un film sur la peine de mort, on voit clairement qu'il est contre. Les idées de Monsieur Moguy sont plus complexes ou plus floues ». D'aucuns décrètent, avec condescendance, que Moguy est le Cayatte du pauvre ou le Cayatte du trottoir. Il est certes tentant de procéder à un rapprochement entre les œuvres des deux metteurs en scène, qui partagent une même conscience du rôle du 7e art dans la société, et le servent avec conviction. Tous les deux ne craignent pas d'aborder des sujets brûlants tirés de l'actualité la plus récente (l'abolition de la peine de mort, l'euthanasie, la prostitution, le sort des mères célibataires…). Ce souci constant vaudra aux deux artistes d'être injustement accusés de récupération commerciale (Cayatte sera ainsi vivement tancé par Truffaut pour avoir osé créer un film en s'inspirant d'une affaire de détournement de mineur qui avait fait la une des journaux très peu de temps avant). Plutôt que de leur faire ce reproche, il faut saluer le courage dont ils ont fait preuve pour exprimer leurs idées à chaud, quitte à semer la controverse, car le choix d'un sujet brûlant n'est aucunement la garantie d'un succès commercial. Moguy en fera l'expérience avec son film sur le danger de la bombe atomique.

Pour appuyer leurs thèses et faciliter leur démonstration, les deux metteurs en scène ont certes tendance à recourir à un certain manichéisme. Néanmoins, ce cadre parfois schématique leur permet d'entamer un débat et une réflexion, tout en apportant aux spectateurs une œuvre dont la dimension dépasse le simple divertissement ou la recherche esthétique. La façon d'aborder les thématiques morales et sociétales diffère toutefois chez les deux artistes : elles sont décortiquées avec minutie par Cayatte sous leur aspect juridique, tandis que Moguy, beaucoup moins formaliste, joue davantage sur la corde sensible et accorde toute son attention à la psychologie et au ressenti des personnages féminins (les hommes étant souvent présentés comme des stéréotypes, sans la même finesse d'analyse : les odieux manipulateurs ou séducteurs sans scrupules s'opposent à la fade gentillesse de François Guérin, héros falot du *Long des trottoirs* ou de *Donnez-moi ma chance*). La rigueur du travail de Cayatte, jugé nettement plus sérieux dans ses analyses que celui de Moguy, plus intuitif et souvent desservi par un style conventionnel et lacrymal, fait souvent la différence au profit du premier.

Paul Giannoli reconnaît que Moguy « n'est pas René Clair, Clouzot, Renoir, Carné ou Vadim[169] » et que ses créations « ne sont pas non plus de grands films », expliquant « qu'un livre de morale est forcément moins brillant qu'une féerie, un roman ou une histoire policière ».

En prétendant respecter et aimer la critique et ne pas se comporter « comme certains cinéastes qui se hérissent quand on leur fait des reproches[170] », le réalisateur entend rester imperméable aux mauvais papiers des journalistes. Profondément intègre, il est en revanche éprouvé par les attaques virulentes de certains de ses confrères qui le taxent de malhonnêteté intellectuelle ou de pornographie déguisée. Un dictionnaire des cinéastes français publié par les cahiers du cinéma acène méchamment que « pas un seul de ses films ne soit vraiment sincère ». Ces calomnies sont d'autant plus violentes et perturbantes que, dans sa gentille naïveté, Moguy ne les aurait jamais soupçonnées. S'il peut toujours compter sur le public, le metteur en scène, lucide et amer, a perdu ses illusions sur l'univers ingrat du cinéma et certains des collègues qu'il croise au Fouquet's, fameux bar des Champs-Élysées, surnommé « Prison sans barreaux » en raison des nombreux producteurs de cinéma plus ou moins ruinés qui se pressent dans ce lieu huppé : « De toute façon, le milieu du cinéma me dégoûte profondément. Si je ne croyais pas au rôle éducateur et moralisateur de mes films, il y a longtemps que j'aurais tout lâché. »

Moguy souhaiterait mettre en garde les jeunes gens attirés par ce miroir aux alouettes, à l'origine de bien des déceptions. Mieux que quiconque, Léonide connaît la cruauté du show-business et l'aspect éphémère de la gloire. Parmi les nombreuses postulantes se pressant aux auditions organisées pour détecter de nouveaux talents, combien ont atteint la notoriété désirée et à quel prix ? Il repense également à Colette Vilars, jeune fugueuse qui avait fui sa famille pour tenter sa chance au cinéma et s'était présentée à un casting qu'il avait organisé. Il confie à René Quinson : « Chaque mois, je reçois au moins quatre cents lettres, de jeunes filles pour la plupart, exposant d'impérieuses vocations cinématographiques. Presque toutes se terminent par ces mots : “Donnez-moi ma chance.” J'ai voulu faire un film qui donnera aux jeunes un aspect plus réaliste du métier de comédien, métier dur, ingrat, qui ne réclame pas seulement la beauté physique ou le talent mais aussi un feu sacré à toute épreuve. Peut-être mon film atténuera-t-il un peu les effets néfastes d'une certaine presse de cinéma qui ne montre que les aspects futiles et dorés de ce métier. Il dévoilera l'envers du décor à ceux qui ne rêvent qu'aux 20 millions de cachet de Brigitte Bardot[171]. » Moguy tient également à mettre en garde les plus crédules contre les escrocs, tentant d'abuser de leur naïveté. En Italie et en Provence, un aigrefin a défrayé la chronique en usurpant son identité. Il est ainsi parvenu à extorquer des sommes confortables à d'innocentes jeunes filles, en leur promettant un rôle important dans une production chimérique. Après avoir dupé nombre de postulantes à la gloire, l'imposteur, trahi par ses chaussures sales et informes, a été arrêté par la police.

Pour concocter un scénario adéquat, le cinéaste engage son ami Jean-Charles Tacchella et Jacques Laurent, auteur sous le pseudonyme de Cecil Saint-Laurent de la fameuse série des *Caroline Chérie*. Le canevas proposé par les deux auteurs se déroule pendant l'année de scolarité d'un cours d'art dramatique, et s'attarde sur les espérances, déboires et désillusions de quelques élèves partageant le même appartement. Satire corrosive et sans concession de la faune du 7e art et du théâtre, avec ses rapaces et ses opportunistes, leur récit s'inscrit dans la lignée d'*All about Eve* de Mankiewicz. Néanmoins, cette vision trop crue du monde du spectacle ne convient pas à Léonide. Il préférerait une histoire, beaucoup plus aseptisée et conventionnelle, fondée sur une petite provinciale venue tenter sa chance dans les studios de cinéma parisiens.

Malgré les arguments ardemment défendus par ses coéquipiers, Moguy ne veut pas démordre de son idée d'origine, et, les larmes aux yeux, tente de les convaincre : « Alors vous aussi vous pensez que je suis un type fini ? Que ce que je veux raconter n'a pas d'intérêt ?[172] » Charles Spaak, envisagé pour écrire les dialogues, abandonne vite la partie, suivi par Jacques Laurent. Par fidélité, le futur metteur en scène de *Cousin cousine* tente de retravailler le synopsis, puis capitule à son tour après trois semaines. Finalement Georges Tabet (qui jadis chantait *Couchés dans le foin* et autres fameux refrains de Mireille en duo avec Jacques Pills) aide Moguy à élaborer un texte et des dialogues en accord avec ses attentes : l'histoire « authentique telle qu'elle a été réellement vécue » de Claudie, une jeune fille de la campagne qui abandonne sa famille et son fiancé pour tenter sa chance à Paris. La naïve enfant va tomber de Charybde en Scylla, dans les griffes d'un attaché de presse coureur de jupons. Après cette expérience traumatisante, elle préférera retourner près des siens.

Las de tous ces tracas et atteint par les attaques dont il a fait l'objet lors de son dernier film, Moguy informe les journalistes qu'il abandonne la réalisation, dont les aspects purement techniques l'accablent, pour ne plus désormais se consacrer qu'à la production : « J'ai trop tourné, trop découvert de stars, trop travaillé, trop pensé. C'est pourquoi je deviens maître d'œuvre. Je me bornerai désormais à parfumer mes films de mon haleine, d'autres se chargeront de la réalisation technique. Mon prochain ouvrage, que tournera Guy Lefranc, sera encore une fois une mise en garde contre les périls de la jeunesse. Ma présence dans le studio suffira à stimuler les interprètes et à être digne de Moguy. » Pourtant, en dépit des annonces dans la presse, les frères Roitfeld jugent préférable, et plus rentable commercialement que la réalisation soit assurée ou du moins signée par Moguy. Même s'il se chargera en réalité d'une partie de la mise en scène, Guy Lefranc, connu pour avoir dirigé Louis Jouvet dans ses deux derniers films, ne sera mentionné que comme assistant.

Si Moguy clame, à longueur d'interviews, être définitivement lassé des assauts des jeunes filles audacieuses qui l'inondent de courrier pour essayer de susciter son intérêt, il entreprend de nouveau des recherches approfondies pour repérer les artistes en herbe pouvant donner vie aux différents personnages de *Donnez-moi ma chance*. Pas moins de deux mille jeunes filles postulent pour le rôle principal. C'est en visionnant les rushes de *Retour de manivelle*, un film de Denys de la Patellière en cours de montage, que Moguy repère une jolie brunette dont l'allure féline et la belle chevelure lui font penser à Ava Gardner. L'inconnue, une jeune danseuse niçoise, a été découverte par hasard par le metteur en scène des *Œufs de l'autruche*, alors que son père, pharmacien, était venu livrer une tente à oxygène à André Cayatte. Bien que ne possédant aucune expérience de la caméra et n'ayant jamais suivi le moindre cours de diction, la jolie Jocelyne a immédiatement fait forte impression dès sa première apparition à l'écran.

Convoquée pour un bout d'essai par Moguy, la brunette n'a pas de difficultés à convaincre le « lanceur de stars », qui a pourtant déjà auditionné pour le rôle Véronique Zuber (Miss France 1955, future épouse du couturier Ted Lapidus), Cathia Caro et Marie-José Nat. À peine a-t-elle lu quelques répliques du *Chéri* de Colette que Moguy, conquis par sa fraîcheur et sa spontanéité, l'interrompt : « Inutile, je suis fixé. Vous avez gagné [173] ! » Il lui suggère de changer de prénom : « Je vais vous baptiser Michèle Mercier. Cela vous va mieux, et cela vous portera bonheur, vous verrez ! Michèle Morgan fut l'une de mes premières découvertes. Vous serez sans doute ma dernière. Je veux terminer sur une Michèle. Car j'ai l'intention de me consacrer désormais à la production de films. » Enchantée, l'actrice téléphone à la production de *Retour de manivelle* afin de demander à paraître sur les affiches et au générique sous son nouveau prénom porte-bonheur.

Pour tenir le rôle de l'imperturbable Kiki, habituée des concours de beauté, Nadine Tallier sera contrainte de refuser un rôle aux côtés de Tyrone Power et Errol Flynn dans *Le soleil se lève aussi* de Henry King. Dans son troisième film pour Moguy, la piquante Nadine fait preuve de sa vivacité habituelle et de son abattage tout parisien. Après avoir épousé le banquier et baron Edmond de Rothschild et mis un terme à sa carrière cinématographique, la pétillante aristocrate gardera le contact avec Moguy dans le cadre de plusieurs associations de bienfaisance et notamment de la WIZO, organisation internationale des femmes sionistes.

Danik Patisson prête son joli minois au personnage de Brigitte, une figurante peinant à percer dans le métier. Son franc-parler apporte beaucoup d'authenticité et d'émotion à son personnage, qui prononce la réplique la plus audacieuse du film : « Pour réussir dans ce métier, il ne suffit pas d'être jolie... Chaque fois qu'une artiste refuse de montrer son derrière, c'est moi qu'on vient chercher. Là, on fait appel à mon talent ! Jusqu'à présent, je n'ai pas eu l'occasion de montrer autre chose. C'est flatteur, hein ? » Moguy a tenu à redonner sa chance à l'adorable blonde du *Long des trottoirs*, dont la carrière n'a pas pris l'envol escompté malgré le succès international de son premier film. Il a libéré la jeune comédienne de l'engagement qui la liait à Michel Safra pour faire rebondir sa carrière. L'actrice décrochera dans la foulée de petits rôles dans des productions étrangères très prestigieuses, aux côtés d'artistes aussi mythiques qu'Errol Flynn, Romy Schneider ou Jayne Mansfield. Hélas ! la talentueuse pin-up se fourvoiera dans de nombreux polars et autres navets de série B dont la médiocrité la conduira dans une impasse. Elle tentera sa chance dans la chanson avant d'ouvrir une agence de mannequins.

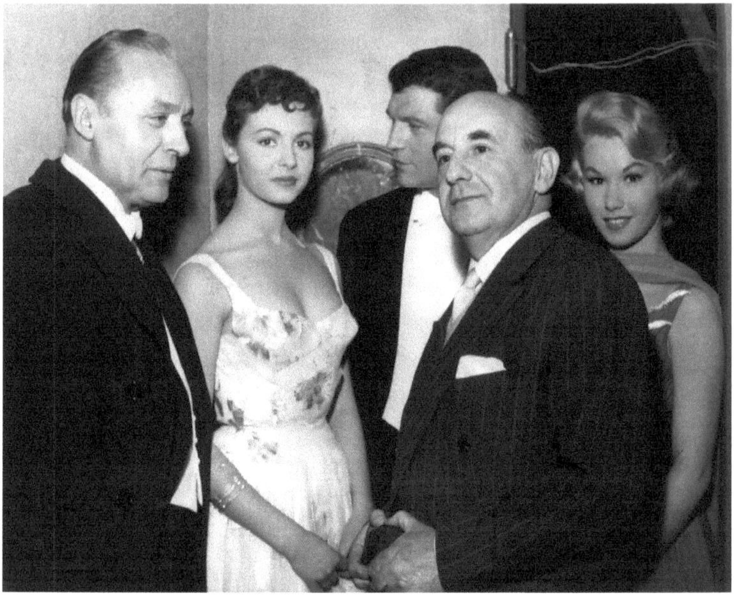

Charles Boyer, Michèle Mercier, Henri Vidal, Léonide Moguy et Nadine Tallier (collection Katia Moguy)

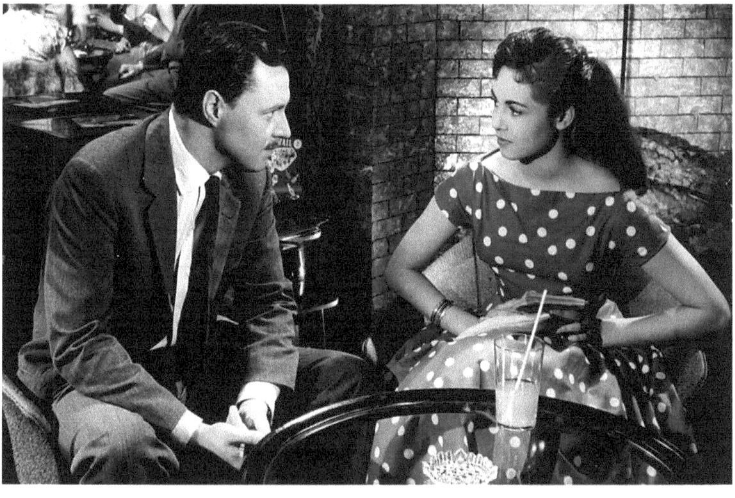

Ivan Desny et Michèle Mercier dans *Donnez-moi ma chance (1956-Roitfeld)*- photo Raymond Heil

Avec un humour ravageur, la jolie blonde saura plaisanter des déconvenues de son métier. Elle n'avait pas son pareil pour évoquer un producteur vicieux s'amusant à prolonger les scènes d'embrassade tout en sachant pertinemment qu'il n'y avait plus de pellicule dans la caméra ou raconter comment elle fut engagée à son insu dans un film pornographique mis en scène par Denys de la Patellière sous un nom d'emprunt[174] : elle ne découvrira que lors de la projection la véritable nature du film !

Pour tenir le rôle d'une vedette publicitaire engagée en vue d'une tournée minable, Moguy pense à Geneviève Cluny, alias Mlle Dents Blanches, adorable blondinette connue dans tout l'hexagone pour ses nombreux spots vantant l'hygiène dentaire. D'autres mignonnes débutantes repérées par Moguy apparaissent dans des rôles secondaires. Parmi elles figurent la très prometteuse Corinne Marchand, qui quatre ans plus tard atteindra la consécration dans Cléo de 5 à 7, d'Agnès Varda, film phare de la nouvelle vague et la douce et lumineuse Marie-Josée Nat, future protagoniste de films « sociaux » que Moguy n'aurait pas reniés.

Le tournage se déroule dans une ambiance assez curieuse : Guy Lefranc, « conseiller technique », assure en fait les prises de vues d'un certain nombre de scènes, assisté de Bernard Toublanc-Michel et de la stagiaire Nina Companeez. Tous deux feront les beaux jours des dramatiques télévisées dans les années 70 et 80. Autoritaire et agressif, Lefranc terrorise la jeune Michèle Mercier, qui n'a suivi aucun cours de comédie et se laisse guider par son instinct. En fin de journée, Moguy, très attentif à l'évolution du film, est souvent consterné, lors du visionnage des rushes tournés par Lefranc, par la platitude du résultat. Irrité, il ordonne de recommencer certaines scènes en y mettant plus de sentiment. On peut comprendre que la sensible débutante soit déconcertée : elle craint de décevoir les deux cinéastes, aux tempéraments diamétralement opposés, qui l'abreuvent de consignes contradictoires ! Heureusement, le grand Noël Roquevert, célèbre « excentrique » du cinéma français, qui tient ici le rôle d'un professeur d'art dramatique un peu combinard, encourage avec bienveillance les débutants peu assurés, tout en faisant tiédir avec un réchaud à gaz les petits plats confectionnés par son épouse pour les déguster derrière le décor.

Affublé du titre plus racoleur de *Piège à filles*, *Donnez-moi ma chance* enregistre, avec 980 000 entrées, un score honorable, proche de celui de *La Haute Société* ou du western *3 heures 10 pour Yuma*. La réclame promet « un sensationnel film de mœurs, d'une vérité rarement atteinte, un cri d'alarme à toutes celles qui rêvent de faire du cinéma ».

Alors que certains chroniqueurs, dont Jacques Deltour, soulignent « la bonne volonté et la sincérité tellement évidentes [de Moguy] qu'aucun de ses films ne peut laisser indifférent », ou que d'autres estiment qu'il « faudrait rendre le film obligatoire à toutes les pucelles ou assimilées, le projeter dans les écoles, couvents, partout [175] », la majorité des journalistes boudent un film trop peu corrosif à leur goût.

Pour *Paris journal*, « la satire des milieux ciné est à peine ébauchée : fausses promesses, concours truqués, cela ne va pas très loin [176] ». Selon *Combat*, Léonide Moguy « se force à une gentillesse extrême, il ne montre pas les vrais salauds ; il grandit les mondes de la camaraderie et de la solidarité, il donne des ombres roses aux monstres [177] ». La revue *Réforme* regrette qu'« avec un sujet pareil Léonide Moguy ne nous ait donné qu'une histoire gentille et morale. Quelle terrifiante satire on pourrait faire du mythe de la vedette : une chance manquée ».

Michèle Mercier, sa dernière découverte, ne rencontre pas davantage l'adhésion. Pour Jacques Fabre, celle « qui a fait de brillants débuts dans *Retour de manivelle* est un peu figée, pas toujours à l'aise et débite son texte de façon monocorde ». Pour le quotidien *Combat*, plus assassin, « elle est le modèle exact de l'alouette au miroir, ne sachant ni marcher, ni parler, ni rien et croyant que ça y est. On sent qu'elle suit dans la vie le destin de son héroïne, et son plus grand titre de gloire sera, en disparaissant des écrans dans le plus strict anonymat, d'en préserver des centaines d'autres ». Ces saillies moqueuses sont amusantes à lire avec le recul, quand on jauge la très belle carrière que Michèle Mercier mènera en Italie (où elle tournera pour les meilleurs, en révélant un don certain pour la comédie), sans parler de son rôle mythique dans la série *Angélique, marquise des Anges*, qui la fera entrer dans l'immortalité cinématographique. Encore une fois, Moguy ne s'était pas trompé !

En dépit de sa mise en scène conventionnelle, *Donnez-moi ma chance* n'est pas inintéressant et propose un éventail de personnages (attaché de presse véreux, metteur en scène agressif, producteur concupiscent, starlette désabusée tentée par le suicide, arrivistes, idéalistes...) et de situations (auditions truquées, concours de miss) parfois dépeints avec une certaine lucidité. Il se révèle même supérieur à *Futures vedettes*, tourné l'année précédente sur un thème approchant par Marc Allégret, autre grand découvreur de stars devant l'éternel, avec deux découvertes moguyesques autour de Brigitte Bardot : Mylène Demongeot et Isabelle Pia.

Après avoir assuré la promotion de son dernier film en accompagnant la jolie Michèle Mercier dans les cinémas de France, Moguy se plonge dans l'examen d'autres projets, se bornant désormais à la production : il tient en effet à se concentrer sur les deux activités qu'il affectionne véritablement : le choix des sujets et celui des interprètes. Après avoir obtenu l'accord de la firme Speva Films, il confie la mise en scène d'*Elle n'avait que 16 ans* ou *Impasse de l'avenir* à son ami Pierre Gaspard-Huit, qui l'a si bien secondé sur *Les Enfants de l'amour* et *Le Long des trottoirs*.

Il s'agit de l'histoire d'une jeune provinciale venue achever ses études à Paris. Entre riches oisifs de la rive droite et existentialistes de Saint-Germain-des-Prés, l'innocente y fera toutes sortes de rencontres, pas toujours recommandables. L'objectif de Moguy est de démontrer que la « jeunesse actuelle n'est pas celle des romans de Françoise Sagan, et qu'elle croit encore au mariage et à la famille [178] ». Soigneusement sélectionnée parmi les trois cents postulantes qui lui ont adressé un CV, son interprète est déjà trouvée : il s'agit de la sculpturale Liliane Brousse, en laquelle Moguy voit une « nouvelle Pier Angeli de dix-huit ans ». Faute de budget, le film sera abandonné quelques jours avant la date prévue pour le premier tour de manivelle.

En guise de consolation, Moguy s'arrangera pour présenter sa blonde découverte à son ami Rizzoli : prudente, cette dernière préférera décliner le contrat de trois ans, un peu trop contraignant, qu'il lui propose. Finalement, son vieux complice Robert Darène la lancera dans *La Bigorne, caporal de France*. Celle qu'Eddie Constantine surnommera « le Spoutnik blond » fera surtout carrière en Angleterre, dans quelques films d'horreur « cultes » particulièrement réussis tels que *Paranoiac* ou *Maniac*, qui comptent encore bien des admirateurs.

Souvent récompensé pour son travail, notamment à l'étranger, Léonide Moguy se voit décerner, en même temps que Jean Gabin, les insignes de chevalier de la Légion d'honneur, la plus haute distinction honorifique française, grâce au parrainage d'André Malraux et aux demandes des ministres Pierre July, Robert Buron et Louis Marin. Cette suprême récompense le touche mais le surprend : pourquoi lui attribuer un titre aussi prestigieux, alors qu'aucune aide ne lui est accordée pour concrétiser son projet sur les dangers de l'ère atomique, qui se heurte toujours au refus gêné des producteurs et au rejet de la commission de censure ?

Seconde surprise, Moguy reçoit une étonnante proposition venue du Maghreb, dont l'instigateur n'est autre que Moulay Hassan, prince héritier du Maroc. Ce dernier file alors le parfait amour avec la blonde Etchika Choureau, qu'il a connue à Cannes en 1956. Leur romance est si sérieuse que la presse internationale se demande si le futur Hassan II va renoncer au trône pour épouser la mystérieuse vedette. La généreuse et loyale Etchika ne manque pas de présenter son cinéaste porte-bonheur à l'élu de son cœur, avec lequel il sympathise : Moguy est reçu par le ministre de l'Information et du Tourisme marocain afin d'étudier le projet d'un film à la gloire du Maroc nouveau et de son roi Mohammed V. Le réalisateur français est également chargé d'étudier l'organisation du Centre cinématographique marocain et d'élaborer un dispositif pour le réorganiser. Son ambition est d'y produire des films documentaires, touristiques, ainsi que des longs-métrages de fiction, cofinancés avec les pays étrangers.

Particulièrement ému par le séisme qui a ravagé en quinze secondes la ville d'Agadir en causant la mort de plus de quinze mille personnes, Moguy ambitionne de réaliser un film pour rendre hommage à l'extraordinaire mouvement de solidarité ayant suivi la catastrophe et aux chantiers de jeunesse travaillant à la reconstruction de la cité morte. Finalement, malgré les scénarios ébauchés et parcourus (pas moins de 166 !), le film sera abandonné faute de crédits. Autre déconvenue, Moguy ne recevra pas un seul dinar pour ses bons et loyaux services au profit de l'État marocain.

Constatant avec effroi que les subsides prévus pour le cinéaste ont été détournés, le prince Moulay Hassan, confus, se proposera de le dédommager avec un magnifique tapis et un superbe pur-sang, que Moguy préférera laisser dans son pays d'origine.

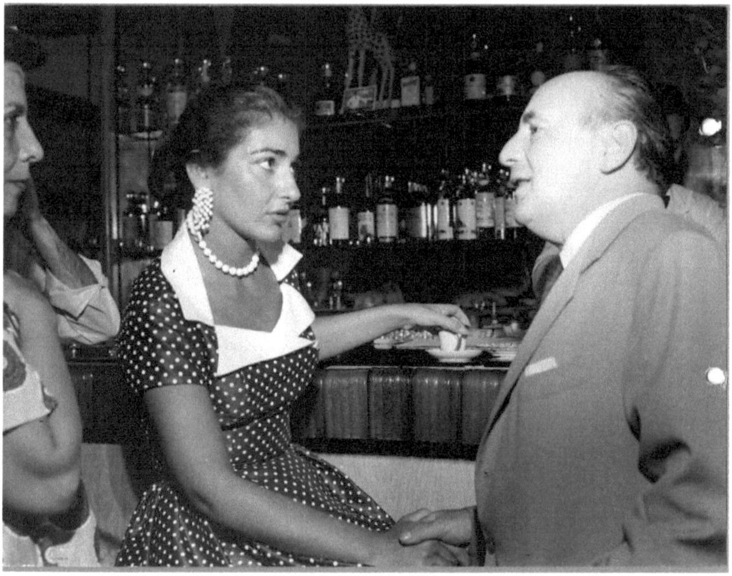

Léonide Moguy avec Maria Callas (collection Katia Moguy)

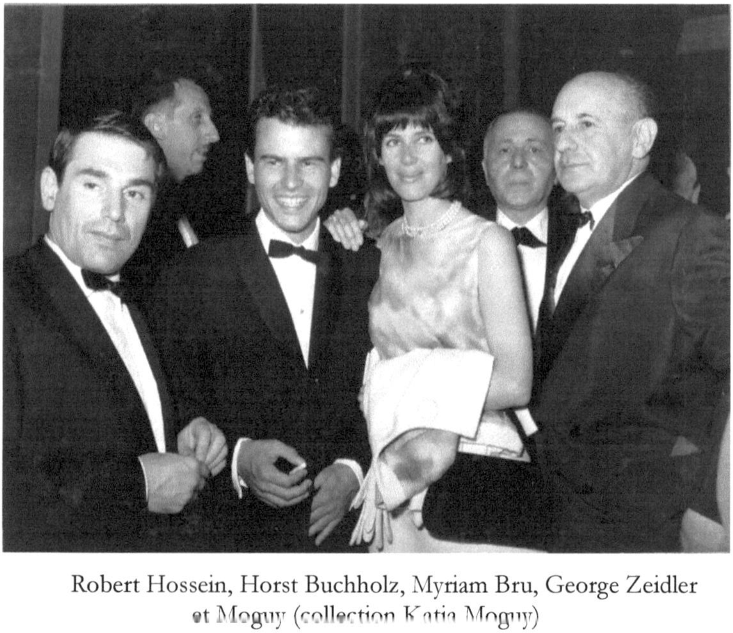

Robert Hossein, Horst Buchholz, Myriam Bru, George Zeidler et Moguy (collection Katia Moguy)

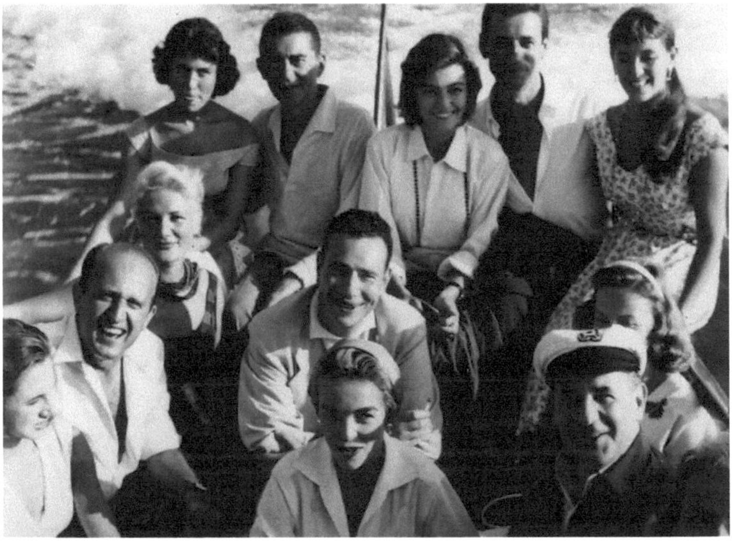

Jean Servais. Anouk Aimée, Yves Montand, Myriam Bru, Yves Ciampi, Jacqueline Pierreux, Alexandre Astruc, Dawn Addams autour de Leonide (collection Myriam Bru)

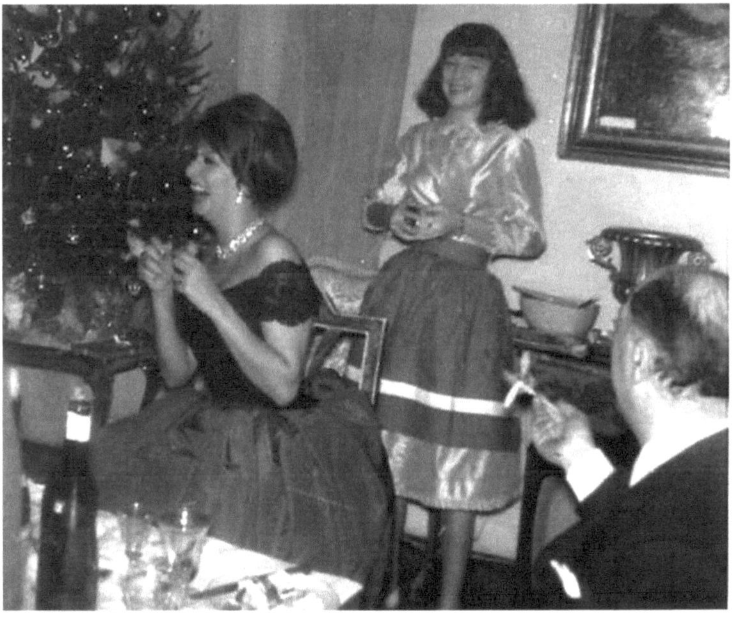

Sophia Loren et Katia Moguy chez Léonide pour les fêtes de Noël (collection Myriam Bru)

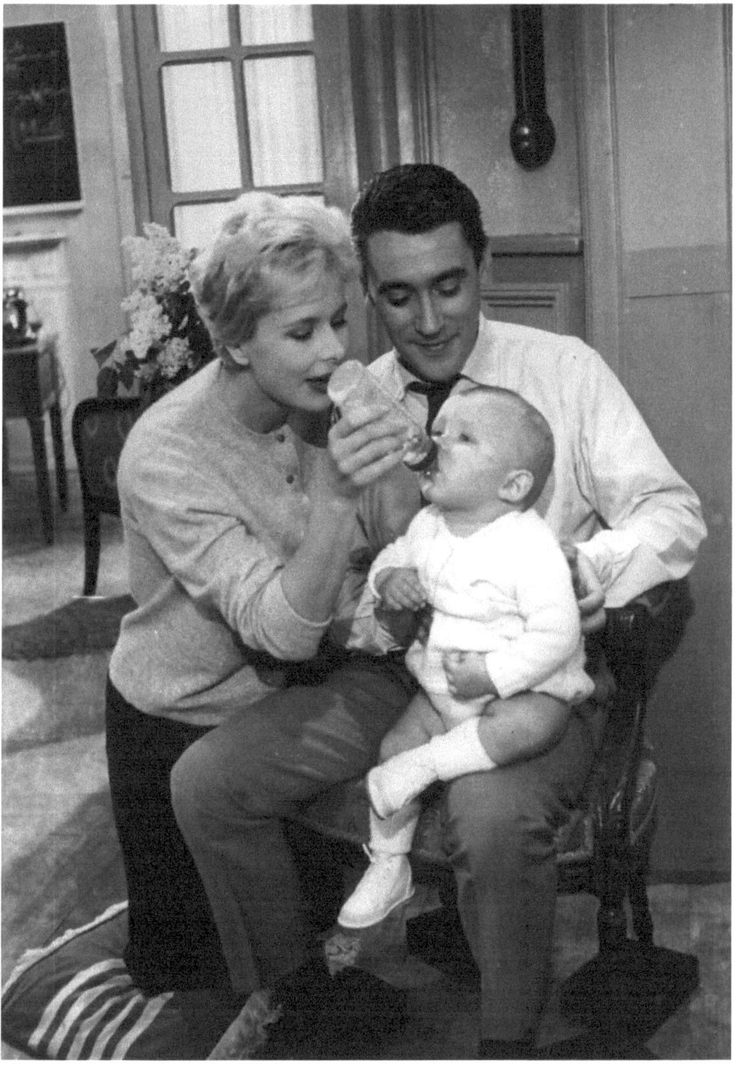

Jacqueline Huet et Yves Massard dans *Les hommes veulent vivre* © 1961 Léonide Mo uy / Éditions René Chateau (photo Ser e Beauvarlet)

XX.
LES HOMMES VEULENT VIVRE

Après avoir longtemps consacré ses talents de metteur en scène à l'étude de sujets sociaux concernant la jeunesse et par là même l'espoir et l'avenir de la société, Léonide Moguy, conforté par l'écho remporté par certains de ses films, n'a de cesse d'intensifier son action et son combat pour l'homme. Plus que jamais, il souhaite renforcer son engagement de cinéaste en militant pour la survie de l'humanité et en s'attaquant au problème épineux du danger nucléaire, pesante menace pour la civilisation.

Dès février 1950, Albert Einstein a mis en garde l'opinion publique sur les risques d'un empoisonnement radioactif de l'atmosphère susceptible de provoquer l'anéantissement de toute vie sur terre, lors d'un appel contre la course aux armements entre les États-Unis et l'URSS. Interpellé et terrifié par les déclarations d'un collaborateur du savant sur la possibilité de créer une arme bien plus puissante que la bombe atomique, capable de tuer des millions d'hommes sans provoquer aucune destruction, Moguy a ressenti, dès 1954, l'impérieux devoir d'alerter ses concitoyens. Face à l'indifférence des grandes puissances, il a souhaité offrir une tribune aux spécialistes du sujet pour porter utilement leurs paroles, en réalisant un film pamphlet sur le danger atomique et sa terrible menace pour l'humanité. Encouragé par le docteur Albert Schweitzer, Prix Nobel de la paix, qui, lors d'un entretien de deux heures, lui a suggéré d'utiliser ses talents de cinéaste pour alerter l'opinion, il a élaboré et réécrit plusieurs ébauches de scripts afin d'y diffuser son réquisitoire contre les dangers de la science. Pour donner davantage d'autorité et de légitimité à son travail, il a tenté d'obtenir le patronage d'Albert Einstein lui-même (décédé en 1955), puis pris contact avec le prince Louis de Broglie, Francis Perrin et Frédéric Joliot-Curie, éminents savants français. En bâtissant la trame de son scénario, Moguy a souhaité exposer quels pouvaient être les scrupules d'un savant hanté par le souvenir de la catastrophe d'Hiroshima, précipité dans la course atomique que se livrent la Russie et les États-Unis. Il s'est pour cela directement inspiré de l'histoire du physicien américain Robert Oppenheimer, qui a participé à la mise au point des trois premières bombes atomiques en 1943 avant de s'opposer au développement des armes thermonucléaires. Sur cette base, il a imaginé un récit aux tournures dramatiques sur lequel Jean-Charles Tacchella a été invité à plancher.

Les démarches entreprises par Moguy se sont immédiatement heurtées aux réticences des investisseurs, « parce qu'on considère qu'un film pour la guerre rapporte plus qu'un film pour la paix [179] » et qu'« il n'y a pas de bagarre, pas d'argot et pas de boîte de nuit dans [son] film ». L'un d'eux lui a clairement argumenté que les spectateurs fuient la réalité et ne souhaitent surtout pas qu'on leur parle du danger qui les menace. Agacé par la couardise des financiers, Moguy vitupère et envisage même de chercher des sponsors à l'étranger : « Je me promène avec ma bombe sous le bras. Chacun fait une grimace, mais on dépense des dizaines de millions pour faire des choses moins ambitieuses. »

Confiant malgré les obstacles et les difficultés à réunir les crédits nécessaires, Moguy déclare aux sceptiques : « Je suis pourtant certain que si un jour je réalise ce film, il rapportera énormément d'argent car il correspond exactement à ce que les gens pensent. Ce sera un film pour la paix, un film pour la meilleure compréhension entre les peuples parce que la guerre n'est pas une solution, et la prochaine guerre dans laquelle les armées n'existeront pas, c'est la population civile qui paiera les traites. C'est une chose impensable et la chose la plus extraordinaire c'est que tout le monde le sait et continue à dépenser des milliards pour faire des bombes au lieu de dépenser des milliards pour construire des maisons pour tous ceux qui en ont besoin.[180] »

Après avoir momentanément reporté, faute de financement, son ambitieux projet pour mettre en scène *Le Long des trottoirs* et *Donnez-moi ma chance*, Moguy souhaite plus que jamais concrétiser son plaidoyer sur le danger atomique, toujours plus accentué au terme des années 50 : « Nous vivons dans un monde qui peut disparaître d'un moment à l'autre, s'il plaît à quelque chef d'État dans la folie de la persécution de décider du sort de centaines de millions d'êtres. On n'a jamais tant forgé, accumulé d'armes plus meurtrières. On nous dit, pour nous rassurer, que c'est parce qu'elles sont particulièrement monstrueuses qu'on ne s'en servira pas. Mais alors, pourquoi continuer à les fabriquer ? Pourquoi y consacrer des budgets astronomiques alors qu'ils seraient mieux employés à construire des maisons, des hôpitaux, des écoles, à ensemencer les déserts, et à assurer le mieux-être de millions d'individus qui manquent du nécessaire. Dans quelque temps, n'importe quel pays, avec les progrès que l'industrie réalise, sera en mesure de fabriquer des bombes au napalm, des bombes à hydrogène, et de les jeter au hasard de ses haines du moment. En France, on est plus aveugle que n'importe où. » Stimulé par la force de son combat, le cinéaste se sent prêt à toutes les audaces.

Sortant de sa réserve avec une virulence inaccoutumée, il tempête contre « les dirigeants de tous les pays du monde [qui] sont complices pour berner 2 500 millions de moutons humains. La presse se tait également. Quant à l'Église, dont ce serait le rôle d'intervenir, elle demeure le plus souvent inefficace ou muselée par des considérations politiques. Bénira-t-elle un jour la bombe H comme elle bénit par le passé d'autres armes ? »

Malgré ces obstacles incommensurables, le cinéaste estime être à présent en mesure de faire redémarrer son ambitieux projet, sans qu'il soit sujet à de mauvaises interprétations : « En 1954, il était dangereux de parler de la paix. Les Américains étaient plus forts que tous les autres peuples réunis. Quiconque parlait de désarmement nucléaire était catalogué comme un sympathisant des Russes.[181] » Les convictions politiques de Léonide Moguy ne s'appuient pas sur le modèle socialiste soviétique, dont il connaît trop les dérives totalitaires et les excès, mais s'apparentent au mouvement mondialiste pour lequel il a manifesté un fort intérêt dès son origine, à la fin des années 40. Comme de nombreux intellectuels tels Jean-Paul Sartre ou Albert Camus, Moguy a prêté une oreille attentive aux thèses défendues par le militant pacifiste Gary Davis, dont le mouvement des citoyens du monde préconise la création d'une communauté mondiale politiquement organisée, garante de la paix. Blessé au plus profond de l'âme par les pogroms, l'exil, le racisme, la barbarie nazie et les cruelles épreuves subies par sa famille, Moguy appréhende les tensions qui émergent, à peine la Seconde Guerre mondiale achevée, entre les pays de l'Est et les Etats-Unis, et se traduisent par le déploiement du rideau de fer et la guerre froide. Affichant courageusement son pacifisme à une époque où la France poursuit la guerre d'Indochine, le cinéaste déclare : « A l'heure actuelle, une foule de gens meurt dans des maisons infectes. Il faut supprimer les taudis. Où trouver l'argent me direz-vous ? Cessons les guerres. N'est-il pas vrai que nous tuons notre plus belle jeunesse sur les champs de bataille. Voyez en Corée : la guerre d'Indochine ne représente plus les intérêts de la France. On trouve de l'argent à gaspiller pour la guerre mais notre gouvernement oublie la jeunesse. [182]»

Comme l'abbé Pierre, il estime que seul le fédéralisme peut assurer la survivance de l'homme, et souhaiterait que le rôle de l'ONU soit renforcé afin que son pouvoir puisse s'imposer au nationalisme des États et assurer le bien-être de l'humanité face aux terribles menaces qui l'assaillent. Convaincu par la nécessité d'une fédération planétaire, dont les lois, la monnaie, les richesses, la santé seraient placées sous une autorité communautaire, il milite activement au sein des citoyens du monde, en tant que membre du comité de soutien.

La force de son engagement se mesure par le nombre des organismes auquel il adhère. Fier détenteur d'un passeport mondial, il cumule les fonctions de vice-président de l'Union fédéraliste mondiale et de membre de l'Association française pour le développement du droit mondial, du Comité des conseillers des fédéralistes mondiaux, de la Maison de l'Europe, de l'Union des résistants pour une Europe unie, du comité français de l'Académie mondiale pour la paix…

Pour alerter l'opinion sur les dangers du nucléaire via le vecteur du 7e art, Moguy n'entend pas pour autant se livrer à une dissertation politique. Conscient de la nécessité d'illustrer, par une histoire solide, son discours et son avertissement, Moguy rassure son entourage : « Je ne veux pas faire peur au public. Qu'il ne croit pas que mon film est un documentaire sur la bombe. À travers une histoire d'espionnage, je montre le drame de trois savants divisés entre leurs responsabilités et leurs devoirs de citoyens. » Pour mieux river l'attention du spectateur dès l'ouverture du film, Moguy a en effet tablé sur le suspense d'une intrigue semi-policière, principe déjà utilisé avec efficacité dans *Conflit*, une de ses plus grandes réussites.

La dernière mouture du scénario des *Hommes veulent vivre* s'ouvre ainsi sur l'assassinat d'un savant par un de ses confrères, le professeur Chardin, éminent physicien français chargé de nombreuses expériences atomiques. Une série de flash-back nous permettent de mieux comprendre les motivations de son geste : le meurtrier a tenté de protéger le monde entier contre les agissements inconsidérés de son assistant qui lui a dérobé la formule scientifique du rayon de la mort, arme d'une dangerosité absolue. À cette intrigue qui permet à l'auteur de pousser son cri d'alarme pour l'humanité se joint un drame sentimental et familial : le décès de l'unique enfant du professeur Chardin, atteint d'une leucémie peut-être liée au bref passage qu'il fit un jour à son laboratoire, et la faillite de son couple. Ces épreuves l'aideront à ouvrir les yeux sur le sens véritable de l'existence. Pour mieux étayer son récit et sa thèse, Moguy a utilisé des extraits de manifestations contre les expériences nucléaires, ainsi que des discours d'Einstein.

Alors que René Coty et Vincent Auriol, présidents de la IVe République, Edgar Faure, André Malraux et Pierre Mendès France assurent d'emblée le cinéaste de leur soutien, aucun organisme ne souhaite avancer le moindre centime dans l'aventure. Les producteurs émettent les mêmes réserves. Consternés de constater le parcours du combattant effectué par le cinéaste pour monter un aussi noble projet, certains collègues des milieux de la presse s'en émeuvent dans leur tribune. Jean Grandmoujin s'insurge dans *France-Dimanche* à la pensée de « tolérer que Moguy doive faire la quête pour pouvoir réaliser son film [183]».

Sans la moindre avance, hormis celles consenties par le CIDALC, Moguy se trouve dans l'obligation de financer son film sur ses deniers personnels et de procéder à d'importants emprunts. Le seul producteur disposé à prêter ses studios et ses services pour la bonne cause est loin d'être prestigieux : il s'agit d'Émile Couzinet, le roi du nanar franchouillard, propriétaire à Bordeaux des studios Neuilly-Côte d'Argent (équipés tout de même de trois plateaux, cinq caméras et deux piscines), davantage réputés pour la finesse de leur cantine, prisée par des gourmets tels que Jean Carmet, que pour la qualité de leurs créations cinématographiques : y sont concoctées de médiocres comédies de boulevard un rien grivoises telles que *Le Club des fadas* ou *La Famille Cucuroux*. Pour un projet d'une telle envergure, il était difficile de trouver pire !

À l'origine, Moguy souhaitait distribuer le rôle du professeur Chardin à Pierre Fresnay, Gérard Oury ou Jean-Claude Pascal et celui de son épouse à Michèle Morgan puis à Liliane Brousse. La production lui imposera Yves Massard, comédien talentueux mais dépourvu de la stature et du charisme nécessaires pour animer un personnage aussi fort, et Jacqueline Huet, célèbre speakerine de l'ORTF, dont la prestation insuffisante se résume souvent à un sourire très télévisuel. Maurice Régamey, connu notamment pour avoir dirigé Fernandel et Louis de Funès dans quelques comédies, est chargé d'assister le metteur en scène. Son intervention est bien plus grande que celle d'un simple auxiliaire. Comme l'avoue Moguy, qui lui cède volontiers tout l'aspect technique de la réalisation, « il est à la fois mon bras droit et mon bras gauche [184]».

Lors du premier tour de manivelle, le réalisateur déclare très solennellement à sa troupe : « Je vous demande plus que votre travail à tous. Je vous demande de collaborer du fond du cœur et d'être fier de participer à une œuvre qui nous dépasse et vise à la paix et à la fraternité mondiales.[185] » Alors que le cinéaste se réjouit de « n'avoir jamais trouvé un tel esprit d'équipe », le monteur Jacques Witta (à l'aube d'une belle carrière dans sa spécialité qui lui vaudra deux Césars), déplore au contraire le manque total de directives et de cohésion.

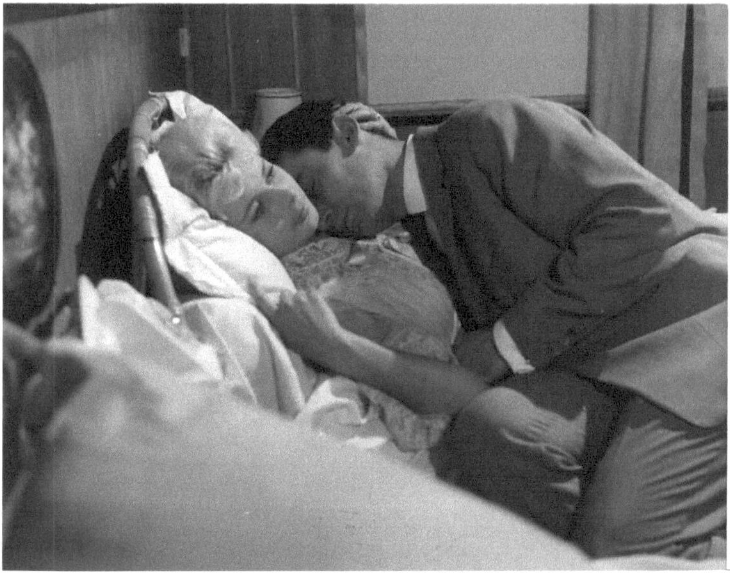

Jacqueline Huet et Yves Massard dans *Les hommes veulent vivre* © 1961 Léonide Moguy / Éditions René Chateau (photos Serge Beauvarlet)

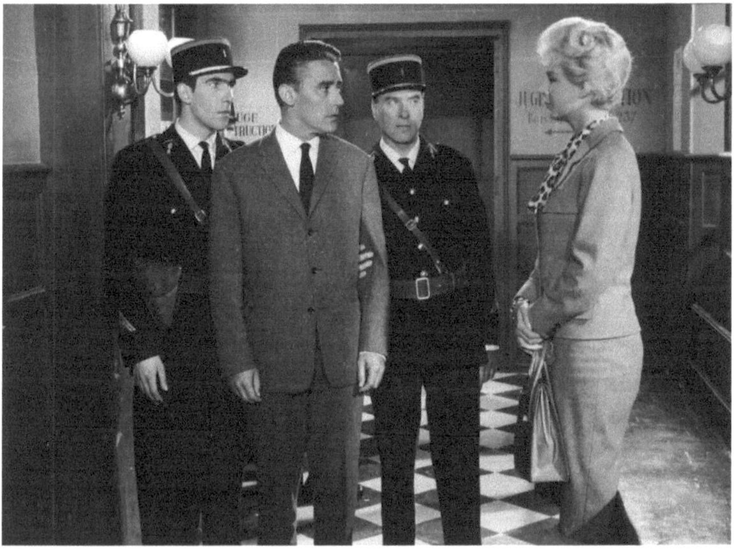

Grâce à l'autorisation exceptionnelle du professeur Francis Perrin, certaines scènes sont tournées au centre nucléaire de Saclay et dans la centrale électrique d'Ambes en Gironde. Le film est bouclé en quelques semaines.

Une projection privée de trois séquences sélectionnées est organisée à l'auditorium de l'université viennoise pour les participants du Xe congrès universel pour une fédération mondiale. Plus vindicatif que jamais, Moguy y clame une véritable profession de foi : « Il appartient surtout à chacun de nous de lutter contre la menace. Car si on peut tuer les hommes, on ne peut détruire les esprits. Le droit, la justice doivent triompher. Il faut que nous luttions pour notre survie. Si nous ne nous réveillons pas de notre état de passivité léthargique, et laissons les mafias internationales préparer les guerres atomiques, nous assisterons à cet enterrement collectif dont parle Jules Verne dans son livre étonnant – le moins connu de tous cependant –, *La Fin du monde.* » Extériorisant volontiers ses convictions mondialistes, Moguy ajoute : « Il faut voir interplanétaire. C'est d'ailleurs la seule façon de penser juste. Quand on pense terre, on pense pays et frontières, races et religions, on songe à tout ce qui différencie les hommes entre eux. Quand on pense interplanétaire, les mesquineries de notre petit globe s'estompent devant un même destin, car c'est notre humanité qui est en jeu. »

Militant passionné, stimulé par son combat au point d'en être presque illuminé, le metteur en scène rejette d'un revers de main les sceptiques émettant quelques doutes sur le pouvoir du cinéaste pour changer le cours des choses : « Si l'homme ne peut rien, il faut fermer les écoles, raser les églises, ouvrir les prisons. Si, au contraire, nous voulons continuer à inculquer le bien à nos enfants, alors il faut empêcher les guerres et ramener la science vers le bien. »

Placé sous l'égide de l'Union fédéraliste mondiale qui lui a déjà décerné la première médaille d'or du mondialisme, le film est projeté en avant-première à l'Unesco, devant une assemblée extrêmement prestigieuse : les ambassadeurs d'une vingtaine de pays, des ministres, académiciens, écrivains (Jean-Paul Sartre, Gilbert Cesbron), professeurs de droit et des personnalités du cinéma (Abel Gance, Louis Daquin, Jeanne Moreau, Nicole Courcel, sans oublier les célèbres actrices découvertes par Moguy). Le docteur Schweitzer regrette de ne pas avoir pu, même quelques jours, quitter son hôpital gabonais. Dans un courrier adressé à Léonide il lui fait part de son soutien : « Quelle satisfaction d'avoir créé ce film qui doit ramener l'humanité à la raison [186]» mais aussi de ses craintes : « Je suis découragé de tout ce qui s'est passé dans les dernières semaines et des opinions qui se sont manifestées. On commence à prendre à la légère la guerre nucléaire. C'est plus grave que jamais. Et la politique de l'Est et de l'Ouest est embrouillée, comme jamais. On ne prend pas en considération les problèmes tels qu'ils sont et on ne cherche pas des solutions naturelles. Tout est artificiel. J'espère que votre film impressionnera ceux qui le connaîtront. »

À la tribune sont lus des messages de sympathie d'éminentes personnalités dont le professeur Yukawa, Prix Nobel et président du mouvement universel pour une fédération mondiale : « Merci de vos efforts, par le cinéma, pour la fédération mondiale ![187] ». Le biologiste Jean Rostand, fervent militant de la cause défendue par le cinéaste, lance un cri d'alarme : « Si les peuples se rendaient exactement compte du danger qu'on leur impose, je crois qu'ils s'insurgeraient contre ceux qui empoisonnent insidieusement le seul espoir de l'homme ».

Lors de la sortie du film, en 1963, la plupart des critiques s'avouent très embarrassés. Les nobles aspirations de Moguy sont unanimement complimentées par ses confrères, qui n'ignorent pas les nombreux obstacles auxquels il a dû se confronter pour mettre au monde son film. *Le Canard enchaîné* salue « un franc-tireur qui, dans la faune cinématographique, joue une partie solitaire, avec une persévérance, un désintéressement rares », précisant « qu'il a remporté des prix à l'étranger, mais n'a reçu du gouvernement français aucune aide ou encouragement, à l'inverse de tant de navets de la défunte nouvelle vague [188] ».

Cependant le résultat déçoit, comme le constate Jean Arbois dans *Télérama* : « C'est justement parce que cette cause nous tient à cœur que nous souffrons de la voir si maladroitement défendue [189]. » Pour *Le Monde*, *Les hommes veulent vivre* a tous les défauts du film à thèse : « Action artificielle, personnages bavards et stéréotypés, dialogues fâcheusement didactiques. Pour traiter au niveau de l'œuvre d'art un sujet pareil, il eût fallu un puissant souffle poétique allié à une vigueur de pamphlétaire peu commune. Léonide a pu simplement et plus modestement donner libre cours à sa générosité[190]. »

En dépit de ses faiblesses, d'une mise en scène assez plate et du manque de moyens dont le film a souffert, *Les hommes veulent vivre* demeure un OVNI du cinéma français, de par l'originalité de son sujet et le courage de son initiateur. Certes l'intrigue un peu naïve manque de crédibilité, qu'il s'agisse des laborieux efforts du savant, penché sur ses dossiers, pour résoudre l'équation correspondant au rayon de la mort, ou encore du personnage du méchant et cupide concurrent, caricatural à souhait. Pourtant, la ferveur et la sincérité de son message, l'insertion de quelques séquences sur les manifestations menées de par le monde contre la course aux armements, et les prises de position du metteur en scène en font un document sociologique indéniable. Et comme l'exprime fort justement Samuel Lachize dans *L'Humanité*, Léonide Moguy « est le seul à avoir porté à l'écran un pareil sujet tiré de l'actualité immédiate. Celui-là seul qui fera mieux sur le même thème pourra se permettre de lui jeter la pierre [191] ».

Si ledit Moguy expliquera plus tard n'avoir pas perdu, à long terme, d'argent sur son film, ce dernier se révèle pourtant un échec cuisant en France, où il cumule tout juste 441 000 entrées. Pour rattraper le tir, les publicitaires tentent de changer le titre du film, qui devient *Le Crime du professeur Chardin*, au grand dam de Moguy, mais sans résultats probants. À l'étranger et notamment en Italie et en Espagne, où le créateur de *Demain il sera trop tard* demeure un cinéaste hautement respecté, le film rencontre davantage son public. *Les hommes veulent vivre* est distribué en Chine, fait unique alors pour une production française.

En Belgique, le prince Albert et son épouse Paola remettent à Moguy l'olivier d'argent du Femina 1963, récompense décernée au meilleur film de l'année. En voyage aux USA, où il séjourne chez son amie Margot Factor, Moguy procède à quelques tentatives pour exploiter son film sur le sol américain. Si U Thant, troisième secrétaire général des Nations unies, lui promet de présenter son film personnellement aux délégués de l'ONU, ni cette organisation ni l'Unesco ne prendront l'initiative de le faire distribuer ou d'aider financièrement ses auteurs. Les démarches du cinéaste auprès de l'International Film Committee of the Hollywood Foreign Press Association n'aboutissent pas davantage, pas plus que celles de son ami Harold Nebenzal (le producteur de *Tragique Rendez-vous*).

Le courage du cinéaste est néanmoins récompensé par quelques distinctions venant rejoindre son impressionnante collection de trophées : la médaille d'or du mondialisme de l'Union fédéraliste mondiale, qui prime « une œuvre empreinte d'universalisme, favorisant la connaissance et la compréhension mutuelles des peuples en faisant appel à la conscience des hommes », la médaille d'or du CIDALC et celle de la Fraternité mondiale. Édité chez Kent-Segep, le roman tiré du film reçoit pour sa part le grand prix du concours littéraire du Syndicat des journalistes et écrivains français. Cette version littéraire des *Hommes veulent vivre* connaît d'ailleurs un succès de librairie plus important que le film, passé relativement inaperçu.

Moguy participe avec toujours plus de conviction et de combativité aux initiatives lancées par les citoyens du monde. En 1962, il signe ainsi un appel à toutes les nations de la planète sollicitant l'arrêt immédiat des explosions nucléaires et envisage de développer un instrument légal adéquat afin d'établir une loi universelle. Ce manifeste préconise l'envoi de deux délégués de chaque nation à Genève, pour élaborer le projet de constitution d'un gouvernement fédéral planétaire, qui serait ensuite soumis à tous les gouvernements pour ratification. Parmi les cent quatre-vingts signataires de cette déclaration figurent Martin Luther King, Nehru, Culbert Olson et le violoniste Pablo Casals. Pour défendre ses idées, le cinéaste ne rechigne pas à monter à la tribune quand il y est invité. N'a-t-il pas animé des conférences dès les années 30 sur la fonction du cinéma, extraordinaire moyen de rapprochement des peuples et facteur de la paix, ou sur la responsabilité du cinéaste devant les spectateurs ?

Sous l'égide du CIDALC dont il a été nommé conseiller depuis 1953, il poursuit la présentation de colloques sur le rôle social du cinéma au Centre universitaire européen et dans des maisons de jeunes affichant complet. Avec son accent slave, Moguy y prône « le rapprochement sans méfiance entre les peuples par le cinéma et la télévision », et clame sa foi en un cinéma « constructif et non destructif ». Sa conception du 7e art y est ardemment défendue comme un sacerdoce, une religion : « Le film est la vie. Il faut donc veiller à ce qu'il soit une sauvegarde pour la société. Le cinéma qui devrait devenir un vrai missionnaire de bonté devrait aider les hommes à aimer la vie et à comprendre sa signification. Il devrait les aider à aimer leur prochain et il devrait aussi les aider à aimer la raison. »

Dans un article intitulé « Le miracle de saint Léonide », R.-M. Arlaud fait part de « l'élan de bonté et de la ferveur qui animent l'homme », et regrette que le réalisateur, « en un prologue filmé, ne présente pas lui-même ses films missions, car sa sincérité est émouvante et contagieuse. Moguy se sent "appelé" et devient sa première victime sentimentale. L'habituel succès de ses œuvres se trouve encore multiplié par quatre lorsqu'il est présent, et ce ne sont à la sortie que gens en pleurs en quête de l'auteur pour l'étouffer d'embrassements [192] ».

En perpétuelle quête spirituelle, Moguy demeure réceptif aux enseignements théologiques. Le cinéaste n'entend pas s'attacher à un seul dogme, mais désire s'ouvrir aux différentes conceptions de la foi. Le 8 janvier 1963, il rend ainsi visite au pape Jean XXIII lors d'une audience privée. Le souverain pontife lui offre une médaille tout en le gratifiant de ces chaleureux encouragements : « Mon fils, vous travaillez bien, Continuez ! » Peu après, Léonide Moguy accepte d'être juré au festival de Valladolid « des films religieux et de valeur humaine ». Il insiste pour que ce festival soit celui de toutes les religions, de toutes les races et de tous les peuples, en suggérant que le mot religieux soit retiré de l'intitulé de cette manifestation cinématographique.

S'il vénère les Saintes Écritures et les messages évangéliques, le cinéaste demeure en effet critique envers une Église qui bénit les armées et ne s'implique pas suffisamment face aux alarmants problèmes de société. Lors de ses démarches pour obtenir des fonds des organisations catholiques romaines en vue de financer *Les hommes veulent vivre*, il s'est heurté à un refus catégorique et à un discours qui l'a fortement déçu sur l'équilibre politique et les différentes puissances en possession des armes destructrices. Pour Moguy, il n'est point de concessions possibles sur ce point : « Pour moi, peu importe que les bombes soient russes ou américaines, ce qui compte c'est le nombre de gens contre lesquels ces armes sont dirigées ; toutes les personnes qui œuvrent dans ce sens sont des criminels de droit commun, dans tous les pays sans exception, qu'il s'agisse de dirigeants américains, russes, français ou anglais. »

Interrogé par un journaliste italien sur les possibilités et les limites d'un cinéma d'inspiration chrétienne, il corrige son interlocuteur en affirmant la nécessité « d'un cinéma d'inspiration humaine [193] ». Lucidement, il constate que le refus des grandes maisons de distribution, le manque de crédits mais aussi l'indifférence du public n'ont pas permis de générer une production contribuant à l'éducation des spectateurs sur un plan moral.

Citant parfois Lénine, il attribue au 7e art, « un des plus puissants, des plus sensationnels moyens d'expression que l'être humain ait eu à disposition jusqu'à nos jours », un immense pouvoir sur les masses : « L'esprit du spectateur est et sera ce que le cinéma fera qu'il soit ou qu'il devienne et réciproquement. »

Conscient que le cinéma attire aujourd'hui plus de monde que les églises, il impute aux cinéastes et producteurs une responsabilité considérable. Avec l'exaltation d'un prêcheur, le metteur en scène du *Long des trottoirs*, de *Piège à filles* et du *Crime du docteur Chardin* fustige régulièrement un type de cinéma qu'il juge néfaste et dangereux, au risque de sombrer dans le puritanisme : « Les cinémas deviennent des écoles du crime : des affiches offrent aujourd'hui un spectacle qui est une insulte à l'intelligence des hommes. Des femmes nues dans les poses les plus scabreuses. Des titres qui ne parlent que de drame : *Je dois tuer, Le crime était presque parfait, Série noire, Huis clos*, etc., etc. [194]. »

En croisade pour le retour d'un cinéma à vocation humaniste, il affirme avec emphase ses convictions, fidèle au discours qu'il menait déjà avant-guerre : « Un metteur en scène doit obéir avant toute chose à deux lois essentielles :

d'abord apprendre, s'enrichir du plus grand nombre de connaissances de tous les domaines, puis écouter la foi profonde de sa nature, demeurer dans les films qu'il réalise en harmonie profonde avec soi-même. Je me suis toujours efforcé de me plier à cette règle en donnant dans mes films la première place à la jeunesse et à la générosité, aux sentiments propres et clairs, car je suis fermement convaincu que la majorité du public leur est sensible. [195]»

Outre sa participation active au sein du CIDALC, Léonide Moguy consacre beaucoup de son énergie à l'Union des auteurs, réalisateurs et techniciens du film français (UART), qu'il a créée en 1955 et qu'il présidera pendant vingt ans. Cette association loi 1901 est ouverte à tous les cinéastes pouvant justifier de trois années d'exercice, sans distinction d'appartenance politique ou syndicale. Parmi les membres du conseil d'administration figurent, aux côtés de Moguy, Jacqueline Audry, vice-présidente, Louis Chavance, secrétaire général, et Pierre Billon, trésorier.

Quinze ans après avoir fondé l'amicale des techniciens du cinéma repliés sur la Côte d'Azur, Moguy concrétise ainsi son désir d'établir une structure pouvant apporter un secours financier à ses confrères victimes de maladie ou d'accident, ou en cessation provisoire d'activité. Comme il l'explique à la presse, « les salaires attribués à des intermittents représentent beaucoup moins que certains salaires dans d'autres professions. On reste stupéfait devant les cas de grande détresse matérielle ou morale rencontrés dans cette corporation que le public imagine riche. Vous seriez étonné si nous vous apprenions le nombre de nos amis qui, ayant pu se procurer un toit, n'ont pas aujourd'hui l'argent nécessaire pour régler leurs impôts, le gaz et l'électricité [196] ».

Grâce aux cotisations des 500 membres et aux legs de généreux donateurs, de nombreux prêts et dons seront ainsi accordés à des artistes en situation précaire. Entre 1956 et 1967, 107 400 francs seront ainsi répartis, et permettront momentanément de sauver de la détresse et même du suicide certains professionnels du cinéma et leur famille. S'il peut s'enorgueillir de ce formidable geste de solidarité, Moguy regrettera qu'aussi peu de membres de la nouvelle vague rejoignent les rangs de l'association, et que quelques bénéficiaires de prêts, revenus à une meilleure fortune, omettent de rembourser leurs généreux créanciers.

Membre actif du Mouvement contre le racisme et pour l'amitié entre les peuples (MRAP) depuis sa création en 1949 par d'anciens résistants et déportés de la Seconde Guerre mondiale, il soutient les luttes de cette association. Avec Jean Schmidt (auteur de documentaires en faveur des immigrés et des sans-abri) et Jean Rouch (dont les films ethnographiques sur des peuples africains ont marqué les mémoires), il figure parmi les seuls réalisateurs à participer régulièrement aux Journées mondiales pour la paix, contre le racisme et l'antisémitisme. En 1967, il assiste avec Louis Daquin, Jean-Paul Le Chanois, Claude Berri, Sacha Distel, Renée Lebas et Guy Béart au gala donné au palais de Chaillot pour célébrer la première journée internationale pour l'élimination de la discrimination raciale.

Son généreux combat au sein de ces diverses associations n'empêche pas le cinéaste de prendre le temps nécessaire pour choyer sa famille et ses meilleurs amis. Beaucoup se souviennent encore avec délice et nostalgie des repas qu'il organisait dans son joli chalet en bois massif de L'Étang-la-Ville. Les fidèles Etchika Choureau et Myriam Bru, ou de futures étoiles comme Yvonne Monlaur (qui à l'instar de Liliane Brousse deviendra également une héroïne de films d'épouvante en Grande-Bretagne), se régalent des compotes de pommes amoureusement cuisinées par le maître des lieux. Le verger du jardin est si productif que chaque invité est certain de repartir avec des pots de confiture. Léonide excelle aussi dans la confection de délicieux petits plats tels que les boulettes de viande aux pruneaux, dont il fait profiter son assistance. Véritable fée du logis, Monsieur se charge aussi du ménage, du rangement… pendant que sa femme, plus intéressée par le choix de ses tenues du soir, le regarde tranquillement assise.

Dans leur appartement parisien au neuvième étage de l'avenue Paul-Doumer, proche de celui de l'ancien champion du monde de boxe Georges Carpentier et de la comédienne Jacqueline Maillan, les Moguy reçoivent également avec un sens de l'hospitalité inné amis, collègues et journalistes. Invitée pour un dîner à l'époque du tournage du *Long des trottoirs*, Anne Vernon se souvient encore de l'élégance et de la chaleur des lieux et surtout de l'érudition de Léonide et de son épouse, rare dans les milieux cinématographiques. L'intérieur est cossu et raffiné : le vaste miroir de la salle de séjour éclaire la pièce et met en valeur les meubles vénitiens ornés de chandeliers. Une armoire sculptée abrite les décorations et trophées de l'artiste, ainsi que les ouvrages tirés de ses films. Au mur, un tableau du Moyen Âge représentant la Vierge et l'Enfant rappelle les thématiques favorites du cinéaste : maternité, vulnérabilité, mysticisme. Quelques photos de famille et d'actrices découvertes par le cinéaste décorent un miroir du salon. On y reconnaît, en premier lieu, un portrait de la belle Lise Bourdin, une photo de Sophia Loren et un cliché de Katia, revêtue de son sage uniforme d'étudiante et portant la cravate. L'adolescente suit en effet ses études dans un pensionnat suisse très sélect à Villars-sur-Ollon. Parmi ses camarades figure la fille du publicitaire Bleustein-Blanchet, future Élisabeth Badinter.

La porte de logis est toujours ouverte aux jeunes en difficulté. Jean Linoy, aspirant comédien dont l'activité artistique s'est limitée à quelques minuscules figurations (*Le vent se lève* d'Yves Ciampi), passe ainsi quelques mois à s'essayer à l'écriture du *Soleil se lève en Grèce*, un scénario dont Rune Moguy lui a donné l'idée directrice : la reconversion d'anciens délinquants pour servir le développement touristique de leur pays. Le réalisateur, satisfait de cet exposé un peu naïf, « base de départ pour un excellent film », se déclare prêt à en assurer la direction. Doit-on préciser que cet hymne à la jeunesse restera dans les cartons, tout comme *Nous étions des enfants*, *Le Dernier Paladin*, sur une idée d'Ary Arcady, ou *Le Châle espagnol*, bluette folklorique proposée par Maryse Querlin ?

Derrière son sourire avenant, Moguy cache ses déceptions. Pugnace, il continue de fréquenter les nombreux festivals internationaux où il est invité afin d'essayer de concrétiser ses projets cinématographiques. En Yougoslavie, il tente de négocier des accords sur d'éventuelles coproductions ou de débattre sur les dangers pour la jeunesse d'un cinéma trop violent. À Venise, un de ses ports d'attache, il a pris l'habitude d'acheter une casquette d'amiral en début de séjour, qu'il jette à la mer à la veille de son départ, mystérieux rituel porte-bonheur. Pense-t-il, avec ce rituel ainsi pouvoir reproduire un jour le triomphe de *Demain il sera trop tard* ? Mais n'est-il pas déjà trop tard ?

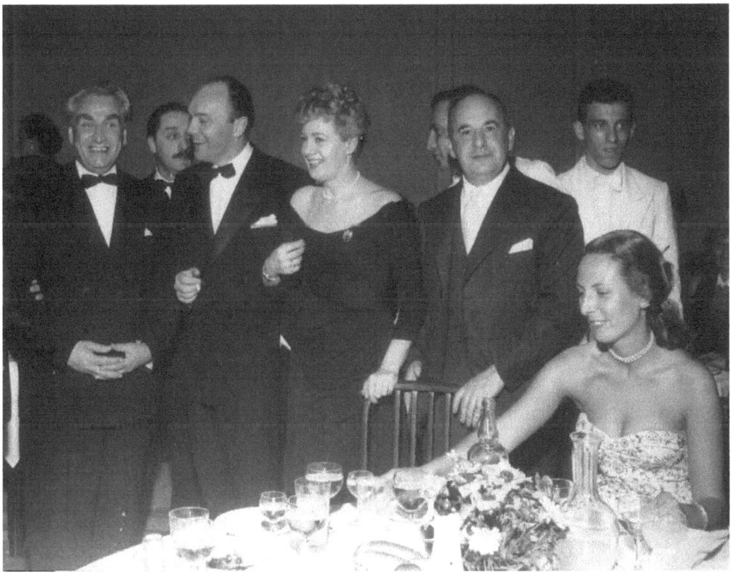

Grigori Alessandrov, Shelley Winters et Moguy (collection K.Moguy)

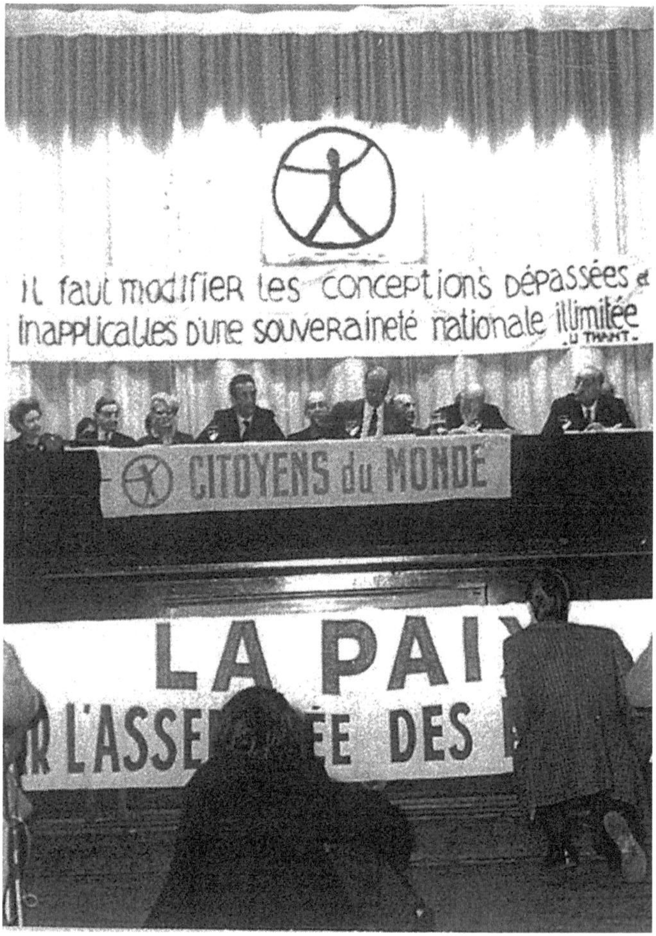

Léonide Moguy et les citoyens du monde
(collection Katia Moguy)

XXI.
GUERRE ET PAIX

Formée de jeunes cinéastes, la nouvelle vague est venue révolutionner le cinéma français à la fin des années 50, en imposant un cinéma d'auteurs se démarquant du conformisme de leurs aînés. Ses adhérents ne prennent pas de gants pour décrier les réalisateurs de l'époque classique, rejetés pour leur académisme. Représentant typique du mélodrame à l'ancienne, Moguy figure parmi les cibles des intransigeantes plumes des *Cahiers du cinéma*. Sans attaquer avec la même virulence les représentants de ce mouvement, Léonide Moguy émet de fortes réserves quant à leur apport et regrette que « la nouvelle vague n'ait pas entrepris de travail positif[197] » tout en critiquant son aspect clivant : « La nouvelle vague a fait avec les films réalisés un grand tort au cinéma français, mais elle nous laisse au moins quatre excellents réalisateurs. Le cinéma d'avant-garde s'adresse à un public averti. Mais il devrait s'adresser à tout le monde, sans exception, et apporter à l'homme de la rue un esprit nouveau. Un esprit qui encourage à vivre optimiste. Malheureusement cela n'est pas le cas de notre nouvelle vague, de notre cinéma d'avant-garde. »

Tout comme son collègue Claude Autant-Lara, Moguy est agacé par le mépris affiché par la nouvelle génération de cinéastes : « Ces jeunes réalisateurs nous considèrent, nous la vieille garde, comme des croulants. Or, être jeune, cela ne signifie pas avoir vingt ans. On peut avoir cinquante ans et être plus jeune d'esprit que certains prétendus jeunes. Nous, les anciens, nous sommes venus au cinéma par une lutte très dure, en mangeant de la vache enragée, avec des nuits sans sommeil dans les salles de montage. Nous avons toujours pensé qu'il fallait apprendre ce métier pour l'exercer[198]. » Il fustige l'ignorance et la présomption de cette clique irrespectueuse et condescendante malgré son manque d'expérience : « La réussite se gagne avec le public et non avec l'appui d'une poignée de petits copains de la presse et de la critique et des snobs des ciné-clubs[199]. »

Considéré en son temps comme un contestataire en raison de ses films courageux, Léonide Moguy comprend pourtant la révolte qui anime les jeunes cinéastes, leur volonté de s'exprimer et de faire avancer les choses. Il regrette simplement que certains veuillent faire table rase du passé, en bafouant le travail de leurs aînés : « Il faut prendre ce qui existe comme on l'a fait en Union soviétique et corriger ce qui ne marche pas. Comme pour un tableau ou une maison. Il faut garder l'essentiel, la fondation. Mais détruire pour détruire, c'est facile [200] ! »

Lui qui a si souvent consacré des films à la jeunesse s'insurge contre la façon dont elle est représentée dans les dernières productions en vogue : « On montre trop la jeunesse comme une jeunesse désaxée, dépravée, morbide. [201]» Faisant référence aux *Tricheurs*, film générationnel de Marcel Carné, il poursuit : « Il faut montrer aux jeunes qu'il existe toute une jeunesse, de loin la plus nombreuse et la plus importante, qui n'est pas malade et qui ne triche pas. Et cette jeunesse qui travaille refuse de se reconnaître dans les jeunes voyous qu'on lui montre[202]. » Mais Moguy est-il apte à discerner ce que les adolescents désirent désormais voir à l'écran ? Il est certain que les jeunes spectateurs issus du baby-boom constituent désormais la majeure partie du public des salles de cinéma, leurs parents préférant désormais se contenter de leur poste de télévision. Ils plébiscitent des œuvres d'un style nouveau, parlant leur langage, et boudent pour la plupart le cinéma trop conventionnel. Tout comme dans le monde musical où de nombreux artistes de music-hall sont balayés sans façon par la vague yé-yé, certains cinéastes d'autrefois signent sans le savoir encore leur dernière œuvre : Moguy est de ceux-là. *Les hommes veulent vivre* sera son chant du cygne.

Malgré la virulence qu'il affiche envers un cinéma glauque et violent, susceptible d'influencer négativement les plus jeunes, le cinéaste, au nom de la liberté d'expression, s'élève contre les entraves de la censure, dont il a été souvent victime. Il se montre particulièrement combatif pour aider ses collègues dont les créations pâtissent d'interdictions. Entre 1945 et 1975, près de trois mille longs-métrages, le plus souvent étrangers, ont été ainsi interdits sur les écrans français par la sévère commission de classification des œuvres cinématographiques, dont l'avis est requis par le ministre de la Culture pour l'obtention d'un visa d'exploitation. Alors qu'il peste pourtant contre la violence à l'écran et la prolifération de sujets sordides, Moguy ne supporte pas que l'on porte atteinte à la liberté d'un cinéaste : « Monsieur Malraux aurait besoin de réformer l'esprit de ses censeurs ou de donner à la profession une commission de censure plus conforme à ses désirs, si désirs il y a[203]. »

Dès 1956, il s'insurge contre les coupures exigées à l'encontre de *Nuit et brouillard*, le bouleversant documentaire d'Alain Resnais sur la déportation et les camps d'extermination pendant la Seconde Guerre mondiale. La production est en effet contrainte de retirer une image d'archive montrant un gendarme français surveillant le camp d'internement de Pithiviers. Avec Yves Ciampi et Jacques Becker, il s'élève en 1958 contre l'interdiction par le ministère de l'Information de la projection du film *Tamango* de John Berry, qui évoque la rébellion d'esclaves à bord d'un négrier les transportant vers Cuba. Cette décision avait déjà été contestée par le député sénégalais Léopold Senghor. Toujours très actif au sein de l'UART, Moguy veille avec son ami André Cerf, qui travailla autrefois au scénario du *Mioche*, et les autres membres à défendre ses amis cinéastes contre les agressions de la censure. Les discussions sont souvent animées au sein de ce cercle amical, où chacun défend avec véhémence ses opinions sur les œuvres sujettes à interdiction.

Avec brio et éloquence, le metteur en scène de *Prisons sans barreaux* est toujours présent quand il s'agit de défendre le 7ème art. Convaincu de son rôle social, il compte parmi les premiers cinéastes à militer pour l'enseignement du cinéma dans les programmes scolaires. Pour lui, il ne fait pas de doute qu'« en grande partie, l'esprit du spectateur est et sera ce que le cinéma fera qu'il soit ou qu'il devienne, et réciproquement... Le cinéma, langage de la fantaisie, de l'intuition, de l'art, aussi bien que celui de la culture, de la morale et de la science, est indispensable à la formation de la nouvelle génération [204]".

Par ailleurs, Léonide a maintenu des liens solides avec d'anciens collègues de ses débuts en Union soviétique, tel Grigori Alexandrov, proche collaborateur d'Eisenstein et réputé pour ses brillantes comédies musicales avec Lioubov Orlova. Il a en outre fréquemment joué les intermédiaires lors de la venue d'artistes russes en Europe et dans les festivals internationaux. Son souhait le plus cher serait de briser les barrières culturelles, les a priori, pour que chaque cinéaste puisse rencontrer librement ses confrères étrangers et apprendre d'eux. Pour lui, comme en matière politique ou gouvernementale, nulle frontière ne devrait subsister. La main tendue, il multiplie les gestes symboliques pour sceller de nouvelles rencontres.

Ainsi, en 1955, il a tenu à présenter au cardinal Roncalli, patriarche de Venise, la délégation soviétique en déplacement à la Mostra. Attentif à l'évolution du cinéma des pays de l'Est, et à l'éclosion de nouveaux talents, il reçoit chez lui, dans son appartement de l'avenue Paul-Doumer, les réalisateurs russes de passage dans la capitale ainsi que les délégations chinoises. Prudemment, il préfère poursuivre dans la rue les conversations prenant un tour plus personnel ou politique, craignant d'être placé sur écoute. Ses amis, les époux d'Agyar, qui reçoivent chez eux avec faste Rostropovitch, Rudolf Noureev et autres grandes étoiles soviétiques, ont en effet été inquiétés par le KGB. Après avoir longtemps hésité, il décline une invitation à Moscou pour assister à un hommage à l'Union des travailleurs russes : la crainte d'affronter ses souvenirs et le climat politique, toujours tendu après tant d'années, le dissuadent de tenter cette expérience. Rostropovitch ne sera-t-il pas contraint de s'exiler de Russie en 1974, pour avoir défendu son ami Soljenitsyne et soutenu des opposants au régime de Brejnev ? Tout en conservant intacte son âme russe, le violoniste, loin de son pays natal, confiera à sa fille être devenu désormais « un citoyen du monde » – sentiment qui s'apparente entièrement à celui de Léonide Moguy.

En 1967, ce dernier a la surprise d'être contacté par l'ambassade russe et certaines autorités moscovites pour des raisons professionnelles. Se souvenant sans doute du rôle majeur que le cinéaste occupa jadis dans le montage des films français et de sa réputation de chirurgien du cinéma, des émissaires tentent de le persuader de procéder à un remaniement et à un nouveau montage de *Guerre et Paix*, le dernier film de Sergei Bondartchouk. Il s'agit d'une fidèle adaptation du roman de Tolstoï, jugée bien trop longue pour une distribution à grande échelle. En dépit des critiques dithyrambiques dont le film a fait l'objet lors de sa projection à Moscou et à Cannes, où furent louées sa forme audacieuse, ses reconstitutions minutieuses, et la fine analyse des différents caractères, la nécessité de le projeter en deux parties, en raison de sa durée (sept heures dix !) fait peser une lourde contrainte sur son potentiel commercial. Le distributeur français Jean Mauclair souhaite disposer d'une version raccourcie, plus exploitable.

Même si, depuis des années, Moguy s'est volontairement détourné des aspects techniques du montage de ses films, pour favoriser le choix de ses sujets et la direction de ses comédiens, Moguy accepte par amitié de se livrer dans son appartement à un nouveau découpage plus resserré. Il souffre d'être contraint de « charcuter » une œuvre monumentale, dont chaque scène a été élaborée avec un souci artistique et esthétique constant, uniquement pour respecter des impératifs commerciaux. Au bout de deux mois de travail intense, il parvient à obtenir une version réduite à deux heures quarante-cinq.

Le travail de titan réalisé par Moguy peut se constater en visionnant la version intégrale du chef-d'œuvre russe, ressortie en DVD : les passages non doublés (Marina Vlady assure la voix française de la comtesse Natacha) permettent de distinguer nettement les innombrables et parfois très brèves coupures effectuées par le cinéaste, contraint de retravailler toute l'œuvre. Moguy ne cachera pas à ses proches que cette expérience frustrante fut la plus pénible de sa longue carrière et refusera que son nom figure au générique en tant qu'adaptateur de la version internationale. Il déclarera : « Le fait que le film remporte un succès commercial en France et dans le reste du monde est une récompense suffisante pour moi. Une autre satisfaction fut la chaleureuse lettre de remerciements de Bondartchouk, me signalant qu'il n'avait restauré que trois petites scènes au montage sur la masse de passages coupés[205]. »

Grâce à ce nouveau format et malgré ses scrupules, le film remportera un beau succès commercial en France et à l'étranger. Aux États-Unis, il décrochera l'Oscar du meilleur film étranger. Mais la participation de Léonide Moguy au nouveau découpage ne sera pas ébruitée, et ne lui sera donc pas profitable. Peu d'encyclopédies mentionnent encore aujourd'hui le travail que le cinéaste opéra sur un film considéré par certains comme un des chefs-d'œuvre de l'histoire du cinéma mondial.

En dépit de la notoriété qu'il détient encore en Italie, en Suisse et en Espagne, où des hommages avec débats à la clef lui sont consacrés à la télévision ou dans les villes universitaires, Moguy peine à poursuivre sa carrière en France, où il est méprisé et ignoré : en dépit de son désir toujours ardent de créer un cinéma social et constructif pour faire évoluer la société, il ne parvient à faire aboutir aucun de ses projets, qu'il s'agisse d'*Elle n'avait que seize ans* ou encore de *Monsieur le Prince*, une comédie satirique. Aussi décide-t-il de ressortir de ses cartons d'anciennes formules gagnantes en proposant de mettre en chantier des remakes de ses anciens films, adaptés au monde d'aujourd'hui.

Il est notamment question d'une nouvelle mouture de *Prison sans barreaux*, à laquelle collaboreraient les fidèles Jacques Rémy et Pierre Gaspard-Huit. Cette suite se focaliserait sur les difficultés de réinsertion de plusieurs prisonnières (une prostituée, une mère infanticide, une voleuse…) rejetées par leur entourage et peinant à retrouver une vie professionnelle. En guise de clin d'œil à la version d'origine, y figurerait Annie Ducaux entourée de jeunes découvertes. Insensibles à l'intérêt de la thématique et à la franchise de certains sujets abordés, comme l'avortement, les producteurs doutent fort de l'impact commercial d'un tel film et surtout craignent de se confronter à la censure : dix ans avant la loi Veil, la question de l'interruption volontaire de grossesse est encore taboue.

Depuis plusieurs années, les journaux évoquent brièvement la préparation d'un mélodrame intitulé *Je t'attendrai*, pour les producteurs italiens Goffredo Lombardo et Paolo Moffa, mais sans rapport avec le film de 1939. Malgré la notoriété dont l'artiste jouit encore au-delà des Alpes (où ses films viennent d'être diffusés durant cinq semaines à la télévision), rien ne se concrétisera.

Moguy souhaiterait remettre au goût du jour *Conflit*, un de ses meilleurs films, en reprenant une partie de l'argument original de Gina Kaus tout en s'inspirant du *Droit de naître*, un scénario de Louis d'Hée, l'adaptateur de *L'Empreinte du dieu*. Dans cette nouvelle version, les sœurs ennemies sont les filles d'un vénérable professeur, défenseur des droits de l'enfant et viscéralement opposé à l'avortement. Il devient ivre de colère en apprenant que sa fille cadette, tout juste âgée de seize ans est enceinte et le supplie de l'aider à ne pas garder l'enfant. Ce « conflit » de générations est illustré de dialogues reflétant l'absence totale de compréhension du père pour sa progéniture : « Rien ne te manquait, rien, et tu voulais absolument faire partie de cette jeunesse brûlée qui est pressée de vivre, pressée de mourir, ce qui vous manque c'est un coup de pied... » La réponse de la fille, à fleur de peau, est bien caractéristique du goût du cinéaste pour les situations excessives : « Papa, sois logique, tu as laissé maman mourir pour que je naisse, fais le contraire aujourd'hui et tu sauveras ma vie ! » Ces répliques, malgré une traduction en italien pour tenter d'amadouer un producteur transalpin et quelques aménagements pour y intégrer la problématique de la pilule contraceptive (légalisée en 1967), resteront à jamais sur le papier.

En dépit de sa louable volonté de traiter de front des sujets de la société moderne, Moguy est-il en phase avec la jeunesse et les changements de la société ? En mai 1968, il s'émeut face à l'interruption du festival de Cannes décidée par son conseil d'administration, en raison des perturbations, en marge des manifestations estudiantines, ayant secoué certaines projections : « C'est un festival international ! Tout cela va nous porter préjudice ! Des gens ont fait des milliers de kilomètres... [206]. »

Call to All Nations of the World

Anarchy among nations, magnified by the advent of techniques for mass annihilation, seems to have brought mankind close to the possibility of extinction. Without a base of commonly accepted world law the existing organizations have failed to provide effective means for peaceful adjudication of international dissension. It is apparent that new ways must be created by mankind to meet the threats of civilization.

Deeply impressed with the exigencies of our times we individual citizens of many countries take this extraordinary action in calling for the wisest minds of the world to join together in developing a legal instrument adequate to the task of establishing universal law and order.

Therefore, we do hereby urge each nation to send three delegates and two alternates to a Convention at Geneva, Switzerland to convene when delegates have been commissioned by 30 nations, but not later than September 1, 1962. It is respectfully suggested that the purpose of the Convention shall be to draft a constitution for a federal world government and to submit that document to all peoples and governments for ratification.

ENT

- ...rshal M. Ayub Khan ... Pakistan
- ...madi Azikiwe ... Nigeria
- ...a. Mohammad Azam Khan ... Pakistan
- Clement Attlee ... England
- ...uddin Aali ... Pakistan
- ...in Mohammed Ahson ... Pakistan
- ...swne Akamatsu ... Japan
- ...ird ... England
- ...Berkhouwer ... Netherlands
- ...Beveridge ... England
- ...al Pierre Billotte ... France
- ...thony B... ...he ... Sarawak
- ...ānar ... India
- ...hanaiah ... India
- ...oti Lal Chaudhary ... India
- Sanjib Chaudhuri ... India
- Mary Tibaldi Chiesa ... Italy
- ...erold Davies ... England
- ...inshes de Abranches ... Brazil
- ...of. Josue de Castro ... Brazil
- ...ene de Lipcowski ... France
- ...Queen Elisabeth ... Belgium
- ...buro Endo ... Japan
- ...Figueres ... Costa Rica
- ...lexander Franke ... Germany
- Paul Grunebaum-Ballin ... France
- H. M. Habibullah ... Pakistan
- ...h Humacher ... Germany
- Shinzo Hamai ... Japan
- Pierre Henault ... France
- Ret. Brig. Gen. Hugh B. Hester ... U.S.A.
- ...u Hong-Khanh ... Viet-Nam
- ...sato Ichimoda ... Japan
- ...E. H. Jaffer ... Pakistan
- ...wa ... Japan
- ...d ... England
- ...(Clark) ... England
- ...itamura ... Japan
- ...o ... Japan
- ...ra ... Japan
- ...r. ... France
- ... England
- ... Germany
- ...aslow ... England
- ...a. M. Munshi ... India
- ...aro Nagai ... Japan
- Tokaichi Nakamura ... Japan
- Culbert L. Olson ... U.S.A.
- W. J. Owen ... England
- W. H. Pope ... Canada
- ...harles Porter ... U.S.A.
- ...ja Mahendra Pratap ... India
- ... Ramachanoradas ... India
- N. G. Ranga ... India
- M. Govinda Reddy ... India
- Chiyo Sakakibara ... Japan
- Junco Sasamori ... Japan
- S. A. Sayed ... India
- H. Siddaveerappa ... India
- Monica S. Taylor ... England
- Tran-Sanh-Duu ... South Viet-Nam
- Henry Usborne ... England
- Seteuo Yamada ... Japan

AUTHORS

- Elisabeth Mann Borgese ... U.S.A.
- Kay Boyle ... U.S.A.
- S. N. Ghosh ... India
- Erich Kahler ... U.S.A.
- William L. Laurence ... U.S.A.
- Johano Piguero ... France
- Pitirim Sorokin ... U.S.A.
- I. F. Stone ... U.S.A.
- Mark Van Doren ... U.S.A.

HUMANITIES

- Baron Antoine Allard ... Belgium
- Frank Beswick ... England
- Brijnarain ... India
- Pablo Casals ... Spain
- Robert Edwards ... England
- L. Glazer ... England
- Rub Hall ... England
- Prof. Morgan Harris ... U.S.A.
- Yonnez Henri ... France
- Raymond Hitchcock ... England
- Dr. Sita Ram Jayaswal ... India
- C. McGuire ... England
- George Melly ... England
- Sir Weber Michaud ... Haiti
- Leonide Moguy ... France
- Rameshwari Nehru ... India
- Prof. Maurice Niveau ... France
- Masao Onishi ... Japan
- Francois Perroux ... France
- Prof. L. A. Costa Pinto ... Brazil
- A. V. N. Reddy ... India
- David Alfaro Siqueiros ... Mexico
- E. J. Spencer ... England
- Magda Trocmé ... Switzerland
- Dr. A. C. Ukil ... India
- Rose Page Welch ... U.S.A.
- Edwin H. Wilson ... U.S.A.

NOBEL LAUREATES

- Dr. Max Born ... Germany
- Sir Frank MacFarlane Burnet ... Australia
- Prof. Otto Hahn ... Germany
- Dr. Hermann J. Muller ... U.S.A.
- Dr. Linus Pauling ... U.S.A.
- Dr. C. F. Powell ... England
- Prof. Salvatore Quasimodo ... Italy
- Dr. Dickinson W. Richards ... U.S.A.
- Lord Russell ... England
- Dr. Frederick Sanger ... England
- Dr. Albert Szent-Gyorgyi ... U.S.A.

WORLD GOVERNMENT, PEACE

- Gregorio Bermann ... Argentina
- Arthur Bishop ... Australia
- Hugh Brock ... England
- Peggy Duff ... England
- Morikatsu Inagaki ... Japan
- Rev. Homer A. Jack ... U.S.A.
- Prof. Hikomatsu Kamikawa ... J...
- Major-Gen. George Legge ... Aust...
- Lothar Mann ... Ger...
- Dr. Aurel Mendonca ...
- Charles C. Price ... U...
- Sir Herbert Read ... E...
- Younes Remy ... ...
- Laurence Scott ... U...
- Mai Ngoc-Thien ... Vie...
- H.A.C. v.d. Kraan ... Nether...
- Gertrude Weber ... Switz...

SCIENTISTS

- Dr. Enrique Cabrera ... M...
- Dr. Brock Chisholm ... Ca...
- Edward U. Condon ... U...
- Marcel Demeyer ... Bel...
- Father Daniel Dubarle ... Fr...
- Prof. Rene Dumont ... Fr...
- Dr. Jerome Frank ... U.S.
- Dr. L. Kaplan ... Switzerland
- Prof. A. Kastler ... France
- R. N. Khan ... Nepal
- Dr. Antoine Lacassagne ... France
- Prof. D. Ledent ... Belgium
- Dr. H. Marcovich ... France
- Prof. Jean Orcel ... France
- Dr. Wilder Penfield ... Canada
- Priyandaranjan Ray ... India
- Dr. Edris Rice-Wray ... Mexico
- Prof. Joseph Rotblat ... England
- Prof. Fl. Scheilinck ... Belgium
- Dr. Harlow Shapley ... U.S.A.
- Dr. H. A. Tolhoek ... Netherlands

RELIGION

- Sogen Asahina ... Japan
- Canon L. John Collins ... England
- Amos Gibson ... U.S.A.
- Rev. Ralph R. Keithahn ... India
- Rev. Martin Luther King, Jr. ... U.S.A.
- Sir George McCleod ... Scotland
- Arthur Miller ... U.S.A.
- Kiri Nakayama ... Japan
- Martin Niemoller ... Germany
- E. M. L. Odjidja ... Ghana
- Abbe Pierre ... France
- V. D. Rishi ... India
- Paul Sekiya ... Japan
- Rev. Donald Soper ... England
- Mrs. Randall L. Thompson ... U.S.A.
- Andre Trocmé ... Switzerland
- Michael Scott ... England
- Daisetsu Suzuki ... Japan
- Mrs. Tamaki Uemura ... Japan

EDUCATION ADMINISTRATORS

- Hiromi Arisawa ... Japan
- Taga Jodai ... Japan
- D. Michael Morandini ... U.S.A.
- Edward J. Sparling ... U.S.A.
- Monica Wingate ... England

BUSINESS

- H. T. D. Blatchford ... England
- Jean Diedisheim ... France
- Stuart Hall ... England
- Gerard Piel ... U.S.
- Brinda Prasad Sinha ... India
- Stanley Slotkin ... U.S.A.
- Sophia Wadia ... India

Register Delegations with:

WORLD CONSTITUTION COORDINATING COMMITTEE

2310 North 15th Avenue - Phoenix 7, Arizona, U.S.A. Cable Address: WORLDLAW

CONVENTION CENTER

Geneva, Switzerland

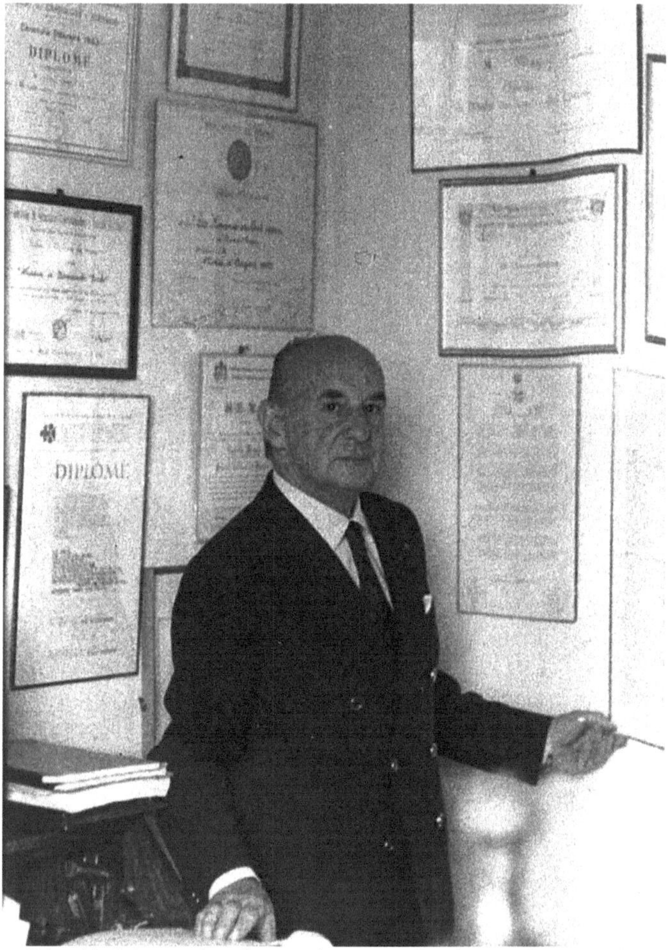

Léonide Moguy dans les années 70 (collection Katia Moguy)

XXII. S'UNIR OU PÉRIR

Alors que *Guerre et Paix* remporte un triomphe bien mérité sur les écrans, la jolie Katia Moguy entame de son côté, sans grand enthousiasme, une carrière de comédienne en Italie. De nombreux cinéastes qui rendent des visites amicales ou professionnelles à Léonide ont en effet décelé un potentiel certain chez cette sculpturale brune dont les jambes interminables, le regard de braise et l'élégance naturelle attirent l'attention. Inspirés par ce mélange de feu et de glace, Angelo Rizzoli a proposé à l'adolescente un contrat à l'année, qu'elle n'a aucune intention de signer. Elle s'est même payé le luxe de refuser d'incarner Lolita, la perverse héroïne de Nabokov, pour Stanley Kubrick. Le producteur du film, qui l'avait remarquée au festival de Venise, était pourtant prêt à décommander à la dernière minute l'actrice prévue pour le rôle (Sue Lyon) pour engager Mlle Moguy. De toute façon, Léonide était absolument opposé à ce que sa chère fille se compromette dans un rôle équivoque ou scandaleux, préférant que la prunelle de ses yeux se perfectionne dans les langues étrangères à l'école bilingue et suive studieusement les cours de l'école féminine de sciences humaines.

Finalement, en 1967, cédant aux supplications d'Alberto Lattuada, la belle se laisse convaincre d'incarner une jeune femme moderne et capricieuse dans *Don Giovanni in Sicilia*, d'après un roman de Vitaliano Brancati. Très à l'aise dans son personnage de femme libre et émancipée, la nouvelle star se remarque et beaucoup prédisent un bel avenir à la deuxième génération Moguy. D'aucuns la comparent à Catherine Spaak, fille du scénariste de *L'Empreinte du dieu*, devenue l'égérie du nouveau cinéma italien. Exhibant un dos nu tout en portant un casque de moto ou arborant une coiffure boule à la Mireille Darc, la nouvelle étoile illustre les magazines de mode transalpins. Après avoir présenté le film de Lattuada à Cannes, Katia joue sous la direction de Franco Rossi dans l'excellent *Giovinezza Giovinezza* (1969), dont l'action se déroule dans l'Italie fasciste pendant la Seconde Guerre mondiale. Ce formidable documentaire sur une génération marque les débuts du génial Vittorio Storaro, un des plus grands chefs opérateurs de l'histoire du cinéma (*Apocalypse Now, 1900, Le Dernier Empereur*…), qui utilise le noir et blanc avec une étonnante maestria.

Déçue par la qualité des films et les personnages stéréotypés qui lui sont proposés, Katia préférera renoncer à une carrière de comédienne dans laquelle elle ne s'était jamais vraiment investie. Elle secondera son père dans ses nombreuses démarches qu'il s'agisse d'actions caritatives ou de la préparation de projets cinématographiques. Car, malgré sa relative inactivité depuis dix ans, nonobstant son travail constant au sein de l'UART ou les nombreuses conférences qu'il préside à l'étranger, Léonide Moguy n'a aucunement l'intention de prendre sa retraite.

Touché par les récompenses et titres honorifiques récompensant encore l'ensemble de son œuvre (il est nommé officier du Mérite de la République italienne en 1968, puis chevalier de l'ordre des Arts et des Lettres l'année suivante), le cinéaste est de nouveau gagné par l'ardeur et l'enthousiasme. Plus que jamais, il caresse l'espoir de faire aboutir son plus cher projet qui l'habite depuis 1956 : « Tout ce qui est positif mérite qu'on s'y intéresse. Vous savez que je n'ai jamais fait de films pessimistes. Je crois en la vie et en l'homme. L'espérance ne m'abandonne jamais[207]. » Œuvre à vocation spirituelle et humanitaire, *Un jour ne suffit pas* ou *Chaque jour doit être Noël* ambitionne de réveiller les consciences du monde entier pour sauver l'humanité, d'interpeller la jeunesse pour qu'elle s'engage au bien-être de la communauté planétaire.

Galvanisé par l'ampleur de sa noble idée, Moguy bâtit fiévreusement le plan de son nouveau projet : un poème idéologique illustré de nombreux documents et commenté par diverses personnalités du monde scientifique et artistique. Esquivant les discours interminables, il souhaite présenter un film militant susceptible de frapper les esprits.

Rebaptisé *S'unir ou périr*, *Quo Vadis 2000 ?*, puis *Un monde uni ou le néant* au fil des nombreuses moutures que le cinéaste corrige sur son bureau, le scénario déposé en 1969 à la Société des auteurs est fondé sur un message de paix et de fraternité. Il débute par l'image évocatrice d'un homme blanc donnant son sang à un Noir. Suit un discours humaniste et sensible exposant les inégalités entre une frange de la société fêtant Noël dans la joie et l'abondance, « une espèce de carnaval… dont le vrai sens disparaît » tandis que d'autres, affamés, ne savent même plus sourire. Ce constat est accompagné d'images très contrastées qui défilent sur l'écran : enfants squelettiques cherchant leur nourriture dans les poubelles pendant que les grands magasins exposent leurs produits de luxe pour le réveillon, animaux en voie de disparition massacrés, pollution.

Sans ambages ni fioritures, pétri de bons sentiments, le récit se veut simple et humaniste : « qu'a-t-on fait du merveilleux message évangélique : aimez-vous les uns les autres ? Au nom des religions, de la liberté, des intérêts économiques, politiques et idéologiques, on ne cesse de jeter les tribus contre les tribus, les catholiques contre les protestants ». Le discours se focalise ensuite sur le danger de la course aux armements et de la guerre chimique et biologique, déjà abordé dans *Les hommes veulent vivre*, avant d'en appeler à la conscience de chacun : « La survie dépend de l'éveil de la conscience mondiale, et c'est chacun de nous qui rend cette survie impossible s'il demeure passif, fataliste et complice. Le matérialisme et la technologie sont responsables de la violence. »

Le propos est immédiatement nuancé : « Il ne s'agit pas d'arrêter le progrès mais de le canaliser, de l'humaniser et de l'utiliser uniquement au service des hommes. » Sur ce thème se greffe un plaidoyer écologiste novateur, à une époque où les risques de destruction de l'écosystème ne mobilisent encore que peu les citoyens. Bien avant que ne soient révélés les dangers du réchauffement climatique, des gaz à effet de serre, ou de la destruction de la couche d'ozone, Moguy met en garde les citoyens en clamant qu'« aujourd'hui la vie de notre planète est menacée dans son existence même par ses habitants qui ne veulent pas comprendre ce qui se passe autour d'eux, ou le comprendront mais trop tard ». Engagé et volontaire, il exhorte « les hommes à commencer la lutte contre toutes les pollutions, cette lutte doit être mondialisée, car les pollutions touchent tous les hommes sur la terre ».

Parmi les solutions avancées pour sauver l'humanité, l'auteur insiste sur la « construction d'une nouvelle Europe, dont la fondation doit se bâtir sur la vraie fraternité des hommes qui la composent… une Europe de l'Atlantique à l'Oural, une communauté fraternelle, unie et fédérale », avant d'afficher un message clairement mondialiste. Incriminant les nationalismes, la souveraineté absolue, et la division du monde en zones d'influence, il préconise un gouvernement mondial, « seule solution de la sagesse », et l'adoption de lois acceptées par tous.

Si Moguy se défend d'émettre un discours politique, il est clair que son message humanitaire reprend des idées souvent défendues par la gauche. D'ailleurs, en aparté, il précise qu'il a voulu émettre un appel à l'unité « sans dire que nous devons aller jusqu'au socialisme. Il faut mondialiser les richesses, mondialiser la science ». Ce programme n'aura pourtant pas l'heur de séduire François Mitterrand, premier secrétaire du parti socialiste, avec lequel Moguy a demandé un entretien : d'après le cinéaste, ce dernier a jugé le projet d'une Europe fédérale trop prématuré pour qu'il souhaite le soutenir. Les idées défendues par Moguy s'apparentent en fait bien davantage à celles qu'exprime René Dumont, un des premiers représentants du mouvement écologiste, dans son ouvrage *L'Utopie ou la Mort !* Cet ardent défenseur du tiers monde partage les mêmes convictions mondialistes, la même inquiétude face à la course aux armements et au gaspillage des ressources naturelles, la même volonté d'aider les pays du tiers monde en redistribuant les richesses.

Convaincu de l'intérêt de son film, Moguy adresse son scénario à de nombreuses personnalités du monde politique : ministres, présidents ou ambassadeurs, lesquels l'assurent de leur soutien. En inondant les ministères et organisations syndicales ou économiques, non seulement il sollicite des suggestions ou des critiques, mais il recherche avant tout un soutien financier. En toute logique, il voudrait que cette œuvre fraternelle et idéaliste implique concrètement le maximum de nations. Parmi les premières personnalités contactées figurent U Thant, ancien secrétaire général de l'ONU, et Kurt Waldheim, son successeur, René Cassin, Prix Nobel de la paix, et Jacques Chaban-Delmas, tous convaincus par la puissance et l'intérêt de cette « admirable fresque dédiée à l'humanité ». La télévision italienne semble la première à manifester un intérêt pour l'initiative.

Cependant, les encouragements et les félicitations ne suffisent pas à financer un film : les investisseurs se montrent sceptiques face à l'intérêt commercial d'une telle entreprise. Inlassablement, Moguy poursuit la confection d'un dossier imparable en multipliant démarches et rencontres, afin de recueillir le maximum de signatures d'hommes politiques. Il se ruine en frais de correspondance, d'impression, de coups de téléphone à travers le monde. Si le courrier reçu lui redonne de l'espoir, cet amoncellement de réactions positives, polies voire hypocrites, se révèle vite inefficace. Ses différents correspondants pensent-ils réellement que le projet gigantesque du cinéaste des années 30 a une chance d'aboutir ?

Malgré les promesses et les sourires, l'étude piétine. Agacé, Moguy reprend contact avec les organismes internationaux qui l'avaient assuré de leur soutien, convaincu que la faillite de son film « n'est pas seulement un échec personnel mais un échec mondial ! ». Si l'ONU, l'Unesco, la Croix-Rouge, l'OMS et la FAO (Organisation des Nations unies pour l'alimentation et l'agriculture) acceptent de mettre à la disposition du cinéaste les extraits de films nécessaires pour illustrer sa démonstration, en lui communiquant les références des documentaires disponibles dans leur fonds pour les différentes thématiques ou activités humanitaires abordées, aucune de ces associations n'entend financer le projet. Les répercussions de la situation économique mondiale ne permettent pas à la Croix-Rouge de lui accorder la moindre participation financière. Maurice Schumann, très direct, lui explique que la totalité du budget de la Fondation de France, dont il est le président, est de toute façon sans commune mesure avec le coût du film le moins cher, et que la totalité des dons et ressources dont bénéficie cette association est destinée aux handicapés et aux affamés du tiers monde.

Navré de constater à quel point les personnes contactées s'intéressent peu à son dossier, dont les exemplaires se perdent sur les différents bureaux, Moguy s'irrite et peste contre cette inertie : « Je passe mes journées à écrire des lettres et zero, zéro, zéro, zéro ! » Désolée de cette situation frustrante, son épouse tente de le convaincre d'abandonner sa chimère, et lui conseille sagement de s'adonner plutôt au jardinage dans sa maison de campagne pour enfin apprécier les fruits de son travail.

Prêt à capituler, Moguy reconnaît lui-même : « J'ai travaillé tellement dur toute ma vie que je trouve qu'il commence, pour moi, à être temps de profiter de la vie [...]. Nous sommes tous prisonniers de nous-mêmes. J'adore la campagne, les arbres, ma famille, et je veux dorénavant les voir le plus possible. Je les apprécie encore plus qu'avant. J'ai été plusieurs fois roulé dans le cinéma, milieu qui n'est pas de tout repos, hanté par des gangsters élégants[208]. »

Cependant, à peine vient-il de confier aux journalistes son désir de goûter à une quiétude bien méritée que l'infatigable cinéaste ajoute qu'il pense avoir encore quelques idées à énoncer, et qu'il vient d'accepter un contrat avec la télévision, « qui constitue une arme extraordinaire ». Car Moguy ne peut se résoudre à l'inactivité et, comme il l'avoue souvent, il se comporte comme « un vieux Russe qui est malheureux quand il est tranquille et doit absolument chercher des emmerdements ». Est-il besoin de préciser que la dramatique annoncée, sur les conflits entre une adolescente et son père, dont le tournage envisagé en Bulgarie, ne verra jamais le jour ?

Au printemps 1973, il est de nouveau question de l'imminent tournage d'*Un monde uni ou le néant,* enfin prévu en juin selon le *Herald Tribune*. D'après la presse, le metteur en scène a réussi à s'assurer la participation de vingt Prix Nobel et de nombreux organismes internationaux. Plusieurs très grandes étoiles du cinéma ont également donné leur accord pour intervenir à l'écran et commenter les images. Georges Auric, fameux auteur de la valse du film *Moulin Rouge*, ancien ami de Stravinsky et d'Erik Satie, doit composer l'illustration musicale qui sera interprétée par le grand violoncelliste et chef d'orchestre Pablo Casals, lui-même citoyen du monde. Les laboratoires Kodak Pathé ont accepté de fournir gracieusement de la pellicule. Moguy pense-t-il alors être sérieusement en mesure de mener enfin son projet à exécution ? A-t-il reçu la promesse d'un financement par un riche mécène ?

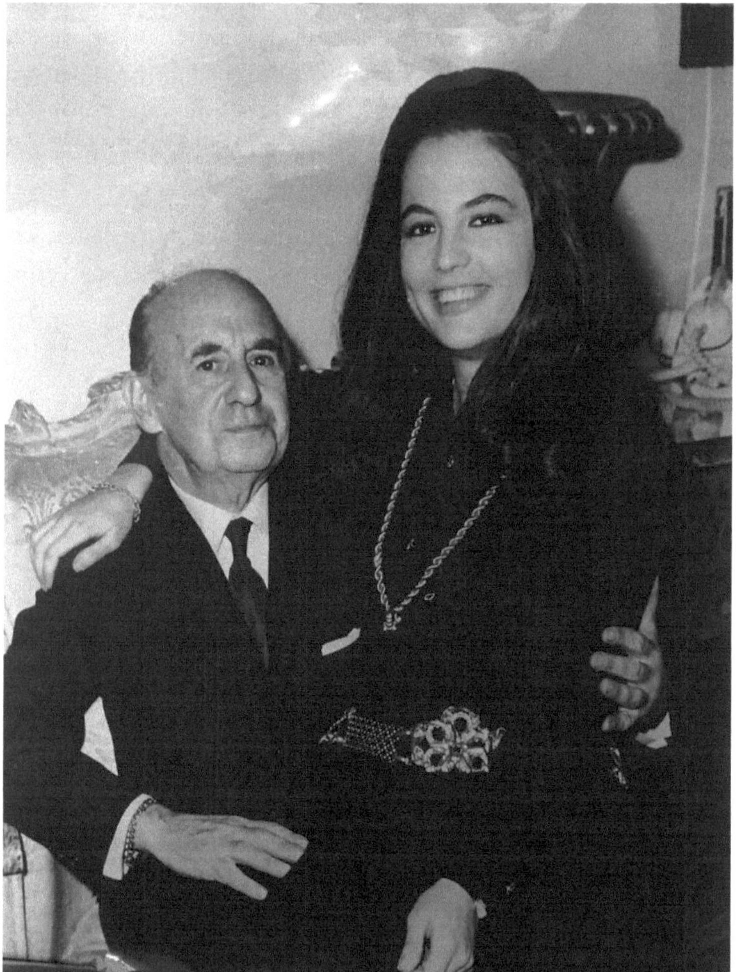

Léonide Moguy avec sa fille Katia vers 1975
(collection Katia Moguy)

Malgré tout, *Un monde uni ou le néant* s'enlise inexorablement, et ce dans l'indifférence générale. Malade, Léonide Moguy sent que ses forces diminuent et que les jours lui sont désormais comptés pour faire enfin éclore son obsédant projet.

Nonobstant sa faiblesse, le président de l'UART continue d'animer les assemblées et réceptions de cet organisme d'entraide, qui a élargi son cercle aux professionnels de l'audiovisuel et du monde du spectacle. Son état de santé l'empêche néanmoins de tenir de longs discours et d'arbitrer avec la même agilité les vives controverses entre les membres présents. Lors de ces réunions, sont évoqués les soucis matériels rencontrés par les metteurs en scène ou le changement de la physionomie du cinéma français, avec le déferlement d'une vague de films érotiques puis pornographiques menée par le triomphe d'*Emmanuelle*. Certains de ses collègues d'autrefois sont d'ailleurs contraints, pour gagner leur vie, de s'adapter à ce nouveau genre cinématographique sous un nom d'emprunt, ce que déplore Moguy : « Je trouve infect l'exhibitionnisme. J'adore les femmes et c'est bien pour ça que jamais je ne filmerai les partouzes destinées à être vues par des milliers de spectateurs. Au fond, je préfère voir ma fille, qui a pourtant remporté un prix d'interprétation, abandonner définitivement le cinéma[209]. »

Avec la franchise qu'on lui connaît, le cinéaste ne cache pas son aversion pour une partie de la production cinématographique des années 70. Il exècre le cinéma d'auteur, « moyen de défoulement de certains réalisateurs sans scrupules, qui en profitent pour étaler leurs problèmes personnels, se rouler dans leurs complexes et heurter le spectateur », et regrette « le vide moral de ces metteurs en scène [qui lui font] parfois avoir honte d'avouer son métier. » ajoutant qu'« actuellement, même les acteurs sont obligés de se prostituer[210] ». Le réalisateur d'avant-guerre préfère, et de loin, assister à une reprise d'un film de Charlie Chaplin, l'idole de sa jeunesse, à un dessin animé de Walt Disney ou des aventures de Tintin.

Cependant, Moguy est loin de rejeter systématiquement les nouveaux talents de l'écran français. Il avoue d'ailleurs une préférence pour François Truffaut, dont il apprécie l'humanité. « Il y en a d'autres qui sont peut-être plus capables que lui, je ne veux nommer personne, mais je cherche dans un film le côté sensible, le cœur[211]. » Il reconnaît d'ailleurs que « dans cette branche, il y a beaucoup de jeunes ». Il applaudit au succès mérité de son ancien assistant Jean-Charles Tacchella, dont l'irrésistible *Cousin, cousine* a remporté le prix Louis-Delluc en 1975, et d'enviables nominations aux Oscars et aux Golden Globes.

Moguy ne désespère pas de reprendre sa place derrière la caméra et dans la salle de montage pour enfin réaliser, malgré l'absence d'appui financier extérieur, et monter à son domicile, les premières séquences d'*Un monde uni ou le néant*. György Kárpáti, réalisateur hongrois de documentaires, lui assure que les studios de Budapest ne demandent qu'à l'accueillir pour qu'il puisse enfin concrétiser son œuvre et procéder aux travaux de laboratoire. Mais, en raison des difficultés matérielles pour recueillir les différents extraits de films prêtés par les organismes de divers pays, et procéder à des tirages de contretypes, le cinéaste – dont les forces s'amenuisent – appréhende que la réalisation ne devienne trop compliquée et ne prenne beaucoup trop de temps. Il craint également que, produit dans ces conditions, le film ne rencontre des difficultés de distribution limitant fortement son audience. De plus, une pleurésie l'empêche de se rendre en avion à Budapest pour étudier cette proposition. Il est également contraint de décliner une invitation du directeur de l'audiovisuel de l'ONU, lequel lui a pourtant payé le voyage.

Très diminué par la maladie qui va bientôt l'emporter et la lourdeur des traitements, Moguy accepte néanmoins de se rendre une dernière fois, en 1975, à Varna en Bulgarie, mais en train, afin de recevoir le prix du jury international des films de la Croix-Rouge et des valeurs humaines. Cette récompense lui a été décernée pour la défense des idées humanitaires dans ses films et pour sa probité civique. Nommé conseiller en matière de cinéma auprès de cet organisme, le metteur en scène des *Hommes veulent vivre* consacre ses dernières forces à défendre la programmation orientée vers les problèmes environnementaux. Avec beaucoup de courage, il s'évertue à répondre et sourire à chacun, se réjouissant de la qualité des films humanitaires et en faveur de la santé. En contemplant la plage et en profitant de l'air bienfaisant de la mer Noire, sans doute songe-t-il à ses jeunes années à Odessa, ville située à trois cents kilomètres à peine.

Quelques mois avant son décès, il demande au président Valéry Giscard d'Estaing une audience pour plaider une fois encore sa cause, opiniâtrement, désespérément. Malgré le peu d'écho rencontré au palais de l'Élysée, il n'abandonne pas son combat pour un monde uni et meilleur : aux actualités télévisées on peut l'apercevoir encore, défendant les premières initiatives gouvernementales en matière d'écologie pour susciter et réveiller chez l'enfant l'amour pour la nature et pour la vie.

En quête de vérité et d'absolu, l'homme poursuit une quête spirituelle, un chemin initiatique et mystique, avec une intensité qui déconcerte même son entourage.

Le 21 avril 1976, quelques jours avant son collègue britannique Carol Reed, Léonide Moguy s'éteint après plusieurs mois de lutte contre la maladie. Ses obsèques sont célébrées le 26 avril par quatre prêtres officiant de façon œcuménique : un catholique, un protestant, un orthodoxe et un israélite. L'artiste est inhumé dans la concession du cimetière du Trocadéro qu'il scrutait souvent du haut de son balcon et où reposent déjà sa mère et son demi-frère Alexandre.

La nouvelle du décès du réalisateur de *Prison sans barreaux* est brièvement relatée dans les quotidiens. La plupart soulignent l'engagement du cinéaste dans de nombreuses actions humanitaires et son travail au sein de l'Union des auteurs et de la SACEM. Le titre des quelques films qui marquèrent autrefois sa carrière est rappelé. Ces entrefilets signalent que sa fille Katia se chargera de finaliser et réaliser elle-même le dernier grand projet du cinéaste, *Un monde uni*, en procédant au montage des documents existants. Elle finira pourtant par renoncer à cette gigantesque entreprise, devant l'ampleur de la tâche et le manque de crédits.

XXIII.
QUO VADIS, 2000 ?

Grâce à la réédition en cassettes vidéo puis en DVD des grands succès du cinéma français, les amateurs de cinéma classique ont pu redécouvrir avec bonheur certaines perles rares systématiquement boudées des grands circuits. Des triomphes d'avant-guerre qui semblaient ensevelis sous la poussière et l'oubli émergent de nouveau, et parviennent parfois à émouvoir et émerveiller avec la même puissance que jadis. Cet accès facilité au patrimoine cinématographique a permis de réévaluer certaines filmographies et de redécouvrir des artistes ou metteurs en scène de naguère.

L'œuvre de Léonide Moguy, dont les films sont autant de témoignages sur la société d'une époque, présente l'intérêt d'un parcours cohérent. Peu importe si les maladresses et les imperfections de certaines de ses réalisations l'empêchent d'atteindre la hauteur de ses aspirations, son travail, offert comme un don, avec générosité et bienveillance, s'apprécie essentiellement avec le cœur. L'aspect mélodramatique de la plupart de ses œuvres, qui lui valut les railleries de quelques esprits moroses et sarcastiques, s'apprécie à présent comme un élément même de la personnalité passionnée d'un cinéaste dont les origines slaves le portent naturellement vers la sublimation des pulsions et des sentiments.

Injustement boudées ou ignorées pendant de trop longues années, certaines réalisations du cinéaste remportent à présent l'adhésion des connaisseurs. Ainsi Paul Vecchiali, figure mythique du cinéma français indépendant, ne cache-t-il pas son admiration pour *Conflit* – « un très grand film ! » regrettant que « Rares ceux qui l'ont perçu ! » Parmi les défenseurs les plus fervents du cinéaste figure Quentin Tarantino, le génial metteur en scène de *Pulp Fiction*, cinéphile averti et grand amateur de cinéma français. Lors de recherches effectuées sur les films de guerre, suivant les conseils de son ami Pierre Rissient, il a découvert *Paris after Dark*, puis *Action in Arabia* qui l'a encore davantage captivé. Invité d'honneur au festival Lumière de Lyon, il surprend les organisateurs en demandant que soit projeté *Le Déserteur*, considéré par beaucoup comme le meilleur film de Moguy mais aussi l'un des plus difficiles à visionner (jusqu'en 2017 l'œuvre est restée inédite aussi bien en VHS qu'en DVD).

Afin de rendre hommage au cinéaste, il a par ailleurs baptisé du nom de Léonide Moguy un des personnages de son film *Django Unchained*, œuvre célébrant par ailleurs le western-spaghetti et les films Sergio Leone. Intrigué par le curieux patronyme du personnage qu'il devait interpréter, l'acteur Dennis Christopher a effectué des recherches sur Google et appris ainsi que Moguy avait été un grand cinéaste français d'origine russe, qui tourna trois films aux États-Unis, dont l'un des premiers succès d'Ava Gardner. Son initiative fit la joie de Tarantino, fier d'avoir adressé ce clin d'œil aux cinéphiles et cet élégant coup de chapeau à un de ses inspirateurs.

Si le nom de Léonide Moguy est à présent oublié d'une grande partie des spectateurs, son œuvre a fait des émules. Nombre d'artistes utilisent toujours le 7e art, et surtout la télévision, pour éveiller les consciences, informer le public sur de nouveaux problèmes sociétaux, qu'il s'agisse des affres du chômage, du racisme ou de l'homophobie. Force est de constater que la façon d'aborder les thématiques n'a pas changé, comme si Léonide Moguy avait pour longtemps ancré les bases de ce type de réalisation : des personnages aux contours bien définis, des situations dramatiques, conflictuelles, des messages d'espoir et de bon sens, et le plus souvent une excellente interprétation, meilleur vecteur pour communiquer et partager les émotions. Pas davantage que dans les réalisations de Moguy, ces films documents n'imposent de solution au spectateur. Leur objectif est d'informer, de présenter un sujet pour provoquer le débat et des échanges.

Ainsi, le personnage de chômeur humilié dans *La Loi du marché*, de Stéphane Brizé, qui valut à Vincent Lindon un prix d'interprétation au Festival de Cannes en 2015, n'est pas très éloigné de celui que tenait brièvement mais magistralement Françoise Rosay dans *Le Long des trottoirs*. Ces accrocs du destin et situations extrêmes constituent toujours d'excellents révélateurs d'âme. Les tourments et dilemmes vécus par les jeunes héros homosexuels du récent téléfilm *Baisers cachés*, de Didier Bivel (tentative de suicide, désarroi, opposition violente avec les parents), rappellent les tragédies endurées par les figures moguyesques (mères célibataires rejetées par leurs familles, adolescents suicidaires…).

Ces situations, qui jadis auraient été qualifiées de mélodramatiques par une certaine presse, n'en demeurent pas moins l'exact reflet d'une réalité. Dès les années 30, Léonide Moguy ne craignait pas d'exposer à l'écran les problématiques de son temps, pour toucher les spectateurs et les faire réagir. Si certaines thématiques semblent avoir terriblement évolué depuis qu'il les a abordées, sans doute est-ce aussi parce que son intervention, en tant que cinéaste et témoin, a permis de faire progresser les esprits.

Car plus qu'une filmographie certes inégale, que des morceaux de pellicules jaunies sur le coin d'une étagère, que quelques photos de stars de cinéma dont la renommée résonne encore même aux oreilles des néophytes, les réalisations de Léonide Moguy ne s'apprécient plus comme de simples productions qu'examinent avec admiration ou réticence certains experts de l'art cinématographique. Elles ont exercé une influence certaine sur les mentalités et sur une conception du cinéma social qui continue cinquante ans plus tard à utiliser les codes qu'il a imposés. Les œuvres du cinéaste demeurent autant de messages de foi et d'amour d'un idéaliste pour l'humanité.

« Un jour, espérons-le, le globe sera civilisé. Tous les points de la demeure humaine seront éclairés, et alors sera accompli le magnifique rêve de l'intelligence : avoir pour patrie le Monde et pour nation l'Humanité » (Victor Hugo).

Postface

Longtemps ignoré, tombé dans l'oubli dans son pays d'origine, le nom de Léonide Moguy s'inscrit dans la longue liste de cinéastes, comédiens, techniciens du film de l'Europe orientale qui ont choisi la France comme terre d'accueil et le cinéma comme raison d'être et de vivre en terre des Lumières. Cinéaste humaniste porté par sa formation initiale de juriste, il se fit l'apôtre du cinéma social aux vertus didactiques.

Il est indéniable que s'il n'avait pas été missionné en France, en janvier 1929, par la Direction générale de la photo cinématographie d'Ukraine (VOUFKOU), son destin aurait été tout autre. Resté en Union soviétique, Moguy aurait été victime des purges à l'encontre de l'intelligentsia et des artistes ukrainiens pendant la grande famine de 1932-33 et la terreur stalinienne de 1937-38. Rescapé du Goulag, il aurait sans doute subi, en 1941, la déportation dans les camps d'extermination nazis. Et s'il avait survécu dans ce pays communiste, il aurait sans doute entamé une carrière de réalisateur de films de fiction, dont les thématiques se seraient rapprochées de celles des opus qu'il réalisera en Occident : l'enfance, la délinquance juvénile, l'éducation sentimentale, la condition féminine, la guerre, la paix.

Véritable cheville ouvrière des actualités filmées de la RSS d'Ukraine des années vingt, Léonide Moguy a été reconnu tout récemment à la faveur des travaux de restauration des bandes d'actualité. La projection de son long-métrage de montage *Documents d'époque*, qui s'est tenue à Kiev en avril

2018, au Centre National Alexandre Dovjenko, a fait l'objet de grandes discussions sur la manipulation des masses face à l'Histoire. Cet événement coïncide avec la parution de la monographie d'Éric Antoine Lebon, qui a fourni un travail de recherche conséquent, et permit aux chercheurs et historiens de réhabiliter ce cinéaste transnational.

Puisse la présente édition de ce livre légitimer le retour de Léonide Moguy au pays qui l'a vu naître, à l'occasion d'une prochaine édition du Festival international du film d'Odessa. Odessa la cosmopolite, creuset de cinéastes et d'artistes qui ont essaimé le monde, où il fut initié au Septième Art par le producteur Dimitri Kharitonov et côtoya le grand Alexandre Dovjenko.

Lubomir Hosejko

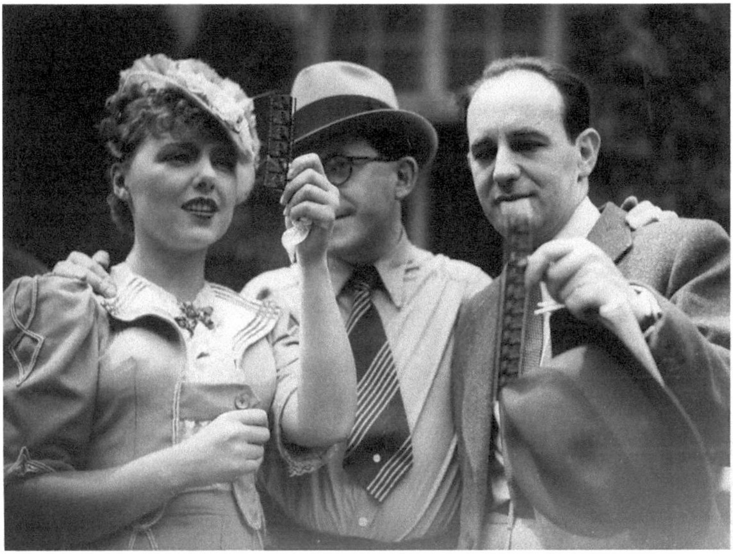

Avec Paulette Dubost (collection Katia Moguy)

FILMOGRAPHIE

MONTAGE

1928 – *C'était hier* (documentaire ukrainien de Léonide Moguy)

1928-1929 – *Documents d'époque,* de Léonide Moguy et Y. Habovych (documentaire ukrainien)

1930- *Au village,* moyen métrage de Léonide Moguy basé sur des images de ***La Ligne générale (Генеральная линия)*** d'Eisenstein

1932 - *La Merveilleuse Journée*, de Robert Wyler et Yves Mirande, avec Frédéric Duvallès

1933 - *Théodore et Cie*, de Pierre Colombier, avec Alice Field

1933 - *Adémaï aviateur*, de Jean Tarride, avec Noël-Noël

1933 - *Charlemagne*, de Pierre Colombier, avec Raimu

1934 - *Le Scandale*, de Marcel L'Herbier, avec Mady Berry

1935 - *Le Bébé de l'escadron*, de René Sti, avec Michel Simon

1935 - *Divine*, de Max Ophuls, avec Simone Berriau

1935 - *Le Comte Obligado*, de Léon Mathot, avec Georges Milton

1967 - *Guerre et Paix* (version française), de Sergueï Bondartchouk

RÉALISATION

1936 - *Le Mioche*, avec Lucien Baroux

1938 - *Prison sans barreaux*, avec Corinne Luchaire

1938 - *Conflit*, avec Corinne Luchaire

1939 - *Le Déserteur*, avec Jean-Pierre Aumont

1940 - *L'Empreinte du dieu*, avec Pierre Blanchar

1943 - *Paris after Dark*, avec George Sanders

1944 - *Action in Arabia* (*Intrigue à Damas*), avec George Sanders

1946 - *Whistle Stop* (*Tragique Rendez-vous*), avec Ava Gardner

1947 - *Bethsabée*, avec Danielle Darrieux

1949 - *Domani è troppo tardi* (*Demain il sera trop tard*), avec Pier Angeli

1951 - *Domani è un altro giorno* (*Demain est un autre jour*), avec Pier Angeli

1953 - *Les Enfants de l'amour*, avec Etchika Choureau

1956 - *Le Long des trottoirs*, avec Danik Patisson

1957 - *Donnez-moi ma chance*, avec Michèle Mercier

1961 - *Les hommes veulent vivre*, avec Yves Massard

PRODUCTEUR SEULEMENT

1952 - *Cento picccole mamme* (*L'enfant d'une autre*), avec Lia Amanda

REMERCIEMENTS

Je remercie Katia Moguy, la fille du cinéaste, pour son amitié, sa confiance et la documentation qu'elle m'a communiquée.

Mes plus vifs remerciements également à Jean-Charles Tacchella, Alexandra Grinkrug, Etchika Choureau, Mylène Demongeot, Jean-Michel Taicher, Myriam Bru-Buchholz, Lise Bourdin, Geneviève Cluny, Dominique Marcas, Michèle Mercier, Pierre Gaspard-Huit, Philippe Collin, Bernard Toublanc-Michel, Danik Patisson, Alix Mahieux-Cerf, Simone Berthier-Caillava, Liliane Brousse, Sylviane Humair, Jacqueline Beer, Claude Mercutio, Nadine de Rothschild, Serge Bento, Jacques Witta, Corinne Marchand, Marisa Pavan, Marina Vlady, Giaio Lombardini, Lia Amanda, Eva Vanicek, Anouk Ferjac, Pierre Rissient, Clémence Lhomme, Lubomir Hosejko, Yvonne Monlaur, Candice Patou, Robert Hossein…

Ainsi qu'à la Bibliothèque nationale de France, la bibliothèque du film de la Cinémathèque française, les Archives nationales, les archives de Paris et de Pierrefitte, l'Office français de protection des réfugiés et apatrides et le Mouvement contre le racisme et pour l'amitié entre les peuples.

[1] Jean de Baroncelli dans *Le Monde*.
[2] Interview de Moguy dans *Art et Poésie* n°54 du printemps 1971.
[3] Direction générale photocinématographique d'Ukraine, organisme d'État contrôlant l'industrie du cinéma créé en 1922.
[4] Interview de Léonide Moguy par Jean Besse dans *la République* du 14 janvier 1954
[5] Site Internet Docudays UA http://docudays.ua/eng/2018/movies/specialni-pokazi/dokumenti-epokhi/.
[6] Interview de Dovjenko par Maurice Bessy dans *Cinémonde* du 11 septembre 1930.
[7] Interview par Jean Mitry dans *Pour vous* n°65 du 13 février 1930.
[8] C. E Stenhouse dans *Close-up* volume7 de juillet-décembre 1930.
[9] Interview de Léonide Moguy dans *Comœdia* du 7 avril 1935.
[10] Interview par Robert Jantzen dans *Comœdia* du 7 avril 1935.
[11] Jean Méry dans *Cinémonde* du 15 décembre 1932.
[12] Renée Saint-Cyr dans *Festival* du 28 décembre 1954.
[13] Intervention de L Moguy en 1968 lors d'un débat sur le livre de Renée St Cyr : *Le temps de vivre.*
[14] *Cinéopse* n°173 de janvier 1934.
[15] Alexandre Jarnoux dans *Les Nouvelles littéraires* du 17 novembre 1934.
[16] Michel Dandrie dans *Cinéma* 1938.
[17] J.-P. Liausu dans *Comœdia* du 2 juin 1936.
[18] Georges Charensol dans *Femme de France* du 21 avril 1935.
[19] André Sarrouy dans *l'Afrique du Nord illustrée* du 9 février 1935.
[20] Max Ophüls dans *Cinémonde* n°338 du 11 avril 1935.
[21] *France la Doulce* de Paul Morand, éditions Gallimard-1934.
[22] Propos de Jacques Feyder cités dans *Quand la cinéaste d'Hitler fascinait la France* de Jérôme Bimbenet éditions Lavauzelle-2006.
[23] Marcel Achard dans *Marianne* du 15 janvier 1936.
[24] Émile Vuillermoz dans *Le Temps* du 4 janvier 1936.
[25] Interview par Odile Cambier dans *Cinémonde* n°396 du 21 mai 1936.
[26] *Pour vous* n° 389 du 30 avril 1936.
[27] *Le Cinéopse* n°204 d'août 1936.
[28] Charles Le Fraper dans *Le Courrier cinématographique* de 1936.
[29] Pierre-J. Laspeyres dans *Comœdia* du 17 septembre 1936.
[30] *Le Matin* du 7 novembre 1936.
[31] Odile Cambier dans *Cinémonde* n° 419 du 29 octobre 1936.
[32] *Id., ibid.*
[33] Pierre Wolff dans *Paris-Soir* du 9 novembre 1936.
[34] H.T. Luma dans *Rouge-Midi* du 1er janvier 1937.
[35] Serge Berline dans *Paris-Soir* du 3 mars 1937.
[36] Distribution citée par L. Moguy dans *L'Intransigeant* du 29 mars 1937.
[37] Léonide Moguy dans *Le Petit Parisien* du 18 février 1938.

[38] Léonide Moguy dans *Le Figaro* du 19 décembre 1937.
[39] Léonide Moguy dans *Pour vous* du 22 juillet 1937.
[40] *Ma drôle de vie* par Corinne Luchaire, 1949 (rééd. Dualpha, 2002).
[41] Roger Duchesne dans *Pour vous* n° 474 du 15 décembre 1937.
[42] Interview pour Marguerite Bussot dans *L'Intransigeant,* 1937.
[43] Interview par Edmond Epardaud dans *Paris-Soir* du 17 octobre 1937.
[44] *Les Malédictions du cinéma français*, de Francis Courtade, éd. A. Moreau, 1978.
[45] Pierre Wolff dans *Paris-Soir* du 21 février 1938.
[46] Paul Reboux dans *Paris-Midi* de 1938.
[47] Antoine dans *Le Journal.*
[48] Marcel Achard dans *Marianne* du 2 mars 1938.
[49] Pierre-Gilles Veber dans *Le Matin* du 3 juin 1938.
[50] Albert Riéra dans *Vendémiaire* du 2 mars 1938
[51] Antisémite virulent, Lucien Rebatet sera condamné à mort à la Libération. La sentence sera ensuite commuée en peine de travaux forcés.
[52] François Vinneuil dans *L'Action française* du 4 mars 1938
[53] Maurice Journet dans *La Revue de l'écran* n° 231 du 5 mars 1938
[54] Sébastien Le Pajolec, *La Maison de correction dans le cinéma français,* 2003.
[55] Alexis Danan dans *Paris-Soir* du 13 février 1938
[56] Ginette Leclerc, *Ma vie privée*, La Table ronde, 1963.
[57] *Jeanson par Jeanson*, éd. René Chateau, 2000.
[58] Compagnie internationale de productions et réalisations artistiques (CIPRA).
[59] *Études*, revue catholique, octobre 1938.
[60]Le journaliste pense probablement à Annabella.
[61] The NewCastle Sun du 1er mai 1939.
[62] *Truth*, hebdomadaire australien du 9 juin 1946.
[63] Interview de L Moguy par Jean Rollot dans l'*Intransigeant* du 27 mars 1938.
[64] Interview de L Moguy par Julien J. London dans *Le Figaro* du 20 avril 1938.
[65] *Id.*
[66] Léonide Moguy dans *Cinémonde* de 1937.
[67] Interview pour Jean Rollot dans *l'Intransigeant* du 27 mars 1938.
[68] Léonide Moguy dans *Pour vous* n° 503 du 5 juillet 1938.
[69] *Cinémonde* du 1er décembre 1938.
[70] Interview de Léonide Moguy par Éric Leguèbe pour *Le Parisien* du 11 juin 1971.
[71] *Le Figaro* du 27 octobre 1938.
[72] *Ibid.*
[73] *Regards* du 12 janvier 1939.
[74] *La Lumière* du 13 janvier 1939.
[75] MB dans *Ciné Miroir* de février 1939.
[76] *The Hollywood Reporter*, 1940.
[77] D.A. dans le *Columbia Daily spectator* du 10 octobre 1939.
[78] Interview dans *Pour Vous* du 18 janvier 1939.

79 *Confessions : un siècle de cinéma français par ceux qui l'ont fait*, de Éric Leguèbe, éd. IFRANE, 1995.
80 Le reste de l'accompagnement a été composé par Henri Verdun, Georges Van Parys et inclut des extraits d'airs des années 1910.
81 Interview par Odile Cambier dans *Cinémonde* n° 545 du 29 mars 1939.
82 Lettre ouverte à Léonide Moguy dans *Pour vous* du 1er février 1939.
83 Interview par Odile Cambier dans *Cinémonde* n° 545 du 29 mars 1939.
84 A. de Montgon dans *Le Petit Bleu* du 29 mars 1939.
85 François Vinneuil dans *L'Action française* du 31 mars 1939.
86 *New York Times* du 30 octobre 1944.
87 Léonide Moguy dans *Cinémonde* n°529 du 7 décembre 1938.
88 *Pour vous* n° 545 du 19 avril 1939.
89 *Le petit journal* du 7 janvier 1939.
90 Dita Parlo dans *Le petit parisien* du 18 août 1939.
91 Interview par Annie Loicq et Ludo Patris dans *Cinémonde* n°564 du 9 août 1939.a
92 *Cinémonde* du 13 mars 1940.
93 *New York Times* du 2 novembre 1940.
94 *Variety* du 6 novembre 1940.
95 Lucien Rebatet dans *Je suis partout* du 13 septembre 1941.
96 Créatrice de mode qui tenait dans les années 30 un salon place Vendôme.
97 *Ouest-Éclair* du 4 avril 1944.
98 *Le petit Niçois* du 1er décembre 1941.
99 *Le Journal* du 17 mai 1941.
100 *Le Matin* du 13 mai 1941.
101 Audibert dans *Comœdia* de mai 1941.
102 *The Lachlander*, 25 juillet 1946.
103 Bosley Crowther dans le *New York Times* du 23 octobre 1943.
104 Léonide Moguy dans *Los Angeles Times* du 25 août 1941.
105 Léonide Moguy dans le *New York Herald Tribune* du 13 février 1944.
106 Témoignage de Hanna Schramm, internée au camp de Gurs.
107 Interview de Léonide Moguy dans *L'Écran français* n° 56 du 24 juillet 1946.
108 Bosley Crowther dans le *New York Times* du 19 février 1944.
109 *Hollywood Reporter* du 16 février 1944.
110 Au 1492 Condon Drive South.
111 Interview dans *il Giornalo d'Italia* du 8 juin 1969.
112 Bosley Crowther dans le *New York Times* du 18 mars 1946.
113 *Showmen's trade review* du 2 mars 1946.
114 Anthony Palou dans *Le Figaro*, 2005.
115 Jean Tulard, *Le Nouveau Guide des films – Intégrale*.
116 Interview par Gisèle Martini dans *Juvénal* du 13 mars 1953.
117 Claude Dauphin dans *Pour Tous* n°22 du 10 septembre 1946.

[118] *Film Magazine* du 26 mars 1947.
[119] *Ibid.*
[120] Interview par Jacques Lombardy dans *Ciné Miroir* de 1947.
[121] Roger Régent dans *l'Écran français* du 9 décembre 1947.
[122] François Chalais dans *Carrefour* du 2 décembre 1947.
[123] Jean de Baroncelli dans *L'Écran* du 6 décembre 1947.
[124] *L'Aurore* du 25 novembre 1947.
[125] Interview de L Moguy dans *Est-Matin* du 14 juillet 1951.
[126] *Mercure de France* du 15 janvier 1926.
[127] Interview de Léonide Moguy par Micheline Dorsenne, 1950.
[128] Marina Vlady, *24 images-secondes*, Fayard.
[129] *Cinémonde* n°744 du 9 novembre 1948. Le film sera finalement abandonné.
[130] *Pier Angeli, A Fragile Life*, par Jane Allen, 2002.
[131] J.V Cottom dans *Ciné Revue* du 25 août 1950.
[132] Interview de Pier Angeli par François Chalais, 1964.
[133] *La Tribune de Saint-Étienne* du 28 juin 1951.
[134] Interview par Jean-Charles Tacchella en 1951.
[135] Jean Thévenot dans *l'Écran français* n°313 du 4 juillet 1951.
[136] *Droits et liberté* du 31 août 1951.
[137] Paul Pelleautier dans *Combat* du 9 mai 1951.
[138] *France terroir* du 5 juillet 1951.
[139] Georges Charensol dans *Les Nouvelles littéraires* du 5 juillet 1951.
[140] Bosley Crowther dans le *New York Times* du 14 avril 1952.
[141] Mandel Herbstman dans le *Motion Picture Daily* du 14 avril 1952.
[142] Leo Mishkin dans le *New York Morning Telegraph* d'avril 1952.
[143] Équivalent en Italie du Prix Goncourt.
[144] Massimo Scaglione dans *Hollywood* n° 363 de 1952.
[145] François Chalais dans une Lettre à Sophia Loren.
[146] *Cahiers du cinéma* d'octobre 1953.
[147] Interview de L Moguy par François Chalais en 1955.
[148] Interview de Léonide Moguy par Georges Fronval dans *Nord Littoral* du 5 septembre 1953.
[149] Interview pour *Paris Comœdia* du 26 mai 1953.
[150] Mylène Demongeot, *Tiroirs secrets*, éd. Le Pré aux Clercs, 2001.
[151] *Climats* du 3 décembre 1953.
[152] *L'Humanité dimanche* du 15 novembre 1953.
[153] *Le Parisien libéré* du 20 novembre 1953.
[154] *Eaux vives* de décembre 1953.
[155] *Libération* du 20 novembre 1953.
[156] *Combat* du 17 novembre 1953.
[157] Georges Sadoul dans *Les Lettres françaises* du 19 novembre 1953.
[158] *Libération* du 20 novembre 1953.

[159] René Quinson dans *Combat* du 17 novembre 1953.
[160] Interview par M.L. dans *France-soir* de février 1953.
[161] Léonide Moguy dans *Combat* du 21 octobre 1953.
[162] *L'Intransigeant* du 11 février 1953.
[163] Interview de Léonide Moguy par R-H Sauvannet en 1957.
[164] Interview par François Chalais dans *Cinépanorama* du 4 février 1956.
[165] *Id., ibid.*
[166] Simone Dubreuilh dans *Libération* du 22 mai 1956.
[167] Jean Thévenot dans *Les Lettres françaises* du 24 mai 1956.
[168] *Radio Cinéma Télévision* du 15 décembre 1957.
[169] Paul Giannoli dans *Bonne soirée* de 1958.
[170] Interview de Léonide Moguy par Alain Delcroix en 1953.
[171] Interview de Léonide Moguy par René Quinson, 1958.
[172] *Mémoires* de Jean-Charles Tacchella, ed Séguier, 2017
[173] *Ciné révélation* de 1957.
[174] Tamara ou comment j'ai enterré ma vie de jeune fille (1975).
[175] *Combat* du 5 décembre 1957.
[176] *Paris-Journal* du 3 décembre 1957.
[177] *Combat* du 5 décembre 1957.
[178] Léonide Moguy pour France Roche dans *France-Soir* d'octobre 1956.
[179] Interview par François Chalais dans *Cinépanorama* du 4 février 1956.
[180] Interview par François Chalais dans *Cinémonde* de 1955.
[181] Interview de Léonide Moguy dans *Monde Uni* d'octobre 1961.
[182] Interview de L Moguy par Jean Besse dans *La République* du 14 janvier 1954.
[183] Jean Grandmoujin dans *France dimanche* du 21 avril 1958.
[184] Interview dans *Bonnes soirées* du 17 septembre 1961.
[185] Interview dans *Paris-Jour* du 10 avril 1961.
[186] Courrier du 19 octobre 1961.
[187] Jean Rostand dans le *Monde uni* d'octobre 1961.
[188] *Le Canard enchaîné* du 17 octobre 1963.
[189] Jean Arbois dans *Télérama* du 27 octobre 1963.
[190] *Le Monde* du 18 octobre 1963.
[191] Samuel Lachize dans *L'Humanité* du 16 octobre 1963.
[192] R.-M. Arlaud dans *Combat* du 17 novembre 1953.
[193] *Séquences* n° 38 d'octobre 1964.
[194] Extrait d'une conférence de Léonide Moguy en février 1955 dans le cadre du Centre universitaire européen, repris dans *France-Soir* du 1er juin 1955.
[195] Léonide Moguy dans *Cinémonde* du 7 décembre 1938.
[196] Léonide Moguy à l'assemblée générale de l'Union des auteurs du 16 mars 1960.
[197] Interview par J. V. Cottom dans *Ciné-Revue* du 11 septembre 1959.
[198] *Id., ibid.*
[199] Interview par Didier Raynal dans *Art et Poésie* du printemps 1971.

[200] *Id., ibid.*
[201] Interview par JV Cottom dans Ciné-Revue du 11 septembre 1959.
[202] *Id., ibid.*
[203] Léonide Moguy interviewé par Henriette Dujarric pour *Le Technicien du film* du 15 février 1960.
[204] Léonide Moguy dans *Le Monde* du 22 août 1968.
[205] Interview par Hank Werba dans *Variety* du 1er mars 1967.
[206] Déclaration reprise dans *Studio* n° 246 de mai 2008.
[207] Interview de Léonide Moguy dans *La Tribune de Genève* du 4 juillet 1969.
[208] *Confessions : un siècle de cinéma français*..., de Éric Leguèbe, *op. cit.*
[209] *Id., ibid.*
[210] *Confessions, un siècle de cinéma français* de Éric Leguebe, éditions Ifrane
[211] Interview par Didier Raynal dans *Art et Poésie*, art. cité.

TABLE DES MATIÈRES

CINÉMA
AUX ÉDITIONS L'HARMATTAN

Dernières parutions

CINÉMA ET CORDEL
Jeux de miroirs - Intertextualités
Sylvie Debs
Préface d'Erika Thomas

Sylvie Debs présente les liens du cinéma brésilien avec les formes traditionnelles de l'expression artistique populaire. Cette relation entre cinéma et univers du cordel au Brésil se poursuit jusqu'à nos jours. Une étude de la cinématographie brésilienne, prenant en compte les courts et longs-métrages documentaires et de fiction, permet d'identifier environ une centaine de films produits en quarante ans : il y a ceux qui font des références explicites à l'univers du cordel et ceux qui ont donné lieu à l'écriture d'un cordel.

(Coll. Audiovisuel et communication, 262 p., 27 euros)
ISBN : 978-2-343-14027-8, EAN EBOOK : 9782140099199

HUMANITÉ RESTANTE
Penser l'évènement avec la série "The Leftovers"
Saad Chakali, Alexia Roux

14 octobre 2011 : ce jour où plus rien ne sera comme avant, 2 % de la population mondiale disparaît. L'évanouissement simultané de 140 millions de personnes est l'événement impossible qui ruine toute explication rationnelle, en mettant en déroute les grands monopoles étatiques et religieux du symbolique. Adapté d'un roman de Tom Perrotta et Damon Lindelof, "The Leftovers" (2014-2017) constitue une autre passionnante création télévisuelle. La philosophie contemporaine aidera, à l'occasion du premier ouvrage en français consacré à cette série, à y reconnaître une grande pensée de l'événement.

(Coll. Champs visuels, 276 p., 28,5 euros)
ISBN : 978-2-343-15602-6, EAN EBOOK : 9782140100444

ECONOMIE & CINÉMA
Leurs liaisons dangereuses décodées au fil des 26 lettres de l'alphabet
Patrice Vivancos

Cet ouvrage tente de réduire l'écart entre cinéphiles et professionnels du cinéma d'un côté ; cabinets d'experts et professeurs d'université de l'autre. Vulgariser l'économie du cinéma, faire comprendre les enjeux, expliquer d'où vient l'argent... c'est le rôle de ce livre, suivant la logique de l'alphabet. Celui-ci permet, comme dans un festival de cinéma, de passer d'une superproduction à un petit film d'auteur, ou d'un film bengali à un film d'animation.

(Coll. Pour Comprendre, 178 p., 19 euros)
ISBN : 978-2-343-15099-4, EAN EBOOK : 9782140100192

LE CINÉMA FRANÇAIS DE 1958 À 1967

De la Nouvelle Vague aux prémices de Mai 68

Francis Goubel

De 1958 à 1967, la France a connu l'avènement de la Ve République, la fin de la guerre d'Algérie, une croissance économique importante ainsi qu'une soif de transformation de la société qui conduira à Mai 1968. Qu'il s'agisse d'oeuvres marquantes ou de réalisations plus modestes, voire de nanars, les films vont ainsi illustrer l'évolution de la société, constituant ainsi un excellent témoignage sur une époque révolue.

(576 p., 45 euros)

ISBN : 978-2-343-14811-3, EAN EBOOK : 9782140099793

ANNABELLA, GARDEZ LE SOURIRE ?

Les mille et une vies de la jeune première d'avant-guerre

Eric Antoine Lebon

Préface d'Olivier Barrot

Star du cinéma français des années 30, Annabella (1907-1996) connut une immense popularité. Charmante jeune première, elle illumina les écrans pendant les années de la Grande Dépression. Certains de ses films ("Napoléon" d'Abel Gance, "Le Million" et "Quatorze juillet" de René Clair, "Gardez le sourire" de Paul Fejos, "Hôtel du Nord" de Marcel Carné) ont marqué l'histoire du cinéma. Cette biographie nous livre le portrait d'une femme généreuse et entière, moderne et libre, ainsi que la description nostalgique d'une époque révolue, du Paris des années folles au monde doré d'Hollywood.

(530 p., 37 euros)

ISBN : 978-2-343-10294-8, EAN EBOOK : 9782140099847

CINÉMA SÉNÉGALAIS

Sembène Ousmane le précurseur et son legs

Mag Maguette Diop

Cet ouvrage revisite l'histoire du cinéma sénégalais et le legs de Sembène Ousmane. La jeune génération de cinéastes et celle de l'avenir doivent connaître leur histoire, l'histoire du cinéma sénégalais, en garder une mémoire vivante source d'inspiration. Ce livre arrive au moment de la relance d'une Industrie Cinématographique et Audiovisuelle durable au Sénégal depuis 2013.

(Coll. Harmattan Sénégal, 240 p., 25 euros)

ISBN : 978-2-343-11581-8, EAN EBOOK : 9782140052453

UNE ESPÈCE ANIMALE À L'ÉPREUVE DE L'IMAGE

Essai sur le calmar géant

Nouvelle édition revue et augmentée

Florent Barrère

Le calmar géant, dont l'espèce la plus représentative est l'Architeuthis dux, est connu de tous les peuples de la mer depuis trois millénaires. Pourtant, il n'a été classé qu'en 1857 par le professeur Steenstrup, et les premiers clichés photographiques de cet animal évoluant dans son milieu n'ont été pris qu'en septembre 2004. Pourquoi un tel écart entre la connaissance du calmar géant et ses premières réprésentations ? Comment le cinéma et la photographie ont-ils propagé l'image du calmar géant, de ces créatures tentaculaires ?

(Coll. Champs visuels, 304 p., 31,5 euros)

ISBN : 978-2-343-12559-6, EAN EBOOK : 9782140042836

HISTOIRE DU CINÉMA EN GUINÉE DEPUIS 1958

Jeanne Cousin

Sous la 1ère République, "le Guinéen n'avait rien mais il allait au cinéma tous les soirs". En 1971, presque tous les travailleurs du Sily Cinéma sont partis faire "un stage" au camp Boiro... Certains perdirent la vie, d'autres en sortirent traumatisés. En 1984, Sékou Touré meurt, avec ses idéaux, et on enterre avec lui le Sily Cinéma et les salles. Depuis les années 90, les cinéastes guinéens expatriés en France reviennent tourner régulièrement des films de bonne facture en Guinée. Ce livre veut rendre hommage à tous les cinéastes talentueux de Guinée et inscrire les jeunes désireux de "faire du cinéma" dans cette histoire.

(Coll. Harmattan Guinée, 176 p., 18 euros)

ISBN : 978-2-343-12043-0, EAN EBOOK : 9782140042935

À L'ÉCOUTE DE DISNEY

Une sociologie de la réception de la musique au cinéma

Raphaël Roth

Préface d'Emmanuel Ethis et Damien Malinas

Des Trois Petits Cochons (1933) à La Reine des Neiges (2013), le succès des films et des chansons des studios Disney est international et traverse plusieurs générations. Cet ouvrage décrit les modalités de la constitution du voiret de l'entendre cinématographiques au travers du "cas" Disney. Par le biais d'une enquête sociologique, cet ouvrage présente une analyse des ressorts sémiotiques de la réception de la musique de films et tente de dépasser, par le cinéma, l'ineffabilité de cette musique que l'on ressent toujours sans ne jamais pouvoir la matérialiser.

(Coll. Champs visuels, 264 p., 27 euros)

ISBN : 978-2-343-09365-9, EAN EBOOK : 9782140042072

Structures éditoriales du groupe L'Harmattan

L'Harmattan Italie
Via degli Artisti, 15
10124 Torino
harmattan.italia@gmail.com

L'Harmattan Hongrie
Kossuth l. u. 14-16.
1053 Budapest
harmattan@harmattan.hu

L'Harmattan Sénégal
10 VDN en face Mermoz
BP 45034 Dakar-Fann
senharmattan@gmail.com

L'Harmattan Cameroun
TSINGA/FECAFOOT
BP 11486 Yaoundé
inkoukam@gmail.com

L'Harmattan Burkina Faso
Achille Somé – tengnule@hotmail.fr

L'Harmattan Guinée
Almamya, rue KA 028 OKB Agency
BP 3470 Conakry
harmattanguinee@yahoo.fr

L'Harmattan RDC
185, avenue Nyangwe
Commune de Lingwala – Kinshasa
matangilamusadila@yahoo.fr

L'Harmattan Congo
67, boulevard Denis-Sassou-N'Guesso
BP 2874 Brazzaville
harmattan.congo@yahoo.fr

L'Harmattan Mali
Sirakoro-Meguetana V31
Bamako
syllaka@yahoo.fr

L'Harmattan Togo
Djidjole – Lomé
Maison Amela
face EPP BATOME
ddamela@aol.com

L'Harmattan Côte d'Ivoire
Résidence Karl – Cité des Arts
Abidjan-Cocody
03 BP 1588 Abidjan
espace_harmattan.ci@hotmail.fr

L'Harmattan Algérie
22, rue Moulay-Mohamed
31000 Oran
info2@harmattan-algerie.com

L'Harmattan Maroc
5, rue Ferrane-Kouicha, Talaâ-Elkbira
Chrableyine, Fès-Médine
30000 Fès
harmattan.maroc@gmail.com

Nos librairies en France

Librairie internationale
16, rue des Écoles – 75005 Paris
librairie.internationale@harmattan.fr
01 40 46 79 11
www.librairieharmattan.com

Librairie l'Espace Harmattan
21 bis, rue des Écoles – 75005 Paris
librairie.espace@harmattan.fr
01 43 29 49 42

Lib. sciences humaines & histoire
21, rue des Écoles – 75005 Paris
librairie.sh@harmattan.fr
01 46 34 13 71
www.librairieharmattansh.com

Lib. Méditerranée & Moyen-Orient
7, rue des Carmes – 75005 Paris
librairie.mediterranee@harmattan.fr
01 43 29 71 15

Librairie Le Lucernaire
53, rue Notre-Dame-des-Champs – 75006 Paris
librairie@lucernaire.fr
01 42 22 67 13